战略解码

华为等公司战略落地的利器

STRATEGY DECODING

秦杨勇 著

中国人民大学出版社
·北京·

序 言

有战略无执行,胜利遥遥无期;

有执行无战略,失败近在眼前。

战略着眼于未来,执行则关注现在,只有推动执行落地,才能实现未来的战略。"夫运筹帷幄之中,决胜千里之外"是每一位企业家必须具备的个人能力特质,尤其今天 VUCA(易变性,volatility;不确定性,uncertainty;复杂性,complexity;模糊性,ambiguity)的战略环境更加要求企业家重视对战略的思考,以求在不确定性中发现战略机会点。因此今天我们需要更加敏捷的战略规划流程,帮助企业家将战略洞察能力发挥到极致,规划未来的企业战略愿景。然而就在战略规划的实践兴起时,越来越多的人更加青睐另外一个观点:战略固然重要,执行更为关键!因为他们开始意识到:一个糟糕的战略给公司带来的痛苦与灾难是显而易见的,但是好的战略如果遭遇糟糕的执行最后的结果也必然是失败。

在现实中,很多企业的战略规划文件写得头头是道,却没有在执行中得到正确实践,战略在执行中扭曲走样有种种表现:战略规划缺乏可视化的工具,长篇大论、晦涩难懂;战略文件锁在文件柜中束之高阁,没有发挥对执行层面的指导作用;战略规划与年度业务计划、财务预算、绩效评价分离割裂；战略监控与评价成为"无源之水、无本之木"；绩效评价因为与战略脱节而流于形式，饱受诟病……最后的结局必然是：由于企业执行层面的走样导致战略实施遭遇种种困难，公司那些伟大的战略愿景变成了虚无缥缈的空中楼阁。正因为如此，企业中的很多人误认为战略是务虚的口号，无法理解战略与自己的日常工作有何关联。

事实上，战略既包括务虚的部分，也需要解码为务实的内容。例如，可以通过战略规划澄清使命、愿景，设定5～10年的战略目标，确定关键战略举措与里程碑的任务；可以将战略目标、举措与任务继续转化为年度业务计划，并将其与财务预算链接，通过预算平衡活动支持年度业务计划乃至战略的实现；还可以把战略转化为各部门、各单位的KPI，落实责任机制；甚至可以与员工的目标与关键成果（OKR）相链接，不断鼓励员工创新并自我挑战来反向刷新公司的战略。

近年来，战略解码的概念在企业管理理论界与实务界得到了广泛重视，很多中国企业期望通过可视化的呈现方式，以及有效的分解与创意过程，将公司战略转化为全体员工"可操作的语言"，借此推动战略在运营执行中的真正落地，实现企业战略规划、年度业务计划、财务预算、绩效评价、战略监控与评估审计的无缝隙链接。例如，华为公司在成长过程中一直在进行战略解码的积极探索，早在2006年华为就引入了业务领先模型（business leadership model，BLM），这是IBM 2003年研发的一套完整的战略方法论；华为持续实践了4年时间才最终成功地将自身的战略规划、年度业务计划、财务预算、组织KPI相互挂钩，直至2011年提出了自己的DSTE（develop strategy to execution），即从战略到执行的管理流程，DSTE是华为公司一级流程之一，它包括三个二级流程，即战略规划（strategy plan，SP）、年度业务计划（business plan，BP）和战略执行与监控，其中年度业务计划又称战略解码。为持续推动战略解码，2013年华为向三星学习引入了业务战略执行力模型（business strategy execution model，BEM），该模型强调通过关键成功要素将战略转化为KPI与重点工作，最终转化为公司各级经理的个人业绩承诺书（personal business commitment，PBC），形成一个管理者的PDCA循环。2018年华为在公司年报中宣布引入平衡计分卡，将战略地图作为战略解码的主要载体工具，以求更精准地将华为战略目标转化为各层组织的绩效目标，并开展战略执行审视，确保公司战略有效执行与落地。

本书共分为八章：第一章主要阐述战略解码的挑战与对策，提出战略解码五步法的标准操作步骤；第二章描述差距分析与战略环境扫描，主要阐述如何开展业绩与机会差距分析，如何进行公司内外部战略环境扫描；第三章阐述公司战略解码，详尽描述如何基于战略地图这一载体开展公司战略解码，制定公司年度经营目标与计划；第四章是业务战略解码，详尽描述如何基于战略地图这一载体开展业务战略解码，制定业务单元的年度经营目标与计划；第五章部门战略解码，阐述如何基于战略地图这一载体解码部门战略，制定部门的年度经营目标与计划；第六章设计战略管理循环，阐述如何将年度经营目标计划与财务预算链接，并转化为组织各级经理与员工的PBC；第七章战略协同与战略解码，阐述如何在战略解码中思考组织的纵向与横向协同；第八章阐述单体公司的战略解码。

本书的主要读者对象包括：国有和民营集团型企业、中小型企业董事长、总经理及中高级经理；战略管理、年度业务计划管理、财务预算管理、绩效管理等企业实操人员；大学教师及EMBA、MBA、企业管理硕士、管理研修班学员；其他战略管理、年度业务计划管理、财务预算管理、绩效管理研究人员。

我们真诚地期望本书能够给中国企业在战略解码的征途上提供帮助，对中国企业的战略解码实务操作起到一定的推动作用；我们也期待理论界、管理咨询界和企业界的朋友就该方面的问题与我们进行深入探讨。您可以关注佐佳咨询官网www.zuojiaco.com，微信号：zuojia51688731；我的手机与个人微信号：013818415208。

秦杨勇

目 录

第一章 战略解码的挑战与对策 —— 001

简单、集成、有效地描述战略，企业这一需求使得战略解码面临前所未有的巨大挑战，进而促进战略地图演变成一个新的战略解码工具，被大量地运用到战略解码之中……

1.1 为什么需要战略解码 / 003

1.2 战略解码挑战与对策 / 012

1.3 战略解码的三个层级 / 018

1.4 战略解码五步法 / 027

第二章 差距分析与战略环境扫描 —— 033

差距分析与战略环境扫描是战略解码五步法的第一步，也是战略解码最为基础的工作之一，主要内容包括差距分析、宏观环境分析、产业环境分析、内部环境分析、综合分析……

2.1 差距分析 / 035

2.2 宏观环境分析 / 039

2.3 产业环境分析 / 042

2.4 内部环境分析 / 046

2.5　综合分析 / 049

2.6　环境扫描工具 / 054

第三章
公司战略解码 —— 057

　　公司战略解码是战略解码五步法的第二步，该项活动是在差距分析与战略环境扫描基础上，以年度为一个修订周期对企业战略规划进行滚动思考，把公司战略转化为可操作的语言，转化为公司层面具体行动计划……

3.1　公司战略解码关注点 / 059

3.2　公司战略地图问题清单 / 063

3.3　使命、价值观与愿景 / 066

3.4　公司战略财务目标设定 / 079

3.5　公司战略客户（利益相关者）分析 / 088

3.6　公司盈利模式与业务组合设计 / 090

3.7　战略主题与关键战略举措 / 104

3.8　公司战略图卡表文件 / 108

第四章
业务战略解码 —— 115

　　业务战略解码是战略解码五步法的第三步，该环节主要思考如何落实公司战略意图、如何实现客户价值；业务单元战略解码的过程实际就是将业务战略转化为业务单元具体的行动计划的过程……

4.1　业务战略解码关注点 / 118

4.2　业务层面战略地图问题清单 / 120

4.3　业务增长路径识别与客户价值主张 / 125

4.4　关键战略举措与战略目标 / 137

4.5 业务单元战略图卡表文件 / 141

第五章
部门战略解码 —————— 161

部门战略解码是战略解码五步法的第四步，是按照职能分工将公司战略意图进行具体落实、细化，它的解码过程就是将部门战略转化为部门具体战略行动计划的过程……

5.1 公司战略与部门战略差异 / 164

5.2 部门战略解码关注点 / 165

5.3 部门战略地图问题清单 / 168

5.4 部门战略地图开发工具 / 185

5.5 部门战略图卡表开发最佳实践 / 194

第六章
设计战略管理循环 —————— 225

设计战略管理循环是战略解码五步法的第五步，该步骤主要包括环境分析、战略规划、年度经营计划、财务预算、绩效评价、战略监控全过程的战略管理体系设计……

6.1 战略管理循环的设计内容 / 228

6.2 集团战略管控模式设计 / 231

6.3 战略管理循环流程与制度设计 / 240

6.4 平衡计分卡报告与战略回顾会 / 255

第七章
战略协同与战略解码 —————————— 265

识别并演绎战略协同对于战略解码而言尤为重要，战略地图将战略协同无处不在地展现出来，我们甚至可以将组织层面的战略地图与OKR工作法链接，促使战略协同显性化……

7.1 战略协同与平衡计分卡 / 268

7.2 内部纵向战略协同 / 271

7.3 内部横向战略协同 / 279

7.4 外部横向战略协同 / 285

第八章
单体公司战略解码 —————————— 287

单体公司战略解码一般遵循差距分析与战略环境扫描、检讨战略任务、滚动修订基本战略目标、增长路径与客户价值再检讨、关键战略举措调整、开发战略图卡表并链接年度业务计划与财务预算、分解公司中高管KPI等七个操作步骤……

8.1 单体公司战略解码概述 / 290

8.2 单体公司战略解码七步法 / 291

8.3 单体公司战略解码基础理论 / 294

8.4 单体公司战略解码中国实践 / 310

第一章

战略解码的挑战与对策

欢迎开始激动人心的战略解码之旅！

很多企业的战略文件因为长篇大论、晦涩难懂而被束之高阁，这势必给企业的战略执行带来灾难性后果：战略执行成为无源之水、无本之木，战略规划文件的最终宿命是被锁在文件柜里。因此企业迫切需要一个全新的战略解码工具，简单、集成、有效地描述战略；帮助公司总部与分子公司、各个部门顺畅地进行战略沟通，对分子公司、各个部门的日常战略执行进行适时、动态监控；清晰地将战略转化为分子公司、各个部门的指标，甚至能将其与目标与关键成果（OKR）工作法进行链接，挖掘底层员工的创意并让他们在充满VUCA（易变性，volatility；不确定性，uncertainty；复杂性，complexity；模糊性，ambiguity）的环境下不断聚焦公司的战略……

1.1 为什么需要战略解码

阅读战略咨询机构提交的战略规划报告，你可能会为它们提供的行业研究数据而惊叹。这些互相补充、互相支持的数据似乎都验证了公司战略决策目标的正确性，也给公司说服内外部的战略利益相关方提供了难以反驳的强有力论据，各种以线条、柱状图、饼状图表现的数据回归分析、结构分析、趋势分析表明公司战略非常有利于股东等有关利益各方的价值实现。但是你很快发现，无论这种战略规划报告多么有见地，都无法掩盖其长篇大论的本质，这些长篇大论式的战略规划报告往往难逃最终被锁在文件柜里的命运。

当一个公司将战略规划文件锁在文件柜里，员工又怎么看待战略呢？

几乎所有人都会认为战略是务虚的，没有人能感受到战略是实实在在的，甚至一些经理和员工想当然地认为公司战略规划文件是写给主管部门／母公司或外部利益相关方看的，他们还会认为公司战略是董事长等高层领导的事情，与自己没有任何关系，他们看不到公司战略与自身日常工作是紧密联系的。企业往往无法解释清楚战略规划、年度业务计划与预算的逻辑关系，尽管它们也经常强调年度业务计划与财务预算来自战略的分解。再来看看企业的业绩评价通常是怎么做的，除了采用"德能勤绩"和"360度反馈"对员工进行评价，缺少从公司整体发展战略层面的高度来评价企业战略实施效果以及公司发展状况的工具和方法，而员工会因为被这种仅仅局限于员工个体的考核束缚怨声载道，考核甚至因此流于形式……

造成上述战略执行受阻真正的原因是什么？答案是战略解码的缺失！

所谓战略解码是指通过可视化的呈现方式，以及有效的分解与创意过程，将公司战略转化为全体员工"可操作的语言"，借此实现企业战略规划、年度业务计划、财务预算、绩效评价的无缝隙链接，推动战略在运营执行中的真正落地。如果说战略规划解决企业未来 5～10 年长周期的发展方向问题，那么战略解码则要解决企业当下 1～3 年短周期的战略执行问题，即如何把企业的战略转化成行动的一系列年度目标与计划。战略解码能够有效扫除企业战略执行中普遍存在的五大障碍（见图 1-1）。

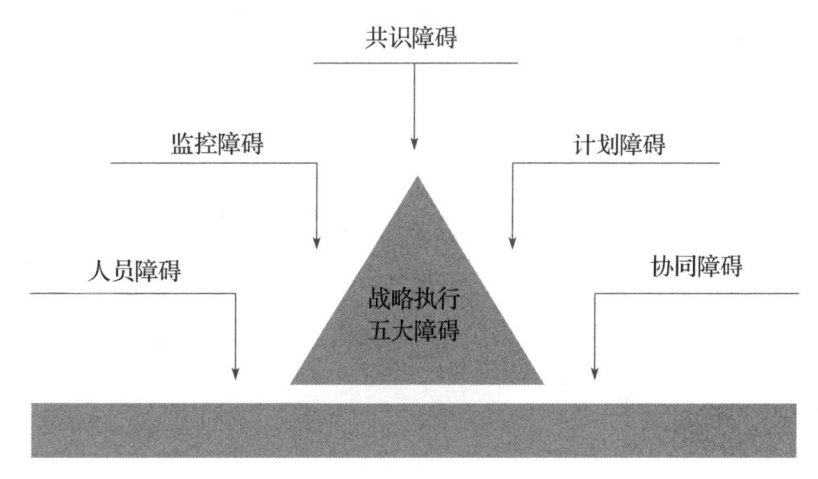

图 1-1 企业战略执行的五大障碍

1. 共识障碍

所谓共识障碍是指企业全体员工对于企业的战略缺乏统一的理解与共识。毋庸置疑，企业战略共识是在运营层面成功执行战略的重要前提与基础，如果企业的全体员工对战略缺乏共识，势必会造成战略在执行过程中因为理解的差异而扭曲走样。为此，华为公司每年在战略解码结束后都会召开多轮战略共识会议，其目的就是期望推动华为全体员工对战略达成共识。

然而在现实中很多企业的战略共识工作做得非常糟糕。由于战略规划文件长篇大论、晦涩难懂，很多企业的员工、中层经理对战略理解不到位，甚至部分高层都对公司战略有着不同的认知与看法。因此战略解码的共识会就非常重要，召开共识会有助于宣贯公司战略在年度经营目标与计划中的分解，同时员工能够发表其对战略、年度业务计划的理解与看法，经过充分的讨论、答疑，有助于企业各个层面的员工最终达成对企业战略的正确认知与理解。在战略共识会上还可以不断测试企业员工形成战略共识的程度，通过测试可以很快了解到员工对企业的战略理解是否一致。测试可按如下方式展开：给每个参会人员发一张小便笺纸，询问"你如何理解企业的使命与愿景？""你如何理解企业5～10年的战略目标？""你如何理解实现目标的关键战略举措？"让大家将答案写在便笺纸上，并要求不能沟通与抄袭。如果答案五花八门，就说明员工对于战略的理解是不一致的。

2. 计划障碍

即使员工对企业的使命与愿景、战略目标与关键战略举措都理解了，但是由于没有参与战略解码，没有参与年度业务计划与预算的制定，因此对公司年度、季度与月度的经营目标与重点任务安排一无所知，对本部门、本岗位如何执行公司战略更是难以理解，甚至部分员工会认为战略与自己的日常工作没有任何关系，只是企业的老板、高层领导应当考虑的事情。在这种情形下根本谈不上进行所谓的短周期迭代、创新，挖掘底层员工的战略创意。

某互联网公司为了打造创新的企业文化引入了硅谷的目标管理工具——目标与关键成果（objective and key results，OKR），但是在实施落地过程中遇到了很大问题：由于公司没有结合战略愿景来分解并创意公司层面年度OKR，因此各部门与员工在制定季度OKR时缺乏参照物，收集上来的OKR五花八门，缺乏聚焦合力，甚至让人哭笑不得。该公司在年度经营目标与计划方面明显面临着障碍。计划障碍导致的最终结果是在经理与主管、员工之间产生了非常多的摩擦，严重影响战略执行推进的效率。

为了突破战略执行的计划障碍，需要让大多数的经理、主管与员工参与到企业战略解码过程中来。即使没有条件亲自参与，也要对他们进行年度经营目标与计划的宣贯，让他们充分理解公司的年度业务计划与预算，充分了解公司年度、季度与月度的经营目标和重点任务安排，进而对本部门、本岗位如何执行公司战略进行充分思考，在此基础上鼓励他们提出更好的战略创意。

3. 协同障碍

在战略执行过程中，很多经理人会发现企业内部存在一堵无形的"墙"，阻碍企业的战略协同，阻碍各部门之间的信息交流和工作协作，我们通常将这堵墙称为"部门墙"，正是由于"部门墙"的存在，才导致企业出现协同障碍。

协同障碍是企业战略执行中遇到的最大问题之一，协同障碍会造成战略执行中各个部门、岗位员工工作配合的过程效率低下，遇到问题互相扯皮、推诿，最终导致工作任务的完成结果极差。"部门墙"、协同障碍形成的原因十分复杂，其中一个重要的共识动因就是协同的目标与责任不明确。卓越的战略解码能够有效地解决"部门墙"、协同障碍的问题，它不仅仅要做自上而下的目标分解与自下而上的目标创意，还要对横向的战略协同目标与任务进行识别，特别强调各个部门目标计划的关联性，对协同目标与任务进行必要的识别及过程监控与管理；同时卓越的战略解码还强调将协同目标与任务转化为组织绩效指标，通过协同的责任机制的牵引，引导研产供销各个部门关注协同、重视协同、实现协同，以突破协同障碍，推倒"部门墙"。

4. 人员障碍

人员障碍主要是指企业各级经理与员工缺乏战略执行所需要的能力而带来的执行障碍，人员障碍带来的问题在企业战略创新与转型的场景下尤为突出。某智能无人机技术公司在国际化战略转型中，强调一切要面向全球客户进行战略转型。战略转型带来了该公司组织架构的调整——必须从直线职能制向平台型自组织进行演化，简单来说，这家企业需要打造自主驱动的国际型区域前台、共享型技术中台、决策型战略后台。组织架构的调整必然带来人员能力的变化，该智能无人机技术公司原来以国内业务为主的销售、生产与研发团队无法适应并支撑国际化的战略转型，该公司必须通过卓越的战略解码才能有效地推动人才团队的国际化能力转型。战略解码是如何帮助企业突破战略执行中的人员障碍的呢？华为公司的案例值得借鉴。

|案 例|

华为公司"以客户为中心战略转型"中的铁三角团队

华为公司在成长过程中经历过"以客户为中心"的战略转型，以客户为中心就要求团队必须拥有理解并满足客户需求的能力，但是华为发现公司的很多项目团队在理解与满足客户需求方面的能力欠缺，于是致力于打造当时被称为"铁三角"的团队。"铁三角"团队的组建旨在突破单一产品视角，从多维的客户视角来提升华为员工理解与满足客户需求的战斗能力。华为"铁三角"团队的基本特征速写如下：

（1）"铁三角"核心：面向客户、聚焦目标、推拉结合。

（2）"铁三角"经典：让听得见炮声的人来决策；以客户经理、解决方案专家、交付专家组成的工作小组，形成面向客户的"铁三角"作战单元；一线作战要从客户经理的单兵作战转变为小团队作战。

（3）"铁三角"体系：项目"铁三角"团队、系统部"铁三角"组织。

（4）"铁三角"角色：AR 客户经理、SR 解决方案经理、FR 交付经理。

（5）"铁三角"保障：责任到位、赋权到位、独立经营、贴近客户、角色转换。

华为通过其独特的从战略到执行的管理流程（develop strategy to execution，DSTE）来管理公司战略，DSTE是华为17个一级流程之一，包括3个二级流程即战略规划（strategy plan，SP）、战略解码（年度业务计划、预算、人力预算、重点工作、组织KPI）、战略执行与监控。在3个二级流程设计中，华为对突破人员障碍尤为重视，为确保"铁三角"人才战略能够真正落地，华为公司开始在战略解码流程中将人力预算作为一个重要的单独输出。

5. 监控障碍

监控障碍即企业无法建立起一个有效的战略执行过程的监督与控制流程，导致战略在执行过程中无法得到适时、有效的监督与控制。战略执行无法监督与控制的根本原因还是战略解码的缺失，因为战略解码的输出是战略执行监督与控制的输入。由于没有有效的战略解码，很多企业战略规划与实际年度业务计划、财务预算、KPI指标脱节甚至背离，战略执行监督与控制成为"无源之水，无本之木"，企业没有办法通过经营分析报告、经济运行会议、预算分析等载体来实现对战略执行的监督与控制，必然导致日常战略执行行为与战略要求相脱节。

为清除监控障碍，华为一直在积极尝试将战略规划、战略解码、战略执行与监控在流程上联动起来，逐步构建了华为战略管理流程框架DSTE。DSTE第一个环节战略规划输出不断滚动迭代的战略计划；第二个环节战略解码输出年度业务计划；第三个环节战略执行和监控则是对年度业务计划的执行进行持续监控与评估。DSTE是一个不断动态循环迭代的过程，每个环节都相互依存：第一环节输出的战略计划是第二环节的输入，通过第二环节的战略解码，战略计划转化为华为公司的年度业务计划；而年度业务计划又作为第三环节的输入，华为通过针对年度业务计划的监控分析报告、经营分析会议、个人业绩承诺书（personal business commitment，PBC）等手段，实现对战略执行过程持续监督与控制。

综上所述，企业为什么需要战略解码？因为企业战略执行在现实中存在五大障碍，战略解码能够帮助企业清除这些障碍：

一是共识障碍，召开战略解码共识会议，有助于员工理解企业的战略理解，并达成共识；

二是计划障碍，通过战略解码可以将战略转化为计划，让员工认识到战略与自己的日常工作息息相关；

三是协同障碍，通过战略解码落实协同责任，有助于解决"部门墙"、协同障碍问题；

四是人员障碍，战略解码有助于解决员工缺乏战略执行所需要的能力的问题；

五是监控障碍，战略解码的输出是战略执行监督与控制的输入，卓越的战略解码有助于实现对战略执行过程的持续监控。

1.2 战略解码挑战与对策

战略解码是如此重要，现实中的战略解码充满挑战，操作难度非常大。战略解码的最大挑战就是如何实现公司战略呈现简单、集成与有效（见图1-2）。简单、集成与有效的基本含义如下：

（1）简单。即公司战略规划文件进行解码后必须是简单、便于阅读的。传统战略规划的方法是把战略规划报告编制成长篇大论式的论文，势必会造成公司内部战略沟通的障碍。战略规划的文本也最终会因为不便于阅读而被束之高阁。

（2）集成。所谓集成是指把公司战略意图有效集成地展现出来，正所谓"一图胜千言"。公司战略规划的集成与简单是相辅相成的，只有把数百页的战略规划报告压缩、集成起来才能实现战略规划文件的简单、易读。

（3）有效。所谓有效是指在集成基础上确保战略解码文件的有效性，既能集成、直观地展现公司战略，又能有效地将公司战略意图在文件中展开并充分、完整地表述出来，要能够将战略转化为可操作的年度业务计划与目标，并将其与财务预算、绩效评价相链接。

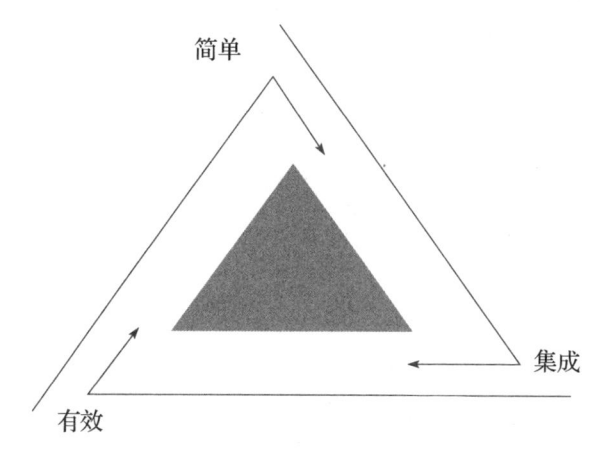

图 1-2　战略解码最大挑战：战略呈现简单、集成与有效

　　战略解码的挑战促使战略地图逐步地演变为战略解码的工具，那么战略地图是如何满足公司战略解码简单、集成和有效的需求特征呢？要回答这个问题，我们需要理解什么是战略地图。战略地图（strategy map）是由罗伯特·卡普兰（Robert S. Kaplan）和戴维·诺顿（David P. Norton）提出的，他们也是平衡计分卡的创始人，在对实行平衡计分卡的企业进行长期指导和研究的过程中，两位大师发现企业由于无法全面地描述战略，管理者之间、管理者与员工之间无法沟通，对战略无法达成共识。平衡计分卡只建立了一个战略框架，但缺乏对战略具体、系统、全面的描述。2004 年，两位创始人的第三部著作《战略地图》出版，在该著作中两位创始人对战略地图的概念、使用价值以及内涵、操作方法进行了详尽说明。

　　战略地图是在平衡计分卡理论的基础上发展来的，与平衡计分卡相比，它增加了两个层次的内容。一是战略目标，战略地图既呈现了简单、集成的战略目标，也呈现了有效的 KPI 与行动计划，每一个战略目标下都可以分解为很多要素如 KPI、KPI 值、支持 KPI 的行动计划等；二是增加了动态逻辑，也就是说战略地图中的各战略目标是相互依存的逻辑关系，这种逻辑关系随着时间推移可以动态滚动调整。

战略地图文件主要包括战略地图、平衡计分卡、行动计划表三个组成部分（合称战略图卡表），三个部分相互支持、互为逻辑。战略地图将简单、集成的战略目标展现出来并勾勒战略目标之间的逻辑关系，平衡计分卡则将战略目标分解为年度甚至季度、月度的 KPI 并与预算链接起来；行动计划表把支持 KPI 实现的行动编制成计划，通过层层解码实现了战略的有效性。图 1-3、表 1-1 和表 1-2 是 M 集团财务公司战略地图、平衡计分卡与行动计划表的示例。

	M集团财务公司战略地图
愿景	成为最具有金融服务能力的企业集团财务公司
财务	F1:提升财务公司总体盈利能力 F2:实现经营收入的增长　F3:控制财务公司成本费用　F4:确保良好的偿付能力　F5:提升资产管理规模与质量
客户	C1:为集团成员企业提供卓越的财务服务　C2:制定合理的融资总额与计划　C3:遵守国家金融监管法律法规　C4:构建良好政府关系以获取资源支持
内部运营	I1:加快新金融业务布局　I2:优化结算业务流程　I3:加强集团资金归集管理　I4:强化风险控制管理体系　I5:开展创新与对标管理
学习成长	L1:建立大数据管理系统，推动信息化建设　L2:打造国际化视野管理团队　L3:落实集团企业文化建设工作

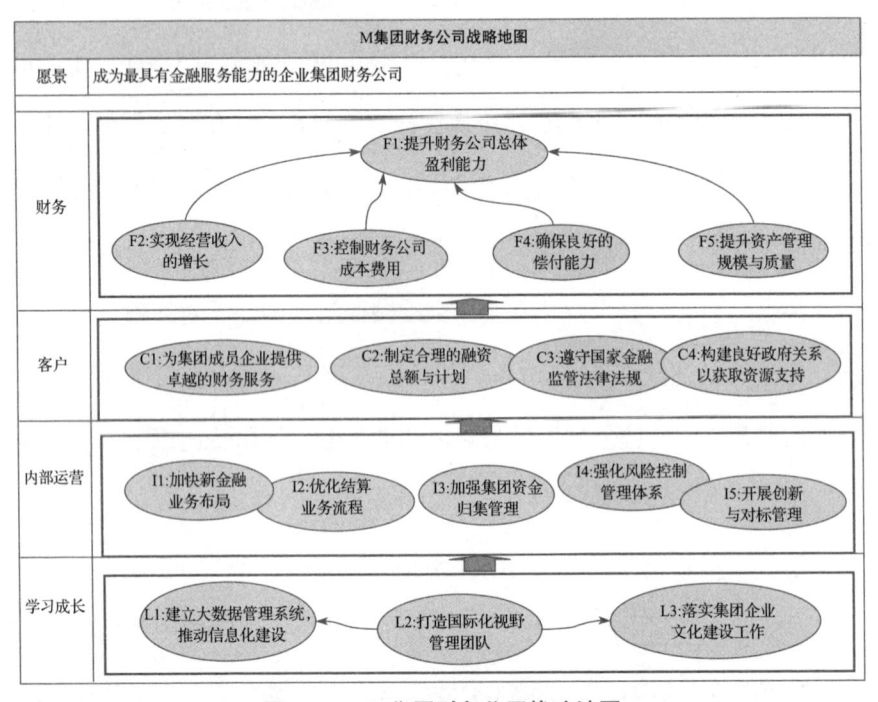

图 1-3　M 集团财务公司战略地图

表1-1 M集团财务公司平衡计分卡

M集团财务公司平衡计分卡

维度	战略目标	核心衡量指标	目标值 2019年	目标值 2020年	目标值 2021年	行动计划	预算支出	责任人
财务	F1: 提升财务公司总体盈利能力	利润				/		
	F2: 实现经营收入的增长	营业收入				/		
	F3: 控制财务公司成本费用	成本费用率				/		
	F4: 确保良好的偿付能力	存贷比例				/		
	F5: 提升资产管理规模与质量	资产管理规模 资产负债率				/		
客户	C1: 为集团成员企业提供卓越的财务服务	客户满意度				客户满意度提升计划		
	C2: 制定合理的融资总额与计划	融资总额				/		
	C3: 遵守国家金融监管法律法规	金融监管通报处罚次数				/		
	C4: 构建良好政府关系以获取资源支持	获取政府资源支持任务达成评价				/		
内部运营	I1: 加快新金融业务布局	新金融业务增长率				/		
	I2: 优化结算业务流程	结算业务投诉率	节点目标	节点目标	节点目标	结算业务流程优化计划		
	I3: 加强集团资金归集管理	资金归集率				/		
	I4: 强化风险控制管理体系	不良贷款比例 重大风险发生频次				风险控制体系实施与提升计划		
	I5: 开展创新与对标管理	贷款发放周期 数据库抽检符合率				/		
学习成长	L1: 建立大数据管理系统，推动信息化建设	信息化建设计划达成评价				信息化建设计划		
	L2: 打造国际化视野管理团队	关键人才任职资格达标率				关键人才培养计划		
	L3: 落实集团企业文化建设工作	企业文化认知度 企业文化认同度				/		

表 1-2　M 集团财务公司行动计划表

计划名称	风险控制体系实施与提升计划
计划编号	
总负责人	第一负责人：李红（总经理）；第二负责人：李光伟（稽核风险部经理）
制定	财务公司资金计划部
制定日期	2018 年 11 月 15 日
审批	
审批日期	

编号	关键节点	时间	计划要求	负责单位	协同单位	责任人
1	风险控制管理体系改进计划	2019 年 2 月 1—15 日	1. 目标描述：按照监管部门风险控制管理要求，制定风险控制管理体系改进计划； 2. 成功标志：制定风险控制体系改进计划并实施，并下发。	稽核风险部	公司各部门	李光伟
2	实行案防工作目标责任制	2019 年 2 月 16—28 日	1. 目标描述：制定案防工作目标，借鉴和处罚措施； 2. 成功标志：全体员工签订 M 集团财务公司案防工作目标责任书。	稽核风险部	公司各部门	李光伟
3.1	制度补充和修订	2019 年 3 月 1 日至 12 月 31 日	1. 目标描述：各部门可随时根据部门业务变化、新增业务等提出制度补充和修订申请； 2. 成功标志：新修订和补充制度给内控委员会审议通过并下发。	稽核风险部	公司各部门	李光伟
3.2	制度强化学习年活动	2019 年 4 月 1 日至 9 月 30 日	1. 目标描述：各部门经理拟题，并形成制度题库； 2. 成功标志：进行制度考试，达标率超过 80%。	稽核风险部	公司各部门	李光伟
4.1	员工违规（失职）行为积分管理办法全面实施	2019 年 1 月 1 日至 12 月 31 日	1. 目标描述：引导和督促员工农合合规尽职履职，推动公司业务稳健发展，对员工行为进行违规（失职）行为积分； 2. 成功标志：文件正式下发并组织实施。	稽核风险部	公司各部门	李光伟
4.2	员工上半年异常行为排查	2019 年 5 月 1 日至 6 月 1 日	1. 目标描述：2019 年 6 月 1 日前，根据 2019 年度上半年员工异常行为排查方案进行排查，填制排查事实确认书，部门拟定整改方案； 2. 成功标志：排查办公室整理各部门整改报告，向排查领导组汇报情况。	稽核风险部	公司各部门	李光伟
5	流动性压力测试	2019 年 6 月 1—30 日	1. 目标描述：2019 年 6 月中旬，联合成员单位进行流动性压力测试，并形成压力测试结果分析； 2. 成功标志：形成压力测试分析报告。	稽核风险部	资金计划部	李光伟
6	信用风险跟踪检查	2019 年 7 月 1 日至 8 月 31 日	1. 目标描述：联合信贷管理部对信用级别较高的贷款成员单位进行现场跟踪检查； 2. 成功标志：形成完整的现场检查报告。	稽核风险部	信贷管理部	李光伟
7	风险控制体系提升总结	2019 年 11 月 1—30 日	1. 目标描述：2019 年 11 月前，各部门完成全年风险控制提升总结报告； 2. 成功标志：公司层面风险控制体系提升的风险控制部完成的总结报告，形成完整的风险控制体系提升总结报告。	稽核风险部	公司各部门	李光伟

从上面这个示例不难看出，战略地图（包含的战略图卡表文件）主要在四个方面满足了企业战略解码简单、集成、有效的要求：

（1）战略地图对公司战略规划进行有效的解码。战略地图将原本数百页战略规划文件才能描述清楚的企业战略集成地展现出来，由于它要求战略规划人员按照战略地图结构逻辑提供战略分析思路，进行公司战略关键问题的思考，所以大量传统的战略决策工具如SWOT分析、波特五力、企业价值链、BCG矩阵等都依附于战略地图，辅助战略地图的开发，它们被有效地分配于每一个操作环节，因此战略地图使原本复杂的战略解码过程变得简单有效。

（2）战略地图能使公司内部沟通变得顺畅，促进协同。很多企业战略沟通不畅的根本原因是长篇大论式战略规划文件，不仅难以阅读，更无法有效地在集成与直观之间作平衡，战略规划沦落为长篇累牍的文件，由于晦涩难懂、长篇大论最终被锁在文件柜里，长期被束之高阁，描述战略、衡量战略、管理战略根本无从谈起，战略执行成为无本之木，战略中心型组织成为无水之源。当企业通过战略地图来演绎自己的战略时，战略地图起到了提纲、目录的作用，战略沟通变得相对简单、有效；当沟通需要涉及每一个战略主题的深度目标与行动计划时，平衡计分卡、行动计划表又能有效地协助展开战略沟通。正是战略地图集成与直观的特点，才使企业内部战略的沟通变得顺畅，有效地促进战略协同。

（3）战略地图能促使战略、计划、预算、评价、监督与评估一体化。战略规划能否落地往往取决于战略、年度业务计划、财务预算、绩效评价、执行监督与评估能否保持高度的一致，只有保持五者的联动，才能把本来宏大的愿景转化为有着明确目标、预算的务实的计划任务，才能将远期与近期有效地匹配起来。战略地图文件则能够把着眼于中长期的战略愿景，通过战略地图、平衡计分卡、行动计划表进行时间与空间维度的分解，有效地实现战略解码，作为年度业务计划编制的输入，最终实现与财务预算、绩效评价、执行监督与评估的链接。

（4）战略地图使得企业战略执行监控变得适时、动态。战略规划文件能否落地需要企业能够适时、动态地监督执行情况，这也是众多企业的战略管理所要追求的职能目标之一。战略地图能够帮助企业适时、动态地监督与评估战略执行，通过建设战略管理办公室（office of strategy management，OSM）改造企业的战略管理部门，将企业战略执行的监督与评估流程化、模板化、工具化、有序化。战略图卡表文件能够确保企业通过清晰的战略管控流程与组织体系监督子公司、部门的战略执行，并及时根据竞争状况的变化，对既定战略加以检验并做出相应调整，战略执行的监督与评估因此更加适时、动态。

1.3　战略解码的三个层级

企业战略可以分为公司、业务、职能三个层级，战略解码同样也涉及对应的三个层级。

1. 公司战略解码

第一层级就是公司战略，在一些多业务组合集团公司又称集团战略，公司战略是集团总部必须关注的战略重点。用句通俗的话解释，公司战略重点关注两大互为关联的纵深战略问题：

第一是公司未来需要做什么样的业务，以何种方式进入何种行业；第二是总部如何处理旗下多元化业务单元的关系并创造协同效应。

上述两大问题是公司层面战略需要认真思考的最为基本的问题，在现实的公司战略规划与解码的文件中，不同企业对上述两大问题会提交完全不同的三种答案：

第一，公司战略可以选择相关的多业务组合，开展相关多元化经营。集团战略规划之所以选择该类型的业务模式，主要是横向利益链条的驱动。这种横向协同首先表现为集团内部不同业务单元之间核心能力与某些资源的共享（横向协同），如共享技术、共享生产设备、共享营销客户等。最为典型的是宝洁公司共享销售资源获得了协同效应，提高了资源的使用价值。同时横向协同还表现在集团战略的横向战略联盟与纵向一体化战略的实施，通过横向联盟资源整合及前后向一体化实现战略协同效应的发挥。

第二，公司战略可以选择非相关的多业务组合，开展非相关多元化经营。集团战略规划之所以选择该类型的业务模式，主要是纵向利益链条的驱动，即集团总部与各业务单元之间的纵向协同。这种纵向协同首先表现为集团总部创造管理价值，如改进战略与预算管理体系，为业务单元提供人力资源管理、财务审计、战略物资集中采购等职能监督，资产重组、资本重组、管理重组等；同时纵向协同还表现为集团总部对业务单元进行非相关业务组合管理，集中财务资源的战略控制以创造协同效应。

第三，公司战略还可以选择专业化的业务组合，开展单一经营。集团战略规划之所以选择该类型的业务模式，主要是考虑聚焦于单一业务领域能够有效地集聚资源，将企业所有的资源与能力聚焦于某一业务领域，成为该领域的头部企业。选择专业化的集团型企业强调在某一业务领域中有效地形成行业壁垒，集聚优势资源打败行业内其他企业，从而获得企业长久的生存与发展。

公司战略解码需要提出年度公司战略滚动修订的要点，包括研发战略图卡表、编制年度业务计划以链接财务预算、分解公司高管 KPI 并签订 PBC 等工作。一般来说公司战略解码主要包含六个方面的内容：

（1）战略任务。

- 使命：公司存在的价值与意义是什么？
- 价值观：员工应当遵守的核心价值理念是什么？
- 愿景：未来我们要成为什么样的企业？
- 战略定位：从愿景延伸出来的业务定位。
- 指导思想：战略实施需要遵循的基本理念。

（2）总体战略目标。在战略规划时期内，公司的财务与市场等战略目标是什么？这些战略目标可以包括财务类的目标，也可以包括非财务类的目标。

（3）业务组合与协同战略。未来支持基本战略目标实现的业务组合是什么？企业未来做什么、不做什么？各业务之间的战略协同效应是什么？如何实现产融结合发展？各业务发展时间与方式及处理调整的深度与速度如何安排？

（4）关键战略举措。该部分是指围绕业务组合战略而实施的关、停、并、转、投等与产业发展相关的关键战略举措，同时还包括促进业务单元战略协同而开展的关键战略举措，主要目的是做好公司层面的资源配置，制定好战略推进计划。

（5）战略图卡表。开发公司层面战略地图、平衡计分卡与行动计划表，该部分是战略解码最重要的一个环节。因为前面几个部分都是着眼于中长期的战略修订内容，该部分则主要将中长期战略解码为年度经营目标与计划。

（6）公司高管PBC。根据公司战略图卡表及公司高管的分工职责，分解公司高管KPI并签订公司高管人员的PBC。

|案 例|

复星集团多元化发展之路

复星集团创建于1992年（公司前身为集团创始人郭广昌及其创业伙伴成立的广信科技），是中国最大的民营企业集团之一，目前拥有医药、房地产、零售、钢铁矿业等四大主导产业，及矿业和金融等战略投资。公司各主要业务均长期受益于中国巨大的人口带来的消费需求、投资需求，及持续的城市化、服务全球的制造业等中国动力，业绩逐年稳步增长，各业务板块在细分行业内基本进入国内前10强。公司连续数年稳居中国企业前100强。

医药业务：复星医药专注现代生物医药健康产业，经过十余年的发展，在研发创新、市场营销、并购整合、人才建设等方面形成了核心竞争力，已成为以药品研发制造为核心，在医药流通、诊断产品和医疗器械等领域拥有领先规模和市场地位的大型专业医药产业集团。当前，复星医药正以中国医药市场的快速成长和欧美主流市场仿制药的快速增长为契机，加快实施"创新、品牌、成本、全球化"战略，稳健经营、快速发展。

房地产业务：1998年，复星集团的地产板块复地（集团）股份有限公司开始进入房地产开发和管理业务，目前已经发展成为中国大型的房地产开发集团。秉承"以人为蓝图"的经营理念，持续为中国城市新兴中产阶层打造高性价比的生活、工作和休闲空间。近年来，复地年均开发管理各类房地产项目超过40个（期），在建项目建筑面积保持在200万平方米以上。

零售业务：2000年10月，复星投资友谊复星，控股大型综合类商业上市企业友谊股份；其业务包括联华超市、好美家建材中心、友谊百货等，是联华超市的第一大股东。2002年11月，成为豫园商城的单一最大股东，豫园商城一度连续十年名列全国大型零售企业（单体）销售第一位。

钢铁矿业业务：2002年复星投资建龙集团，建龙集团是一家集资源产业、钢铁产业、造船产业、机电产业于一体的大型企业集团,参股的钢铁产业有承德建龙、吉林建龙、黑龙江建龙、抚顺新钢铁等五家控股子公司,主要生产热轧带钢、冷轧带钢、热轧卷板、无缝钢管和钢棒线材等产品,年生产能力超过1 100万吨。2003年复星集团与南京钢铁集团有限公司合资成立南京钢铁联合有限公司,南钢联合是集采选矿、钢铁冶炼、钢材轧制为一体的特大型钢铁联合企业,年生产能力达到800万吨。在矿产资源领域复星还先后投资了招金矿业、海南矿业、山焦五麟、遵义世纪、华夏矿业等矿产资源开发公司。

除上述四大业务板块外,复星还有战略投资业务,如2008年投资分众传媒,2010年与凯雷合资的凯雷复星等私募股权投资。

从复星的多元化发展路径来看,复星集团的业务发展和投资选择战略顺应了中国城市化及工业化的发展趋势,选择了超越中国经济社会发展速度的行业,获得了快速发展。从产业组合上看,医药行业属于抗经济周期性行业,而且面临着行业巨额扩容的成长蛋糕;房地产从中长期来看受益于中国城市化进程以及居民的持续增长的消费需求;零售行业受益于中国拉动内需的发展战略;钢铁行业逐步走出周期性行业低谷,中长期受益于中国城市化进程以及中国作为世界制造中心的地位,矿产资源开采,未来资源稀缺,投资价值巨大。钢铁矿产行业资金密集,做大规模,医药、地产板块利润丰厚,零售行业现金流充沛,加上其他战略投资业务形成了很好的产业组合。

再从复星集团的战略定位来看,复星视自身为投资者,而非运营者,复星创造性地提出了"三大价值创造的正循环"(即持续发现受益中国成长的投资机会、持续优化管理、持续对接优质资本），也为其多元化发展之路提供了保障。

对于要走多元化发展路径的企业而言，形成洞悉宏观发展趋势，以清晰的投资思路优化资本运作与产业组合，打造出富有竞争力的商业矩阵的能力显得尤为重要。

2. 业务战略解码

业务战略是在公司战略的指导之下作出的，它主要是对公司的各个业务进行具体的规划，可以说它是将公司对各个业务单元的战略意图进行细化。一个单体公司或涉足单一产业领域的集团通常没有多业务组合的公司战略，业务战略就是其公司战略。业务单元战略往往被一些战略专家理解为经营战略或竞争战略，本质就是获取竞争优势，这其实存在一个误区，因为在多元化经营的背景下，有时候公司对业务单元的战略要求不一定就是获取行业竞争优势，公司赋予各业务单元的使命往往是不同的：一些业务单元是投机型业务其目的就是为获取短期利润；另外一些业务单元是现金流业务，强劲的现金流表现是公司所需要的；还有一些业务单元是战略型主业，要求获得行业内最为顶尖的竞争优势，稳健高速发展。因此业务单元战略的核心命题是：如何在公司战略的指导之下在业务单元落实战略意图。如果公司战略要求其获取竞争优势，那么业务单元战略才有必要在已涉足产业中保持最领先的竞争优势。

业务单元战略解码需要提出年度战略滚动修订的要点，同时还包括开发业务单元战略图卡表、编制年度业务计划以链接财务预算、分解业务单元高管 KPI 并签订 PBC 等工作。一般来说业务单元战略解码主要包含六个方面的内容：

（1）战略任务。

- 使命：业务单元（子公司）存在的价值与意义是什么？
- 价值观：员工应当遵守的核心价值理念是什么？
- 愿景：未来（业务单元／子公司）要成为什么样的企业？
- 战略定位：从愿景延伸出来的业务定位。
- 指导思想：战略实施需要遵循的基本理念。

不是所有的业务战略都要有独立的战略任务。

（2）基本战略目标。各个业务单元战略目标实际上是对前面的集团主要业务战略目标的细化与分解，它的特点是更加细化、具体，要求能落实到各个发展阶段的子目标。

（3）增长路径与客户价值。该部分主要包括市场细分、产品与市场定位、客户价值主张界定、核心能力培育，主要目的是解决如何利用好集团配置给自己的资源，培育核心能力，满足目标客户需求、实现客户价值主张，以获取在该业务范围内的竞争优势。

（4）关键战略举措。该部分是指围绕业务战略目标、增长路径目标实现、满足客户价值主张制定关键战略举措与推进计划。关键战略举措与推进计划的主要目的是将培育核心能力、满足目标客户需求、实现客户价值主张等策略转化为实际可操作的举措、计划。

（5）战略图卡表。开发业务层面战略地图、平衡计分卡与行动计划表，是业务单元战略解码最重要的一个环节。前面四个部分都是着眼于业务单元中长期的战略修订内容，该部分则主要运用战略图卡表工具将中长期战略解码为业务单元的年度业务计划并将其与预算相链接。

（6）业务单元高管PBC。根据业务层面战略地图、平衡计分卡与行动计划表及业务单元高管的分工职责，分解业务单元高管KPI并签订公司高管人员PBC。

3. 部门战略解码

部门战略主要关注如何落实公司与业务战略，换句话说就是如何在各部门或各职能进行具体操作以支持上述两个层面的战略。部门战略更注重企业内部主要职能短期战略计划、预算。该层面战略使部门人员能清楚地认识到本部门在实施公司和业务单元战略中的责任与要求，它更强调"如何将一件事情做正确"。所以从本质上来说，更为详细、具体，具有可操作性。它一般是由更详细的方案与行动计划组成，涉及资本运营、财务、生产、销售、研发、采购、人事等各个职能。

部门战略解码需要提出年度部门战略滚动修订的要点，同时还包括开发部门战略图卡表、编制年度业务计划以链接财务预算、分解部门负责人KPI并签订PBC等工作。一般来说部门战略解码主要包含五个方面的内容：

（1）部门使命。各部门支持公司业务发展的总体定位是什么？这里主要考虑对支持企业战略发展的不可替代价值是什么，例如资本运营如何支持公司层面产业投资组合。

（2）基本战略目标。战略目标（含战略规划期内各阶段目标）也可以站在公司与各业务单位两个层面进行规划、解码，如人力资源战略目标可分为公司与业务单元两个构面展开等。

（3）关键战略举措。界定各职能关键行动措施（如部门战略协同分析、部门战略利益相关方价值主张分析等）、职能中长期战略计划与预算；其主要目的是通过这些行动，提高职能发挥水平，以支持资源的使用效率。

（4）战略图卡表。开发部门层面战略地图、平衡计分卡与行动计划表，该部分是战略解码最重要的一个环节。前面几个部分都是着眼于中长期的战略修订内容，该部分则主要运用战略图卡表工具将部门中长期战略解码为年度业务计划并将其与预算相链接。

（5）部门负责人PBC。根据部门战略地图、平衡计分卡与行动计划表及部门负责人的职责分工，分解KPI并签订部门负责人PBC。

1.4 战略解码五步法

我们将战略解码分为五个相互联系、相互影响的实践操作步骤。其中步骤一是战略解码的输入，步骤二、三、四是不同层级战略解码过程，步骤五是战略解码后的执行监控与评估。战略解码五步法的五个步骤如下：

1. 差距分析与战略环境扫描

该步骤中首先对企业过往的经营业绩进行定期回顾，寻找经营目标与实际的差距，并详尽地分析差距形成的原因，为下一周期的战略修订与解码提供必要的依据；同时还要对企业内部资源与能力进行定期自检，以找到企业内部资源与能力的优劣势。

其次对企业外部环境进行扫描分析，可以运用 PEST 分析法对外部宏观环境因素进行扫描，这些因素包括：人口、社会文化、政治、法律、技术、经济等要素；还可以对公司涉足的相关产业环境进行分析，包括行业边界重新划分、行业规模的回顾、行业结构分析（五力模型）、行业战略组群分析等内容。这些分析都是为了帮助企业寻找外部环境的机遇与威胁。

最后还可以对公司内外部战略环境进行综合评估，通过对内部优劣势以及外部机遇威胁的组合分析寻找战略的启示，把握未来公司战略的机会点。

本书第二章将阐述差距分析与战略环境扫描的方法与工具。

2. 公司战略解码

该部分以年度为一个修订周期对公司战略进行滚动思考，并提出年度公司战略滚动修订的要点；同时还包括开发战略图卡表、编制年度业务计划以链接财务预算、分解公司高管 KPI 并签订 PBC 等。企业之所以至少每年要对公司战略进行一次正式滚动修订有两个原因：一是随着对战略全局发展规律认识的加深，需要重新检验并修订原来的战略决策是否正确；二是战略全局的发展出现了新情况或发现原来对环境发展的认识发生了较大偏移，也需要对战略进行相应的修订。

公司层面战略解码的主要内容包括战略任务（使命、价值观与愿景、战略定位、指导思想）的检讨、总体战略目标的修订、业务组合战略与协同思考、关键战略举措修订、战略图卡表的滚动修订、编制年度业务计划书、链接财务预算、确定公司高管的 PBC 等。

本书第三章将阐述公司战略解码的方法与工具。

3. 业务战略解码

业务战略解码是以年度为修订周期对业务单元的战略进行滚动思考，并提出年度业务战略滚动修订的要点意见；同时还包括开发业务单元战略图卡表、编制年度业务计划并链接财务预算、分解确定业务单元高管 KPI 并签订 PBC。与公司战略不同，业务单元战略主要思考增长路径与客户价值主张的实现，如何培育起企业满足客户的竞争优势，通过比竞争对手更好地满足客户需求、实现客户价值来打败竞争对手。

业务战略解码的主要内容包括：业务单元的战略任务（使命、价值观与愿景、战略定位、指导思想）的检讨、业务单元基本战略目标修订、增长路径与客户价值修订、业务单元关键战略举措修订、滚动修订战略图卡表并编制年度业务计划书、确定业务单元高管的 PBC 等。

本书第四章将阐述业务战略解码方法与工具。

4. 部门战略解码

部门战略解码首先同样是以年度为一个修订周期对部门战略进行滚动思考，并提出年度部门战略滚动修订的要点意见；同时还包括开发部门战略图卡表、编制部门年度业务计划书、分解部门负责人的 KPI 并签订 PBC。部门战略主要关注如何落实公司与业务战略，换句话说就是如何在各职能部门具体操作、实施上述两个层面的战略，落实公司战略意图并支持业务战略的实施。

部门战略解码的主要内容包括：部门使命的检讨、部门基本战略目标修订、部门关键战略举措修订、滚动修订部门战略图卡表并编制年度业务计划书、确定部门负责人的 PBC 等。

本书第五章将阐述部门战略解码方法与工具。

5. 设计战略管理循环

战略监控、评估与审计是战略解码后对年度业务计划落地执行的监控，也是企业战略管理循环的重要步骤之一。本步骤中需要对战略管理的循环体系进行必要的修订、思考，同时刷新差距分析与战略环境扫描，滚动修订战略规划，编制年度业务计划并链接预算，分解 KPI 指标，开发战略监控评估与审计的体系框架、模板与工具；还需要运用这些模板与工具对战略执行过程进行动态的监控、评估、审计甚至修订；同时还应当着眼于改造战略管理部门，对战略管理部门职能进行明确定位，赋予其在战略管控过程中更多的职能与要求，并正确处理好与母子公司战略决策委员会等之间的关系；甚至还可以对战略管理部门人员的岗位职责与能力素质模型、评价指标、能力提升计划进行设计。

图1-4归纳总结了公司战略解码五步法。

1.差距分析与战略环境扫描	2.公司战略解码	3.业务战略解码	4.部门战略解码	5.设计战略管理循环
◆差距分析 ◆宏观环境分析 ◆产业环境分析 ◆内部环境分析 ◆综合分析	◆战略任务 ◆总体战略目标 ◆业务组合与协同战略 ◆关键战略举措 ◆战略图卡表 ◆公司高管PBC	◆战略任务 ◆基本战略目标 ◆增长路径与客户价值主张 ◆关键战略举措 ◆战略图卡表 ◆业务单元高管PBC	◆部门使命 ◆基本战略目标 ◆关键战略举措 ◆战略图卡表 ◆部门负责人PBC	◆研究与规划 ◆年度业务计划 ◆战略执行监控 ◆评估审计与修订 ◆组织绩效评价

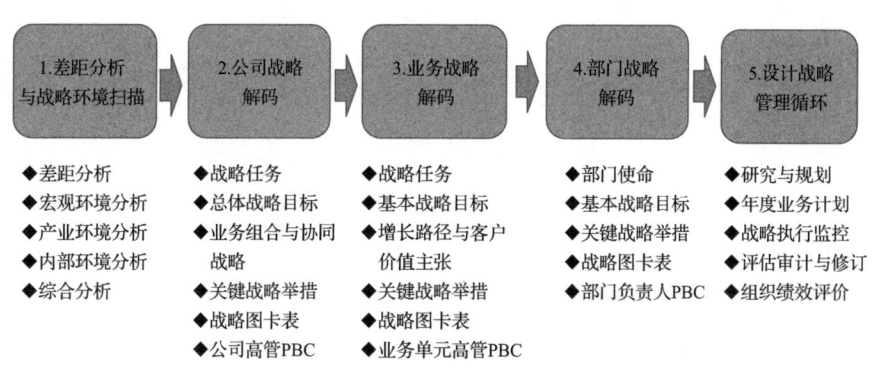

图1-4 公司战略解码五步法

本书第六章将详尽阐述如何设计战略管理循环，第七章将详尽阐述如何运用战略地图来呈现公司战略协同，第八章将详尽阐述单体公司战略图卡表的开发。

第二章
差距分析与战略环境扫描

差距分析与战略环境扫描是战略解码五步法的第一步，部分企业每年在进行战略滚动修订之前会聘请外部咨询顾问进行差距分析与战略环境扫描。

　　如果你所在的公司是一个集团型企业，那么与单体公司战略环境扫描不同的是，集团型企业不仅仅关注某单一的产业环境，更加关注公司已经涉足及意欲涉足的产业环境，以及这些产业环境相互影响、依存、支持的关系。迄今为止，介绍战略环境扫描方法、工具的书籍、文章可以说是汗牛充栋，而我们真正需要的是寻找到一个最为基本的、简化的差距分析与战略环境扫描的方法，再根据实践的需要来选择、补充其他战略环境扫描的工具。

　　差距分析与战略环境扫描从内容上看主要分为五大模块，分别是差距分析、宏观环境分析、产业环境分析、内部环境分析、综合分析，下面我们分模块逐一阐述。

2.1　差距分析

　　所谓差距分析是指在战略执行过程中，将实际业绩与战略期望的业绩进行对比，同时对过去的机会把握情况进行分析。根据业务领先模型（business leadership model，BLM），企业进行差距分析的理由是：战略是由不满意激发的，而不满意是企业家对现状和期望之间差距的一种感知，正是因为有差距的存在，所以才需要企业每年对战略规划进行滚动修订，同时进行战略解码，实现战略规划、年度业务计划、财务预算、绩效评价、战略监控与评估审计的无缝链接。

差距分析主要分为两个部分的内容，第一是业绩差距分析，所谓业绩差距是现有经营实际值和目标值之间的差距。业绩差距分析要求将企业的几个关键业绩指标与行业平均、标杆企业及自己当初的承诺进行对比，分析企业成长性、盈利性与创新性，发现企业存在的业绩差距。表2-1是某企业进行业绩差距分析的示例。

表2-1 业绩差距分析表

业务	关键业绩指标	上年实际达成值	上年目标值	实际/目标	行业标杆企业值	自身/标杆	行业平均值	自身/平均
业务A	销售收入							
	市场份额							
	利润率							
业务B	销售收入							
	市场份额							
	利润率							
业务C	销售收入							
	市场份额							
	利润率							

续表

业务	关键业绩指标	上年实际达成值	上年目标值	实际/目标	行业标杆企业值	自身/标杆	行业平均值	自身/平均
业务 D	销售收入							
	市场份额							
	利润率							

业绩差距分析首先要找到差距再进行差距原因的深入分析。例如某企业的年度主营业务收入目标值是 15 亿元，年末完成的年度主营业务收入实际值只有 13 亿元，实际值与目标值之间 2 亿元的差值就是业绩差距。企业进行差距分析就是要找出产生业绩差距的原因，在进行年度战略规划的滚动修订以及年度业务计划的滚动编制时，需要重点关注主营业务收入的业绩差距，重点说明业绩差距如何弥补。业绩差距不仅仅要发现差距，还要对业绩差距形成的原因进行分析，例如该企业经过分析后发现主营业务收入差距的原因有：

（1）新产品开发进度没有保障。年初准备上市的两个新品进展迟缓，到 12 月份才上市，至少失去了 8 000 万元的新品收入。

（2）质量事故导致老客户流失。其中有一家大客户年中没续单，导致下半年无业绩，损失的业绩大约为 2 400 万元。

（3）行业政策导致主要产品的销售收入下降。这个原因是企业很难预料的、不可控的。

（4）竞品导致下游市场需求减少。由于竞争对手新品的技术迭代，很多客户转购竞争对手的新品，下游市场需求明显减少。

业绩差距分析结果可以作为下一年度滚动修订战略规划目标、年度业务计划的输入，业绩差距通常可以通过高效的执行填补，不需要改变业务模式。

第二是机会差距分析，所谓的机会差距是现有经营成果和新业务设计所能带来的经营结果之间的差距的一种量化评估。机会差距首先要看新业务的机会、产品与市场机会、管理创新的机会，以及在过去有哪些机会没有抓住。新业务机会是最难以判断和把握的，因为新业务的市场成熟度难以清楚判断，有待考察，表面上看是新业务机会，说不定也是新业务陷阱，它的不确定性太高乃至无法准确地判断成功率。表2-2是某企业进行机会差距分析的示例。

表2-2 机会差距分析表

序号	机会差距	实际差距说明	建议关注度
1	快消贸易与便利店零售协同发展的机会	①快消贸易业务增速仍达到10%左右，贸易业务能够扩大体量，尽管利润率很低，但与便利店零售有供应链协同效应。②便利店龙头企业纷纷连锁布局，行业集中度正在有效提升，便利店业务错过了在全国跑马圈地的发展时机；目前在区域内发展，体量很小。	★★★★★
2	新产品研发进度缓慢	休闲食品、便利店熟食、贴牌雨伞与抽纸等45个品类的新产品计划研发上市，但实际研发进度缓慢，没有按时推出，错失市场机会。	★★★★★
3	网上零售业务	①我国网络零售市场规模持续扩大。国家统计局数据显示，全国网上零售额突破9万亿元，同比增长23.9%，其中实物商品网上零售额7万亿元，同比增长25.4%，增速比社会消费品零售总额高16.4个百分点，占社会消费品零售总额的比重为18.4%，比上年同期提高3.4个百分点。②糖酒集团一直没有关注网上零售业务的发展，未来可考虑O2O的业务模式。	★★★★★

续表

序号	机会差距	实际差距说明	建议关注度
4	并购整合	①公司成功收购区域便利店企业，实现了区域的快速扩张，但并购一开始的整合力度不够，区域业绩贡献未达预期。②未来如果并购新的标的，在投资并购前、中、后期都需要加强关键环节的控制。	★★★
5	资本运作	①糖酒集团在 IPO 进度上没有达成预期。②科创板、创业板利好政策对于糖酒集团来说是一次机遇。	★★★★

2.2 宏观环境分析

宏观环境分析属于外部环境分析，主要分析国家政治、经济、社会、科技、法律等宏观环境的变化与走势对产业竞争格局、产业发展的影响，进一步把握其对企业发展的影响。尤其需要注意的是宏观环境及发展趋势不仅仅局限于过去和现在，更重要的是着眼于对未来的判断，尤其重要的是要判断宏观环境对公司所涉足、即将涉足的产业产生的影响。应当指出宏观战略环境扫描的几个要素分析不能是孤立的，需要看到各种因素之间的相互关系，例如人口趋势—人口老龄化—影响经济因素等。

可以运用 PEST 这个工具开展宏观环境分析。PEST 对于大多数学习工商管理的人来说并不陌生，在 MBA 课程中宏观环境又称一般环境，进行战略分析首先要做的就是进行宏观环境分析。其最常规的分析方法就是 PEST（P——政治、E——经济、S——社会、T——科技）（见图2-1）。进行 PEST 分析就是要分析上述环境的现状及未来的发展走势，对公司所涉足的产业及产业组合关系、公司本身会产生什么样的有利与不利影响。

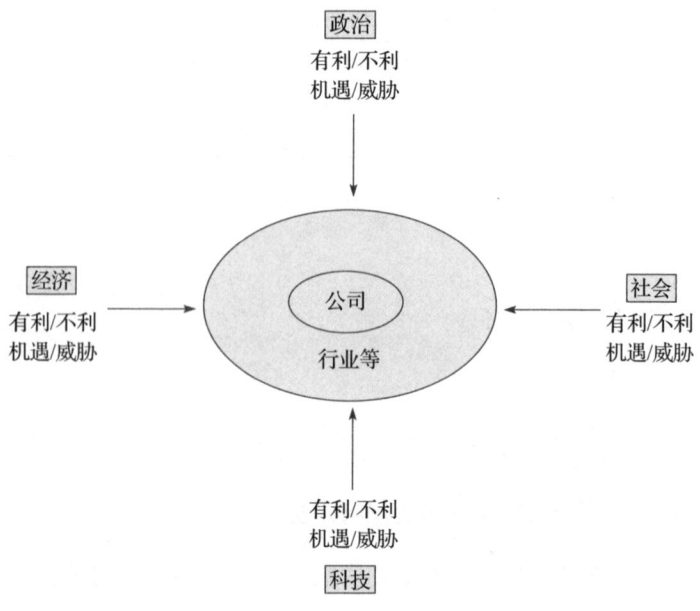

图 2-1 PEST 分析的重点

表2-3有利于识别宏观战略环境的直接关联因素。

表 2-3 宏观环境因素识别

内容	与行业相关的因素的变化与趋势		机会	威胁
政治	• 国际政治关系现状 • 热点政治事件 • 所在国税收政策	• 合同法与消费者法律 • 人力资源相关法律法规 • 环保安全相关法律法规		
经济	• 所在国经济状况与趋势 • 利率与货币政策 • 汇率变化趋势	• 通货膨胀率 • 能源供给成本 • 客户总体实力与结构		

续表

内容	与行业相关的因素的变化与趋势		机会	威胁
社会	● 人口数量与结构 ● 劳动力与流动性 ● 社会教育水平	● 宗教信仰与风俗观念 ● 社会福利与生活条件 ● 职业态度与企业家精神		
科技	● 政府科技开支 ● 产业技术水平 ● 新型发明专利	● 技术迭代趋势与速度 ● 技术转化率 ● 信息技术变革		

运用 PEST 并不是填写表格那么简单，很多公司在战略规划时还会对政治、经济、社会、科技等维度中每一个因素或指标进行二维分析，如图 2-2 所示的对政治维度的分析，最后根据分析的结果填写 PEST 分析总表。

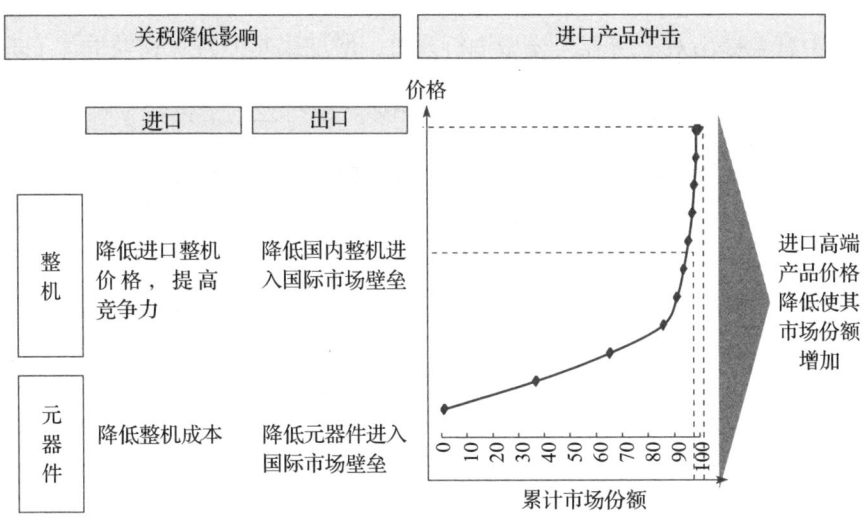

图 2-2　运用二维分析法开展 PEST 机遇与威胁分析——政治环境变化对行业的影响

PEST 分析不是要对所有要素进行深度分析，要抓住对自己所在行业相关的一个或几个重要方面进行分析，否则会做成花架子，因此在分析前最好对结构清单进行一次讨论。

2.3 产业环境分析

产业环境分析要求分析人员应当重点把握：各产业现状及未来的发展走势如何？产业之间和上下游产业之间的关系如何？各产业的竞争态势与强度如何？在此步骤中可运用波特五力＋利益相关者分析工具进行产业环境扫描的简化操作。波特五力模型广泛运用于行业进入取舍的决策，同时也可用于战略环境扫描。与单一产业不同的是，多元化公司运用波特五力模型必须要关注产业组合现状，因为该模型仅仅是对单一产业内部的竞争态势与强度分析提供了帮助。

波特五力模型是一个应用广泛的战略决策工具。在管理咨询的实践中有人提出对波特五力模型进行改进，增加了其他特殊利益群体（即其他战略利益相关者）的分析维度，例如汽油行业的变化会影响汽车行业的需求与竞争格局等。在运用波特五力模型对行业环境进行详尽扫描后，可以填写如表2-4所示的波特五力分析总表，简明扼要地陈述行业竞争力量的关键点，把握判断外部行业环境所面临的机遇和威胁。

表2-4 波特五力分析总表

内容	具体的变化与趋势	机会	威胁
潜在竞争对手	从产业政策保护、规模资源投入、技术壁垒、专有供应与销售渠道等制约性因素看未来潜在竞争对手		
替代品	替代品转换成本、替代品性能/价格、买方对替代品的偏好		

续表

内容	具体的变化与趋势	机会	威胁
供方议价能力	关键材料的供方集中度、供方未来自身的潜在竞争对手、可替代材料、自身对供方的重要性、转换供方的成本等		
买方议价能力	买方集中度、可替代品影响、品牌影响度、价格影响度、买方自身转换成本等		
现实竞争对手	本行业的行业集中度、行业产能平衡与增长情况、竞争对手产品差异性、行业竞争对手退出壁垒		

在运用波特五力分析总表进行产业环境扫描时，同样需要运用二维分析法辅助进行定量数据分析或定性决策分析。换句话说，在波特五力分析总表的背后是大量的定量数据分析与定性决策分析，图2-3至图2-7展示的是运用二维分析法进行波特五力定量数据分析与定性决策分析的片段。

潜在竞争对手增长分析

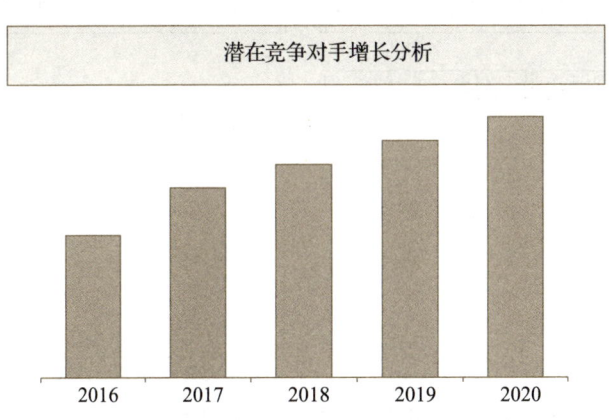

图2-3　运用二维分析法开展波特五力+利益相关者分析——潜在竞争对手
（业务收入增长分析）

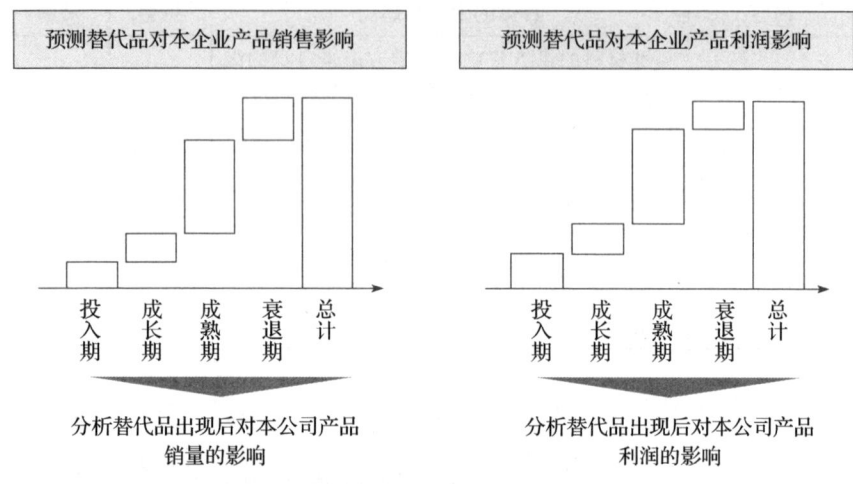

图 2-4　运用二维分析法开展波特五力 + 利益相关者分析——替代品威胁
（消费者需求满足能力对比）

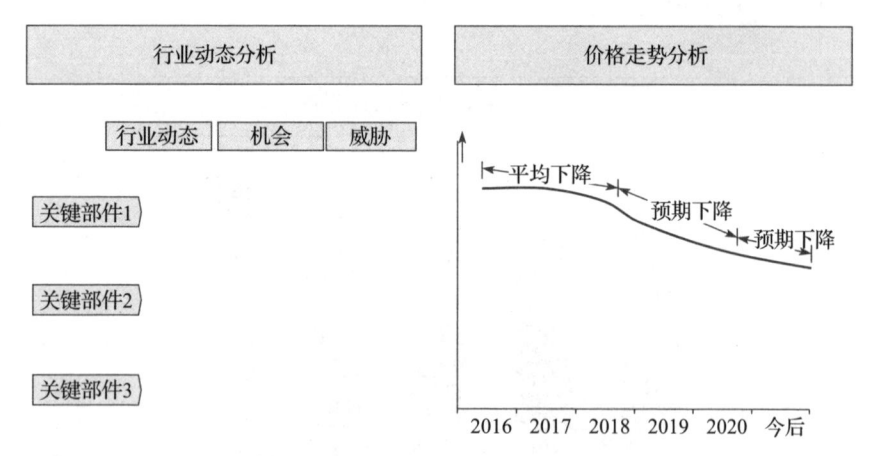

图 2-5　运用二维分析法开展波特五力 + 利益相关者分析——供方议价能力
（供方动态与价格走势分析）

分析方法	说明

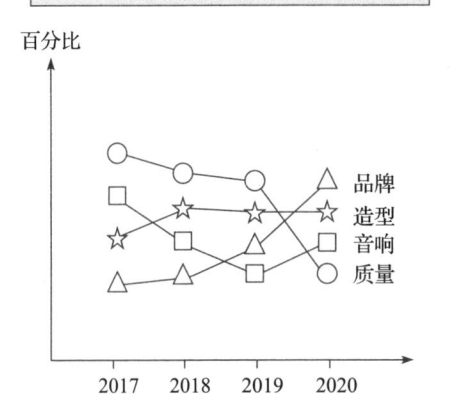

百分比

品牌
造型
音响
质量

2017　2018　2019　2020

- 主要分析消费者在选购产品时各考虑因素的重要性变化情况
- 在当前时点排在前3位的因素构成产品在市场上的关键成功因素
- 成长中的考虑因素为企业带来机遇，衰退中的考虑因素对企业造成威胁

图 2-6　运用二维分析法开展波特五力 + 利益相关者分析——买方议价能力
（购买动机及影响因素）

消费群份额变动分析	选购因素对比分析

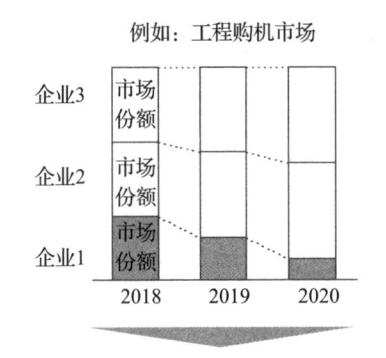

例如：工程购机市场

企业3　市场份额
企业2　市场份额
企业1　市场份额

2018　2019　2020

识别出竞争者在单个消费群中的份额变动趋势

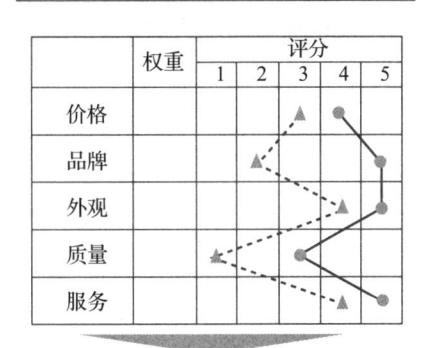

	权重	评分
		1　2　3　4　5
价格		
品牌		
外观		
质量		
服务		

识别出竞争对手在消费者选购因素中的强势环节和弱势环节

图 2-7　运用二维分析法开展波特五力 + 利益相关者分析——现实竞争对手
（消费者需求满足能力对比）

2.4　内部环境分析

内部环境分析的方法与工具有几十种，内部价值链分析是众多战略分析人员十分钟爱的一个，这个由著名战略管理学家波特开发的内部环境扫描工具得到最为广泛的运用。

运用内部价值链进行公司内部环境的扫描，主要是把握公司在战略管理、企业文化建设、人力资源管理、品牌管理、计划与财务管理、信息化建设与管理、物流管理、市场管理、研发与采购管理、生产制造管理、销售、售后服务等各个环节上的优势与劣势。这种优势与劣势包括内部资源、能力等多方面的内容。

应当指出我们不能想当然地认为内部价值链就是单体公司的价值链，集团型企业的内部价值链与单体公司有极大的不同，即使是多元化经营公司与单一经营公司在内部价值链的分布上也存在差异。

在运用内部价值链模型对公司内部环境进行详尽扫描后，可以填写表2-5所示的内部价值链优劣势"速写表"，简明扼要地陈述公司内部环境优劣态势关键点。应当注意的是外部环境分析的结果是填写本表的重要参考依据，因为企业优劣势是相对于外部环境而存在的。

表2-5　内部价值链分析总表

价值链环节	现状分析与描述	机会	威胁	对策
战略投资				

续表

价值链环节	现状分析与描述	机会	威胁	对策
企业文化				
人力资源				
财务管理				
技术研发				
……				

运用内部价值链分析总表进行公司内部战略环境扫描时，同样需要运用二维分析法进行内部价值链的定量数据分析与定性决策分析。换句话说，在内部价值链分析总表的背后是大量的定量数据分析与定性决策分析。图 2-8 至表 2-11 展示的是运用二维分析法进行内部价值链定量数据分析与定性决策分析的片段。

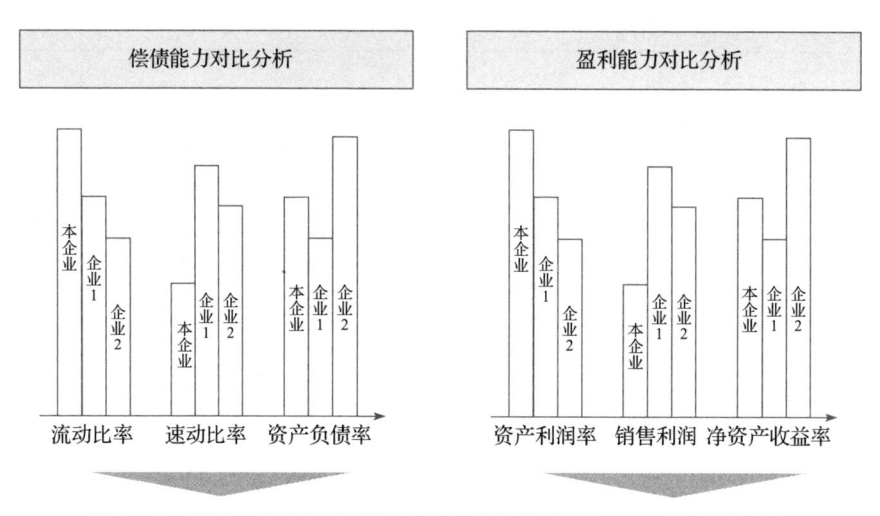

图 2-8　运用二维分析法开展企业内部价值链分析——财务职能分析

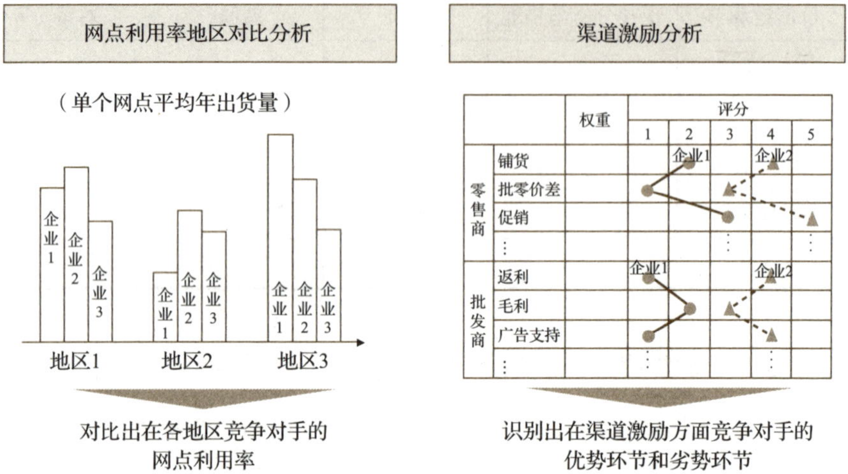

图 2-9　运用二维分析法开展企业内部价值链分析——营销职能分析
（网点利用与渠道分析）

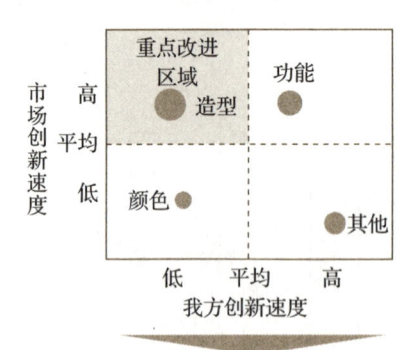

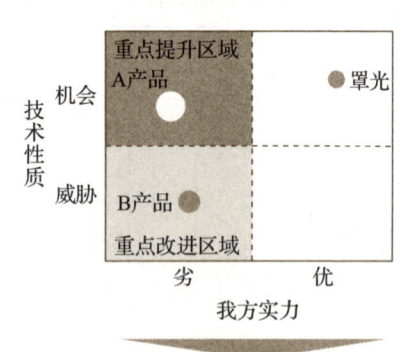

图 2-10　运用二维分析法开展企业内部价值链分析——技术研发职能分析
（产品技术创新分析）

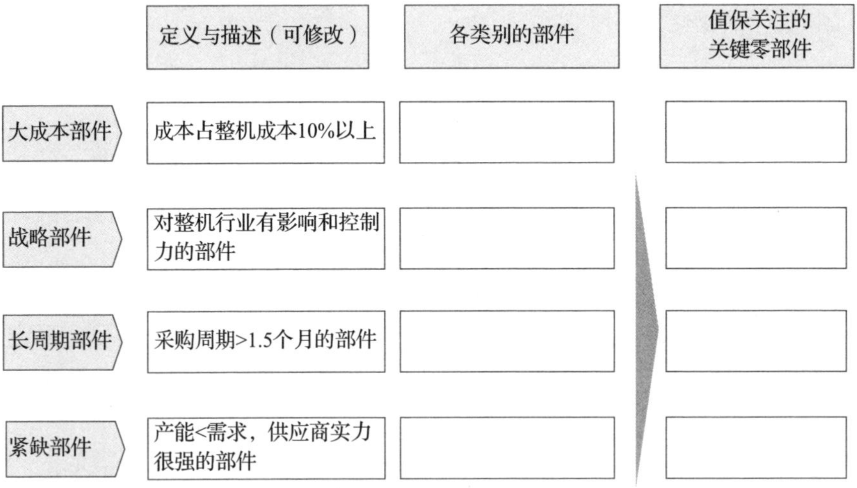

	定义与描述（可修改）	各类别的部件	值保关注的关键零部件
大成本部件	成本占整机成本10%以上		
战略部件	对整机行业有影响和控制力的部件		
长周期部件	采购周期>1.5个月的部件		
紧缺部件	产能<需求，供应商实力很强的部件		

图 2-11　运用二维分析法开展企业内部价值链分析——供方议价能力
（关键原材料的定义与识别）

2.5　综合分析

完成外部与内部环境的扫描后，需要开展公司战略环境的综合分析。推荐使用经典的战略环境综合分析工具 SWOT 分析法。

SWOT 分析工具是一个被普遍采用且比较成熟的战略分析工具，它不仅用于集团战略和业务单元战略的分析，还可用于职能战略的分析。SWOT 四个英文字母分别代表强项、优势（strength），弱项、劣势（weakness），机会、机遇（opportunity），威胁、对手（threat）。从整体上看，SWOT 可以分为两部分。第一部分为 SW，主要用来分析内部条件；第二部分为 OT，主要用来分析外部条件。另外，每一个单项如 S 又可以分为外部因素和内部因素，这样就可以帮助分析者对战略情况形成一个较完整的概念。

第一步罗列公司所面临的S、W、O、T。

SWOT分析需要罗列公司所面临的所有外部环境机遇与威胁、内部条件的优势与劣势，这些S、W、O、T的信息来源于前面进行的内外部环境扫描的结果，例如竞争分析时对标分析的结果等。

该方法在操作上有一个技巧需要注意，那就是很多操作人员在界定一些问题时往往不知道放在哪个象限，例如，外部人力资源环境的变化对于人才保留是个威胁，而对于人才吸引又是一个机遇。对于类似的问题，操作人员要认真细致地分析，以免发生误判。

第二步将S、W、O、T相组合，讨论SO、ST、WO、WT策略。

在完成S、W、O、T的罗列后，需要进一步将SWOT分析进行分解，对SO——优势与机会、WO——弱势与机会、ST——优势与威胁、WT——劣势与威胁等条件因素进行细分分析，并根据不同的分析得出相应的关键战略举措。

第三步对SO、ST、WO、WT策略进行甄别和选择，确定公司目前应该采取的具体策略（见表2-6）。

表2-6　SWOT分析表

		内部	
		优势	劣势
外部	机会	SO策略 （发挥优势，利用机会）	WO策略 （利用机会，克服弱势）
	威胁	ST策略 （利用优势，回避威胁）	WT策略 （减少劣势，回避威胁）

由于第二步 SO、ST、WO、WT 分析是孤立的，因此在分别确定 SO、ST、WO、WT 的策略后，还有必要在整个 S、W、O、T 的视角范围内进行甄别和选择，再次反复论证其可行性。

由此可以看出，完成 SWOT 综合分析这个步骤后，实际上就有了一部分关键战略举措的雏形与依据了。

| 案 例 |

华为公司的差距分析与战略环境扫描

华为公司 2006 年引入了业务领先模型（business leadership model，BLM），BLM 是一个完整的战略规划与执行方法论。这套方法论是 IBM 2003 年和某商学院一起研发的。BLM 对华为公司后来战略规划、年度业务计划、财务预算、绩效考核与监控评估的链接起到了极大的作用。

BLM 本质上是在回答"战略三问"：我现在在哪？我准备去哪？我要怎么去？如图 2-12 所示，BLM 的上方是领导力，领导力并不是组织赋予的权力，更多是检视领导者战略管理的能力；下方是价值观，华为认为战略的定力与坚守是核心价值观在起作用；左半部分是基于价值驱动的业务设计，主要包括市场洞察、战略意图、创新焦点、业务设计；右半部分是链接战略制定与执行，主要包括关键任务、组织/流程、人才、文化氛围。华为在制定公司战略规划的过程中一直坚持使用 BLM。

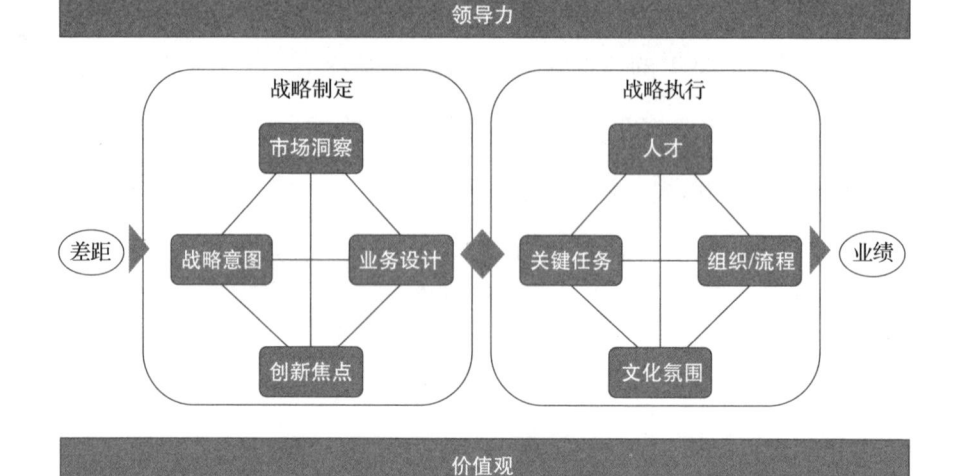

图 2-12　华为公司的 BLM

在 BLM 中，华为认为战略规划的动因是市场结果的差距，正是因为有差距，才对战略执行不满意，必须重新思考并规划公司的战略。差距包括业绩与机会两个方面。首先业绩差距表现为某些具体的经营目标没有达成，例如主营业务收入仅完成了预期的 80%，那么未达成的 20% 就是业绩差距；其次机会差距则有可能源自某些市场机会没有抓住，例如无法满足客户的技术需求而失去了重要订单等。BLM 要分析差距到底是从哪里来的，为什么会产生这样的差距。不断地追根究底、寻根溯源，直至找到差距形成的动因。

寻找差距的动因过程实际就是战略规划的过程，该过程主要涉及 BLM 中左侧的市场洞察、战略意图、创新焦点、业务设计等四大内容；战略规划初步形成后要进行战略解码，把战略规划转化为 BLM 右边的关键任务；同时通过匹配组织与绩效、统一文化氛围、构建人才梯队等战略执行体系。华为公司通过BLM模型不断地迭代、刷新公司战略，推动公司的战略执行取得了一次又一次的胜利。

战略环境扫描分析在BLM中始于市场洞察，华为公司将其称为"五看"：

（1）看宏观。首先了解所处的行业与市场基本状况，再运用PEST宏观环境分析工具，分析宏观环境层面的四组关键因素，即政治因素、经济因素、社会因素、科技因素的现状及发展趋势，把握这些因素变化给整个行业与市场带来的机遇与威胁。

（2）看行业/趋势。所处行业的价值链发生了什么变化？市场的规模和未来的增长预期如何？通过分析行业变化趋势，包括监管政策、产业整合和商业模式的演进，产业整个价值链上下游各个环节正在发生的变化、价值转移以及领域内相关技术的未来发展趋势等，评估对行业与市场未来可能带来的影响和变化，会给华为带来怎样的机会与威胁。

（3）看客户。从系统经济学角度看客户，要对客户按照多维度的标准进行细分，了解企业客户的类别与属性，分析客户购买行为以理解变化中的客户需求，评估这些会给华为带来怎样的机会与威胁。

（4）看对手。识别主要竞争对手，分析主要竞争对手及竞争对手主流产品。看对手不仅仅是从静态角度去看，还要把握竞争对手动态的变化趋势，分析华为自身与竞争对手对比的优势与劣势。

（5）看自己。包括华为自身的商业模式分析、经营状况分析、内部资源与能力分析等，这建立在对客户与竞争对手的洞察之上，挖掘、把握自身存在的优势与劣势。

通过上述"五看"最后识别出摆在华为公司面前显性与隐藏的机会。综合前面看行业/趋势、看客户识别出的机会与威胁，看对手、看自己识别出的优势与劣势，识别出市场机会。

2.6 环境扫描工具

除了上文介绍的基本工具，还可以根据战略环境分析的现实需要整合其他工具。在此罗列部分工具以供参考，这些工具既可以在战略环境扫描时使用，也可以在业务组合分析等过程中使用。

常见的战略环境扫描工具还包括：利益相关者分析、行业集中度分析、SCP分析模型、战略集团分析、行业关键成功因素分析、企业资源与能力分析、商业模式画布等。如表2-7所示，这些战略环境扫描工具具有不同的分析功能及用途。应当指出这些工具既可以在战略环境扫描分析时使用，也可以在集团战略地图绘制决策时使用。

表2-7罗列的仅仅是众多战略环境扫描工具的冰山一角，作为优秀的集团战略规划推动人员要擅长使用各种工具，了解它们的优缺点，有效把握不同状态下决策工具的选择与补充。

表 2-7　部分战略环境扫描分析工具介绍

序号	工具名称	主要功能	一般用途
1	利益相关者分析	弥补产业环境分析的不足：分析与集团战略实施有一定利益关系的个人或组织群体，寻找他们对集团战略的要求，以便作出新的战略决策。	外部环境分析
2	行业集中度分析	波特五力模型补充分析工具：行业集中度反映行业前 N 家企业所占的份额，集中体现产业的市场竞争和垄断程度。	外部环境分析
3	SCP 分析模型	内外部综合分析补充工具：分析在行业或者企业受到外部环境变迁的冲击时，可能的战略调整及行为变化；强调从特定行业结构、企业行为和经营绩效三个角度来分析外部冲击的影响。	综合分析
4	战略集团分析	波特五力模型补充分析工具：分析集团涉足产业内的执行同样或类似战略并具有类似战略特征的一组企业，以深入了解现实竞争对手。	外部环境分析
5	行业关键成功因素分析	产业环境分析工具：分析决定集团涉足产业中的企业获得成功的要素，支持集团核心能力与战略主题确定。	外部环境分析
6	企业资源与能力分析	内部价值链补充分析工具：结合价值链模型，对集团整体价值创造过程中的各环节资源与能力状态进行深度分析。	内部环境分析
7	商业模式画布	补充分析工具：尤其能够帮助创业者催生创意、降低猜测，不仅能提供更多灵活多变的计划，而且更容易满足用户需求。更重要的是，它可以将商业模式中的元素标准化，并强调元素间的相互作用。	战略环境分析

第三章

公司战略解码

公司战略解码是战略解码五步法的第二个步骤，该项活动是在差距分析与战略环境扫描的基础上，以年度为一个修订周期对企业战略规划进行滚动思考，该环节重点要输出公司层面的战略地图、平衡计分卡与行动计划表，同时还需要将其作为公司层面年度业务计划书的输入，最终成为公司层面年度业务计划书的一个组成部分。

企业之所以至少每年要对战略进行一次解码，原因有二：一是随着对战略全局发展规律认识的加深，需要重新检验原来的战略规划正确与否并进行修订；二是战略全局的发展出现了新情况或发现原来对环境发展的认识发生了较大偏移，也需要对战略进行相应的修订。

3.1 公司战略解码关注点

公司战略在某些特定的企业中又称集团战略，是集团总部必须关注的战略重点。通俗地说，公司战略关注两大互为关联的纵深战略问题：

第一是公司或者集团未来需要做什么样的业务，以何种方式进入何种行业。

第二是总部如何处理旗下多元化业务单元的关系并创造协同效应。

不同背景的公司在上述两大问题上会做出三种完全不同的选择：

第一，选择相关的多业务组合，开展相关多元化经营。之所以选择该类型的公司战略，主要是横向利益链条的驱动。这种横向协同首先表现为集团内部不同业务单元之间核心能力与某些资源的共享，例如共享技术、共享生产设备、共享营销客户等。最为典型的是宝洁公司共享销售资源获得了协同效应，提高资源的使用价值。同时横向协同还表现在集团战略的横向战略联盟与纵向一体化战略的实施，通过横向联盟资源整合及前后向一体化实现战略协同效应的发挥。

第二，选择非相关的多业务组合，开展非相关多元化经营。之所以选择该类型的公司战略，主要是纵向利益链条的驱动，即集团总部与各业务单元之间的纵向协同。这种纵向协同首先表现为集团总部创造管理价值，如改进战略与预算管理体系，为业务单元提供人力资源管理、财务审计、战略物资集中采购等职能监督，资产重组、资本重组、管理重组等；同时纵向协同还表现为集团总部对业务单元进行非相关业务组合管理，集中财务资源的战略控制以创造协同效应。

第三，选择专业化、单一的业务组合，开展单一经营。之所以选择该类型的公司战略，主要是考虑聚焦于单一业务领域能够有效地集聚资源，将企业所有的资源与能力聚焦于某一业务领域，成为该领域的头部企业。选择专业化的集团型企业强调在某一业务领域有效地形成行业壁垒，集聚优势资源打败行业内其他企业，从而获得企业长久的生存与发展。

如前文所述，从结构来看，公司层面战略解码主要包括以下六个方面的内容：（1）战略任务；（2）总体战略目标；（3）业务组合与协同战略；（4）关键战略举措；（5）战略图卡表；（6）公司高管 PBC。

其他内容在战略管理书籍中都很容易找到，因此我们在本章重点结合 M 集团股份有限公司的案例，学习战略图卡表的开发。

|案　例|

M 集团股份有限公司战略图卡表

M 集团股份有限公司创建于 1979 年，经过 40 多年发展现拥有 3 家产业子集团（其中 2 家为上市公司），直接或间接控股 20 多家公司。集团业务呈多元化发展趋势，主要涉足电气制造、房地产、金融投资三大产业。电气制造产业涉足各类电机及电气化成套装备生产、电气智能化、工业互联网、大数据、云计算技术，其中电机产品涉足 20 大系列 2 000 多个品种，在电机及电气化成套装备领域居国内领导地位；主导产品在国内市场占有率达 30% 以上。房地产业已广泛涉足北京、上海、天津、广州、成都、重庆、厦门等国内多个大中型城市，受到了社会各界和广大消费者的一致好评。金融投资业主要是创业风险投资、参股地方性商业银行等。

近十年间 M 集团整体业务进入快速发展阶段，集团通过收购、兼并等手段直接或间接控股越来越多的子公司。随着集团组织规模的不断膨胀，控股集团高层发现集团原有的管控手段已经不能适应集团高速发展的需求。这一问题尤其突出表现在集团战略管控上，由于缺乏一个简单、集成、有效地描述战略的方法与工具，集团战略规划的文件除了能作一些例行的会议报告，大部分时间都锁在文件柜中；控股集团战略意图无法有效地在内部的各个层面快速传达；控股集团、产业子集团、子公司间无法实现有效的战略协同；战略执行的责任机制与战略规划之间缺乏必要的关联，子公司战略执行力缺乏……

因此 M 集团导入战略解码管理咨询项目，以战略地图为平台来解码公司战略。为确保战略解码的有力推动，M 集团高层专门成立了推进小组。推进小组组织召开了战略解码研讨会议，通过研讨开发出公司层面的战略地图（见图 3-1）。

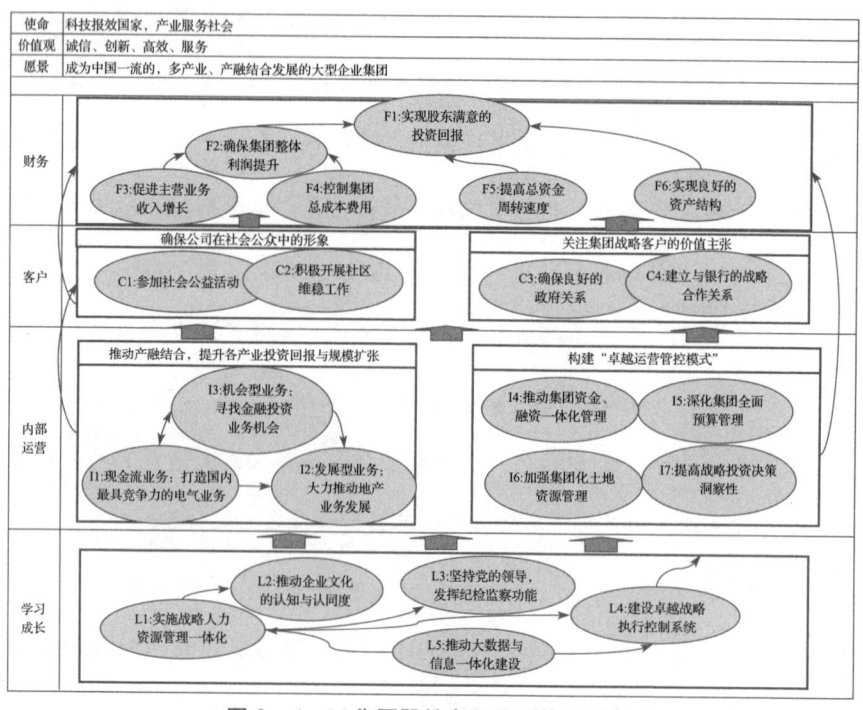

使命	科技报效国家，产业服务社会
价值观	诚信、创新、高效、服务
愿景	成为中国一流的，多产业、产融结合发展的大型企业集团

财务
- F1:实现股东满意的投资回报
- F2:确保集团整体利润提升
- F3:促进主营业务收入增长
- F4:控制集团总成本费用
- F5:提高总资金周转速度
- F6:实现良好的资产结构

客户
- 确保公司在社会公众中的形象
  - C1:参加社会公益活动
  - C2:积极开展社区维稳工作
- 关注集团战略客户的价值主张
  - C3:确保良好的政府关系
  - C4:建立与银行的战略合作关系

内部运营
- 推动产融结合，提升各产业投资回报与规模扩张
  - I3:机会型业务：寻找金融投资业务机会
  - I1:现金流业务：打造国内最具竞争力的电气业务
  - I2:发展型业务：大力推动地产业务发展
- 构建"卓越运营管控模式"
  - I4:推动集团资金、融资一体化管理
  - I5:深化集团全面预算管理
  - I6:加强集团化土地资源管理
  - I7:提高战略投资决策洞察性

学习成长
- L1:实施战略人力资源管理一体化
- L2:推动企业文化的认知与认同度
- L3:坚持党的领导，发挥纪检监察功能
- L4:建设卓越战略执行控制系统
- L5:推动大数据与信息一体化建设

图 3-1　M 集团股份有限公司战略地图

3.2 公司战略地图问题清单

在公司战略地图开发之前仍需要罗列公司战略地图问题清单。如表3-1所示，公司战略地图问题清单一般在10个基本的公司战略问题上寻找答案，以此来演绎其战略解码关注的基本内容。

表 3-1 公司战略地图问题清单示例

维度	问题清单
战略任务	1.公司的使命、价值观与愿景是什么？
财务	2.公司需要在财务业绩上有怎样的表现？如何分阶段设定？
客户	3.公司的客户是谁？社会公众、政府、金融机构还是合作伙伴？ 4.客户价值：客户的价值主张是什么？围绕他们的价值主张设定什么目标？
内部运营	5.公司的业绩组合战略是什么？未来产业发展方向如何确定？ 6.围绕业绩组合的目标是什么？有什么样的关、停、并、转、投举措目标？ 7.如何通过公司战略管理促进组织内部的横向与纵向协同？
学习成长	8.未来人才培养的战略目标是什么？ 9.未来有什么推动标准化、数字化的设想？ 10.未来关于企业文化建设、学习型组织有什么设想？

|案　例|

电建海投公司战略地图问题清单

中国电建集团海外投资有限公司（以下简称电建海投公司）是中国电力建设集团（股份）有限公司的重要骨干控股子公司，于2012年7月

1日在北京挂牌设立，注册资本金54.1亿元。电建海投公司的经营范围为：电力、石油、有色金属等矿产资源的特许经营和房地产、环境保护、重要基础设施项目的投资、工程技术与咨询服务、进出口贸易。截止到2019年底，电建海投公司在14个国家和地区设有各层级全资及控股子公司39个、参股公司4个和代表处1个。

电建海投公司是中国电建专业从事海外投资业务市场开发、项目建设、项目运营与投资风险管理的法人主体，为推动中国电建国际业务优先发展战略落地作出了突出贡献。电建海投公司以投资为先导，带动海外工程总承包（EPC）业务发展，成为中国电建调整结构、转型升级、推动国际业务优先发展的重要平台与载体。在实践中，电建海投公司也探索出一套集投融资、设计、监理、施工、运营等为一体化的开发模式，有效带动了中国电建投融资结构优化和产业升级，促进了中国电建海外业务产业链向价值链的转变。

电建海投公司是我国较早使用平衡计分卡进行战略解码工作的一家国有企业，在思考公司战略地图时的问题清单整理如表3-2所示。

表3-2 电建海投公司战略地图问题清单

序号	维度	问题清单	可能的答案
1	战略任务	●使命：给战略利益相关者什么承诺？ ●价值观：核心价值观是什么？ ●愿景：成为什么样的企业？	●使命：建设清洁能源，营造绿色环境，服务智慧城市 ●价值观：责任、创新、诚信、共赢 ●愿景：建世界一流，创全球卓越品牌

续表

序号	维度	问题清单	可能的答案
2	财务	• 电建海投的财务战略指标有哪些？ • 电建海投财务业绩应当怎样才能让股东满意？	• 到2025年，公司将实现××××的发展目标，即资产总额达到约××××亿元，营业收入约×××亿元，利润总额约××亿元，利润率约×%，海外市场总装机容量达到约×GW • 在国际电力行业中，公司将成为普氏能源资讯全球能源企业××强，发展成境外能源电力投资的领先企业
3	客户	• 投资哪些区域？哪些市场？可以设置哪些市场增长类指标？ • 未来属地的政府、社会公众对我们有什么期望指标？ • 我们的内部客户是谁？对我们有什么期望指标？	• 聚焦"×+×+×"的国别市场战略： （1）××个核心国别市场（亚洲） （2）×××个重点国别市场（非洲） （3）×××个择机进入国别市场（拉美与发达国家） • 全球清洁低碳能源、水资源与环境建设；全球基础设施互联互通 • 带动集团内部设计、施工、制造、监理等业务海外拓展和整体升级发展……在未来十年内，保守估计将为集团直接带动累计约×××亿元海外相关业务收入，推动××万人次劳务输出
4	内部运营	• 电建海投要培育哪些核心能力？ • 如何培育这些能力？有哪些关键战略举措？达成什么目标？	• 充分发挥系统内产业链一体化资源优势，打造6种核心能力体系 • 6种核心能力培育应当体现在：投资开发、海外融资、建设管理、运营管理四大业务板块协同管理与基础能力建设上（包括铁三角的管理模式）
5	学习成长	• 电建海投人才梯队建设战略目标是什么？ • 内部大数据管理、信息情报等建设战略目标是什么？ • 企业文化建设的战略目标是什么？	• 关键岗位任职资格达标率为×××% • 内部大数据仓库建设 • 情报系统建设 • 信息化系统建设 • 以"海文化"为核心，丰富发展包括"暖文化""新文化""益文化"在内的海投特色文化体系

3.3 使命、价值观与愿景

我们对使命、价值观与愿景并不陌生，它是在战略管理书籍中出现频率最高的名词。图 3-1 中 M 集团战略地图开头呈现的就是该集团的使命、价值观与愿景。下面详细阐述使命、价值观与愿景检讨的技巧。

1. 使命

公司从组建伊始，就应当承担相应的责任并履行相应的使命，所谓使命就是公司区别于其他公司而存在的根本原因或目的。它不仅是经营活动具体结果的表述，也是战略与运营应当坚持的原则。

使命有狭义和广义之分。狭义使命是以产品为导向的。例如一家准备进入 AI 智能咨询领域的公司可以将其使命定义为"为客户提供 AI 智能产品与服务"。这种表述虽然明晰了基本业务领域，即生存的目的，但是也限制了活动范围，如果未来严格按照使命经营，甚至可能剥夺公司战略发展机会。

广义的使命则是从公司实际条件出发，将使命高度提到战略角度来看，可以从经营范围开始不断地去问"为什么"，例如"为什么要提供房地产服务？"回答"为了创造美好家园"。

一个好的战略使命应当具备以下四个方面的特征：

- 明确公司生存的目的；
- 有宽泛性以允许创造性发展；
- 明确区别于其他企业并长期有效；

- 清楚明白,容易理解。

战略解码活动中,正确地描述使命的真正意义在于,通过使命可以检查战略主题和目标是否与使命保持一致,比如3M公司提倡"用创新的方法解决尚未解决的问题",那么在设置学习成长类战略主题与目标的时候可能会有"合理化建议数量"这个指标使它的使命得到落实,而"极大限度地保持行业最低的研发创新开支"就违背了使命的要求。

2. 价值观

如果说使命是解决方向的问题,那么核心价值观则是为实现使命而提炼出来并予以倡导的,指导总部与分子公司所有员工共同行为的永恒的准则。它是一种深藏在员工心中的东西,决定、影响着他们的日常行为,并通过员工日复一日的行为表现出来。核心价值观也是用以判断公司的组织行为和员工个体行为正确与否的根本原则,它表明了公司提倡什么、反对什么。例如,宝洁公司的核心价值观是:领导才能(leadership)、主人翁精神(ownership)、诚实正直(integrity)、积极求胜(passion for winning)和信任(trust)。

事实上,所有的企业组织都应当有自己的价值观。今天在全球化市场竞争环境下企业更应该澄清自己的价值观:是什么样的信念与精神支持着我们?当公司在不同产业与地域、国家进行战略延伸时,将面临不同的文化环境,当面对成功或挫折的时候,什么是永恒不变的信条?无论员工在哪里,身在国内还是远在国外我们要让他们知道什么可以做,什么不可以做;应当弘扬什么,抑制什么。只有明确了这些才有可能凝聚和引导集团全体员工向着公司设定的目标迈进；也只有明确了这些才有可能使员工避免文化信仰危机。

价值观建设不仅仅是提炼出价值观的口号，更重要的是真正地将价值观倡导下去。企业在核心价值观的建设上应当避免陷入这样的误区：只重视做表面文章，却忽视了核心价值观的倡导。一些企业互相抄袭核心价值观，却没有真正挖掘自己多年的沉淀；更加常见的是"墙头核心价值观"，即把核心价值观挂在墙上，行为上却在做另外一套。

事实上价值观提炼必须符合如下标准：

- 具有多元文化的包容性。

企业文化对于公司整体运行的影响是全方位、全系统、全过程的。因为文化本身就是某一群体拥有的一整套价值观、信念、规范、态度、习惯以及普遍的生活方式。公司是一个有机体，管理的主体和客体都是人，无论主体、客体都受文化的影响。集团及成员企业的人在工作时表现出的行为源于其所受到的价值观的最直接支配。

跨产业、跨地域的兼并与收购往往是业务组合战略实现的重要手段，因此价值观的设计必须考虑对多重文化的包容性，既考虑公司整体层面对分支机构文化的统领，又让子公司、孙公司的文化具有产业、地域、国家等独特的差异特征。

- 发自肺腑并与战略相协同。

核心价值观不是挂在公司办公室墙上、锁在文件柜中的那些口号，它是必须能扎根员工心中且指导员工行为的理念准则，这就要求核心价值观必须能被集团全体（至少是大部分）员工接受并认同。所以核心价值观应当由集团高层真正去倡导，将其体现在身体力行的行为示范上。

同时还需要考虑集团文化与不同战略期集团战略要求的协同性。核心价值观应保持一定的稳定性，但是客观环境发生战略性变化后，也要做相应的集团文化调整，提出适应集团战略发展的新价值观。

● 基于传统积淀并与使命相一致。

核心价值观不是去追求时尚，简单跟风、模仿，它应当源于集团传统的沉淀，集团从其组建的第一天起就开始了其核心价值观形成与发展的历程，核心价值观是在产生、发展过程中自然形成并散落于公司各个角落的。在核心价值观提炼过程中要善于广泛征求员工、历史"英雄人物"的意见并结合关键事件仔细推敲；还要考虑公司使命，使价值观能够支持公司最为根本的存在目的。

正确地确认价值观在战略地图开发中的意义在于：一方面目标与指标的设定不能与公司倡导的价值观相违背，应保持一致；同时价值观引导着员工如何去设定、实现目标、行动计划，使自己的行为与核心价值观保持高度的一致。

| 案 例 |

阿里巴巴的"新六脉神剑"

阿里巴巴在成立20周年之际，宣布全面升级使命、愿景、价值观，发布了"阿里巴巴新六脉神剑"。"新六脉神剑"中，阿里巴巴首先公布了企业使命：让天下没有难做的生意；其企业愿景则是"活102年"，而活102年的真正解释是："我们不追求大，不追求强，我们追求成为一家活102年的好公司；到2036年，服务20亿消费者，创造1亿就业机会，帮助1000万家中小企业盈利。"最后阿里巴巴还公布并诠释了六大核心价值观："客户第一，员工第二，股东第三；因为信任，所以简单；唯一不变的是变化；今天最好的表现是明天最低的要求；此时此刻，非我莫属；认真生活，快乐工作。"

阿里巴巴的六大核心价值观的背后都有其对应的历史传承与文化故事。

客户第一，员工第二，股东第三

"客户第一，员工第二，股东第三"是2006年阿里巴巴B2B业务上市前夕首次公开提出的，一直沿用至今，是六大核心价值观的首要核心理念。2014年美国财经媒体CNBC的《华尔街直播室》专访阿里巴巴时表示"股东第三"是华尔街投资人难以理解的，而阿里巴巴认为它在华尔街融到的不是资金，是来自投资人、股东的信任。如何让投资人、股东信任？就是必须让客户满意，把客户价值的实现放在第一位，阿里巴巴必须服务好包含消费者、商家、合作伙伴等在内的多元客户，这既是对每一位员工的态度要求，也是能力要求。这就是阿里巴巴在客户、员工与股东之间的优先级选择，因为只有持续为客户创造价值，员工才能成长，股东才能获得长远利益。

因为信任，所以简单

"因为信任，所以简单"源自阿里巴巴的支付宝业务上线，因为支付宝就是为了解决淘宝上陌生买卖双方之间的信任问题而诞生的。支付宝首创"担保交易"的方式，即托管买家支付的资金，在买家确认收货无误后支付给卖家。这成为中国网络交易信任的起点。

为了进一步诠释"信任"，支付宝推出了"你敢付，我敢赔"的消费者保障计划，承诺如果账户被盗将进行全额赔付，打消了用户的疑虑。从快捷支付、面向小微商家的纯信用贷款到芝麻信用、区块链溯源技术等，支付宝每一个创新产品和服务的推出，都与信任有关。

世界上最宝贵的是信任，最脆弱的也是信任。阿里巴巴成长的历史是建立信任、珍惜信任的历史。所以阿里巴巴第二大核心价值观与"信任"有关，阿里人坚信因为有了信任，所以世界也就简单了。"真实不装，互相信任"是阿里的文化氛围，有了信任就没那么多顾虑猜忌，所有的问题就简单了，阿里的运营也因此而高效。

唯一不变的是变化

互联网的世界瞬息万变，环境更加充满了 VUCA，即易变性（volatility）、不确定性（uncertainty）、复杂性（complexity）、模糊性（ambiguity）。因此阿里巴巴大胆宣布"I never plan"（我永远不做计划），适应未来最好的方式就是创造未来。

阿里人坚信，唯一不变的是变化。阿里巴巴创业以来一直就是在变化中寻求生存与发展的，2003 年支付宝开启了移动支付的先河；2009 年阿里云成为国内最早布局云计算的平台型企业；2016 年底提出包括新零售在内的"五新"战略。阿里巴巴唯一不变的就是变化,面对风口,阿里巴巴早已不是"等风来、迎风走",而是做"造风者"。

"唯一不变的是变化"要求每一位阿里巴巴员工心怀敬畏和谦卑,要有极强的危机意识与创新精神,不断改变自己,创造变化。

今天最好的表现是明天最低的要求

阿里巴巴在成长历史上面临过若干次经营危机,在经历了若干次生死抉择事件后,阿里巴巴受到航空公司的会员积分体系启发,创造性地设计出了金银铜牌考核制度,例如阿里的销售员当月的业绩决定了其下个月的提成。这套制度激励了阿里巴巴员工不断追求卓越,以更高的要求为客户创造价值。正是这种"今天最好的表现是明天最低的要求"的价值理念支持阿里巴巴渡过一次又一次难关,活了下来。

"今天最好的表现是明天最低的要求",要求每一位阿里巴巴员工在身处逆境时必须懂得自我激励,在身处顺境时必须敢于设定具有超越性的目标。因为面向未来,不进则退,阿里巴巴的员工要敢想敢拼、自我挑战、自我超越。

此时此刻,非我莫属

此时此刻,非我莫属(If not now, when? If not me, who?)源自阿里巴巴在《钱江晚报》上发布的第一条招聘广告。后来这句话成了阿里巴巴的经典名言,最终进化为阿里巴巴的核心价值观。它体现了阿里人对使命的信念和"舍我其谁"的担当。

社会责任是阿里巴巴的核心竞争力。从一个创业公司逐渐成长为一个数字商业的新经济体，阿里巴巴为社会担当的初心从未改变，因为一群有激情、有担当、有使命感的阿里人汇聚在一起，这家企业始终保持温度，将自身发展融入社会发展，不断地通过技术和创新解决社会问题、推动社会进步。

每一位阿里人必须要有"家国情怀"和"世界担当"，只有这样，阿里巴巴才会赢得尊重。

认真生活，快乐工作

"认真生活，快乐工作"是2009年在一封致全体阿里人的邮件中提出的：工作只是一阵子，生活才是一辈子；工作属于你，而你属于生活，属于家人；像享受生活一样快乐工作，像对待工作一样认真生活；只有认真对待生活，生活才会公平地对待你；生活只有一次，它没有排练，所以你不认真对待，生活也不会认真待你。阿里巴巴把这条价值观的考核留给生活本身。

"新六脉神剑"诞生历时14个月。其间，阿里巴巴举行了5轮合伙人专题会议，累计467名组织部成员参与了海内外9场讨论；对全球各事业群不同司龄、岗位、层级、年龄的员工进行调研，得到的建议反馈近2000条……从一个字到一个标点符号，"新六脉神剑"修改过20多稿，最终正式出炉。

从"六脉神剑"到"新六脉神剑"，是因为使命、愿景、价值观就是阿里巴巴的基因，过去如此，面向未来，更是如此。过去，阿里巴巴因为价值观而与众不同；未来，阿里巴巴也必将因为坚持价值观继续与众不同。

3. 愿景

如果说用使命来定义公司存在的目的，用价值观来表述员工共同行为的永恒准则的话，那么还要用愿景来定义公司未来的发展方向。愿景是对公司未来 10 年甚至更长时间最终想成为什么样子的描述，对于战略地图绘制过程来说，这也是和使命、价值观同等重要的一个操作步骤。

|案　例|

某国际知名集团战略任务系统设计

在为一家国际知名集团的中国总部提供培训时，我被培训现场讲台两边醒目的展架上的广告语吸引住了，左边是"我们的使命：成为最优秀的家电零售商"，右边是"我们的愿景：让更多的人感受舒适与快乐"。我当时以为是印刷错误，而该集团人力资源总监却告诉我，那是董事局会议讨论确定的结果……

上述这个案例是很多公司设计使命与愿景时所陷入的一个误区：似乎需要花一定的精力才能够将使命与愿景区分开来。尽管很多高层都很确定自己了解使命与愿景到底是什么：使命是企业存在的价值与意义，愿景是企业对未来的期望与憧憬，但是在实战中他们还是会把握不准，直至在描述时开始混淆。

那么如何准确地描述使命与愿景呢？其实很简单，可以从下面三个方面检验设计的使命与愿景是不是混淆的。

1. 概念不同

使命是一个公司对战略利益相关方的承诺，例如迪士尼的使命是带给千百人快乐，这就是迪士尼公司向客户的一个庄严承诺，承诺自己带给客户的价值是不变的"永恒的快乐"。而愿景则是表达公司要成为什么样的企业，是表达公司未来想要演变的状态。

2. 时间着眼点不同

使命是100年都不会变化的，而愿景是20年可以调整的（硅谷的很多互联网公司使命20年、愿景5年）。既然100年都不会发生变化，使命的描述一般相对宽泛，不能限制公司未来的产业发展。如果把使命描述成"成为最优秀的家电零售商"，那么表达的意图就限制了公司未来的产业发展——只能在家电零售产业中投资。因此相比于愿景来说使命更加宽泛"务虚"，例如："让更多的人感受舒适与快乐"。

3. 承诺对象不同

使命的描述应当基于针对战略利益相关方的承诺，一个大型集团型企业更加关注社会、国家、政府、客户等多方利益相关者的价值创造；而愿景则往往是自己未来"江湖地位"的承诺，一般关注于产业地位——成为行业或类似企业中什么样级别的企业，例如："成为最优秀的家电零售商"。

公司愿景应具备以下特征：

- 具有分层组合特性。

愿景是对公司在 10～20 年的发展目标的一个陈述。对于集团型企业，由于其是由若干独立法人组成的特殊经济体，战略愿景制定与单体公司不同。集团型企业既要考虑集团整体的战略愿景，还要对子集团、子公司乃至孙公司的战略愿景进行深度分析；同时还要考虑集团整体战略愿景与子集团、子公司乃至孙公司的战略愿景的互动逻辑关系，它们之间应当是相互支持、相互协同的。

- 鼓舞人心并可实现。

愿景应当是鼓舞人心的，它是展现在集团全体员工面前的一个目标，这种目标通常会使人不由自主被它的力量所感染。愿景的力量在于它是可实现的且具有挑战性，它既是宏伟的又是激动人心的。有的企业家说实现愿景有一定的难度，假如愿景轻易就可以实现，又怎么会鼓舞人心呢？

- 描述简洁明了。

对愿景的描述应当尽量简洁明了，"成为中国一流的，多产业、产融结合发展的大型企业集团"能够让集团所有的员工容易记忆和理解，也可以让他们激情澎湃。但是如果是长篇大论的战略愿景，他们还会有激情吗？他们会花几个星期的时间去背诵吗？所以应当尽量用简洁的语言描述集团的战略愿景，让它简单易记且能切中要害。

- 能够吸引利益相关者。

企业不关注其他利益相关者就能获得股东价值最大化的日子已经一

去不复返了，集团的战略愿景应当能够有效地吸引集团战略利益相关者的注意力。如果集团的愿景也能够让他们热血沸腾的话，可以想象他们会在多大程度上给予支持。

- 和使命、价值观保持一致。

愿景是在使命之下对集团发展方向的勾勒，经过一段时间后，集团的愿景可以随着环境的变化而调整，但是使命和价值观则在相当长的时间内保持不变。愿景是集团使命和价值观在特定时期的一种折射，它应当与使命、价值观保持一致，而不应当相违背。

愿景制定出公司期望的经营活动领域、结果，它对于设定集团战略地图目标与指标都有很大帮助。任何目标、指标都不能与愿景相违背。

|案　例|

谷歌公司的使命、价值观与愿景

谷歌是备受关注的硅谷明星企业，其业务包括互联网搜索、云计算、广告技术、AI 智能技术等，同时开发并提供大量基于互联网的产品与服务，其主要利润来自 AdWords 等广告服务，是目前公认的全球最大的搜索引擎互联网企业。

谷歌取得令全球瞩目的经营业绩，与其使命、价值观与愿景是分不开的。谷歌公司通过清晰的使命、价值观与愿景的定义与描述，推动着全球化业务的发展。

1. 谷歌的使命

谷歌的使命是"组织世界上的信息"。谷歌认为使命是企业存在的价值与意义，是谷歌对其战略利益相关者的承诺，具体地定义并回答谷歌在社会中的身份与角色，是谷歌胜利走向未来的精神法宝和指路明灯。

2. 谷歌的价值观

谷歌有著名的十大核心价值观：

（1）以用户为中心，其他一切水到渠成；

（2）专心将一件事做到极致；

（3）越快越好；

（4）网络也讲民主；

（5）信息需求无处不在；

（6）赚钱不必作恶；

（7）信息无极限；

（8）信息需求无边界；

（9）认真不在着装；

（10）追求无止境。

谷歌认为价值观是对谷歌使命的具体展开，是谷歌最基本和持久的信仰，它将谷歌生存和发展的理由浓缩成组织独特的文化要素或理念要素。

3. 谷歌的愿景

谷歌的愿景是"一键访问世界所有信息"。谷歌认为愿景是未来组织所能达到的一种状态的蓝图，阐述谷歌未来最终状态是什么，是指谷歌长期的发展方向、目标，通俗地说就是"谷歌想要成为的样子"。

以战略地图为平台开展战略解码，要求将使命、价值观与愿景设计结果有效地通过战略地图等文件展现出来。

3.4 公司战略财务目标设定

设定战略财务目标是公司战略地图开发的重要内容之一。应当指出集团型企业战略财务目标设定与单体公司具有差异。由于多元化集团型企业战略具有多产业、层次化的特点，因此不仅要考虑集团层面的财务目标，还需要考虑处于不同行业、不同商业周期中的子集团/子公司的财务目标的设定；同时还要考虑集团整体战略财务目标与子集团/子公司战略财务目标的逻辑关系，它们之间应当是相互支持、相互协同的。

战略财务目标设定的方法与工具包括（但不局限于）以下几种。

1. 财务目标 3×3 矩阵

平衡计分卡创始人卡普兰与诺顿指出：平衡计分卡不是要废弃财务

目标，相反，财务目标为战略地图所有其他方面的目标提供了焦点。战略地图中的所有战略目标都有内在的因果逻辑关系，对于集团型企业来说其战略意图之一是获得既定的财务绩效，因此战略财务目标的设定一方面是确定战略预期的财务绩效，另外一方面也是确定战略地图其他维度战略目标。卡普兰与诺顿还认为，设定财务目标与指标应当考虑企业所处的生命周期。

财务目标3×3矩阵根据企业的不同生命周期阶段，将其划分为三个时期：成长、保持、收割。它可以有效地指导我们设计子集团/子公司的战略财务目标与指标。

当集团权属的子公司处于成长期时，其处于生命周期的最初阶段，产品或服务有着十分巨大的增长潜力，这时集团需要对该子集团/子公司投入大量的人力、物力与财力进行建设并扩大再生产；增强管理能力；投资于子集团/子公司内部发展、搞基础设施建设并扩大营销网络；培育客户满意度。在成长期子集团/子公司现金流可能是负数，投资回报率可能很低，利润也很可能是负数，因为投入可能大于支出。因此在这个时期子公司财务目标是增加销售收入，并主要依靠新市场、新客户、新产品与新服务。

当集团权属的子公司处于保持期时，虽然需要继续投资，但是子公司已经开始获得丰厚的利润；在市场占有率方面重点不在于增长，而更多地考虑如何维持；投资方向上是为了改变企业管理中的"短板"，如生产能力提升、管理体系改善等。处于这个时期的子公司应关注与企业获利能力相关的财务目标与指标，股东对经营层的要求是投入产出的最大化，所以投资回报率、经济附加值、利润、收入等指标是其典型的衡量指标。

集团权属的子公司进入收割期后，更加关注在前面两个阶段投资的收益。子公司的大部分投资已经停止，其设备与生产能力只要能够维持就不需要扩大；即使投资一些项目，其投资回收期也一定很短，此时子公司现金流需要实现最大化的回流。该阶段整体财务目标与指标是实现现金流动和减少运营资本方面的需要。

商业周期理论还认为：对于集团处于不同生命周期的子公司，都可以尝试从盈利/收入、成本与生产力/效率、资产使用状况三个维度进行考察。盈利/收入是指增加产品与服务的提供、获得新顾客或市场、调整产品与服务的结构以实现增值，以及重新确定产品与服务的价格；成本与生产力/效率则是指降低产品与服务的所有相关成本，以及在多个战略业务单元实现有效的资源共享；资产使用状况指要关注企业的运营资本水平，通过新业务来利用空闲的生产能力、提高资源的使用效率及清除盈利不足的资产等。

应当指出子公司处于不同的生命周期，战略财务目标在上述三个维度之间的关注点也是不一样的，推导出的具体指标也应当具有很大的差异。例如，处于成长期的企业在盈利/收入方面关注的是销售收入的增长，而处于收割期的企业关注的则是不同产品线的盈利情况。为此研究人员给出企业在不同生命周期战略财务目标要求的 3×3 矩阵（见表 3-3）：

表 3-3　财务指标选择与企业生命周期的关系

财务指标		战略目标对财务绩效的主要要求		
		盈利/收入	成本与生产力/效率	资产使用状况
企业的生命周期	成长期	▫销售增长率 ▫新品收入占总收入的比重 ▫新增客户收入占总收入的比重	▫员工平均营运收入 ▫成本费用总额控制	▫投资收入率（投资占销售收入的比重） ▫研发投资（研发投资占销售收入的比重）
	保持期	▫目标客户市场份额 ▫产品线盈利 ▫新服务收入占总收入的比重	▫成本与竞争对手成本之比 ▫成本下降比率 ▫非直接成本（如销售费用）	▫流动资金比率 ▫资本支出回报率 ▫资产利用率
	收割期	▫不同产品线盈利率 ▫不同客户盈利率 ▫无盈利的客户比重	▫单位成本降低	▫投资回收率 ▫投资金额

当然实际确定财务目标时，并非一定要局限在上述框架之内，还可以将目标和指标延伸到会计系统之外，如股票价格、无形资产价值等指标。公司战略地图的财务目标是滞后/结果性指标，往往会对其他维度战略目标的设置产生重大影响。

2. 杜邦财务模型

杜邦财务模型是由杜邦公司提出的一种用于财务分析与评价的工具，该工具能够帮助我们确定集团战略财务目标。

20 世纪 20 年代，杜邦公司首先采用该模型衡量其分子公司的业绩表现，后来推广并一直沿用至今。杜邦财务模型以净资产收益率为核心的财务指标，通过财务指标的内在联系，系统、综合地分析评价企业的盈利水平。杜邦财务模型将净资产收益率的影响因素层层分解（见图3-2），具有鲜明的层次结构，是典型的利用财务指标之间的关系对企业战略财务目标进行综合分析、评价的方法。

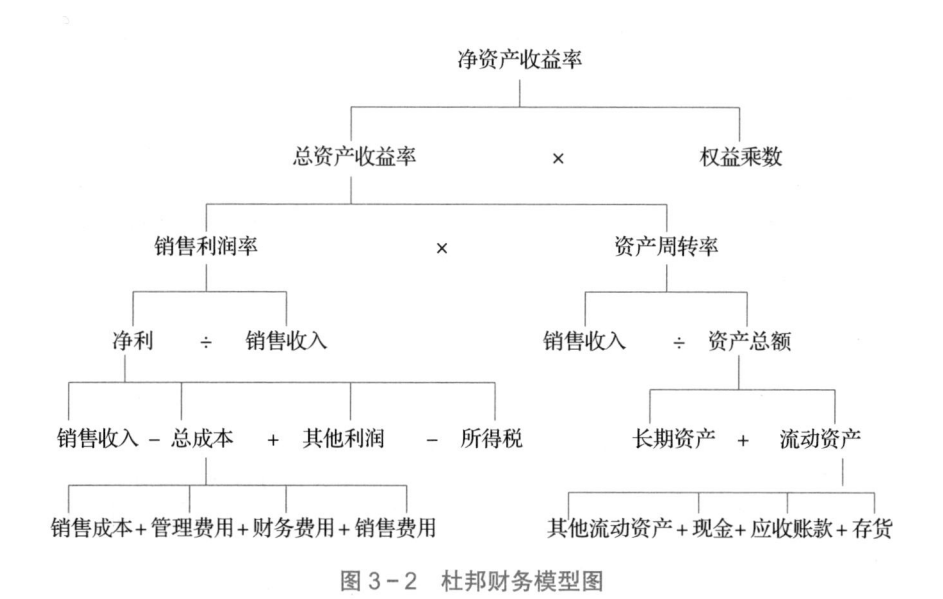

```
                        净资产收益率
                            │
              ┌─────────────┴─────────────┐
           总资产收益率        ×        权益乘数
              │
      ┌───────┴────────┐
   销售利润率    ×    资产周转率
      │                 │
  ┌───┴───┐         ┌───┴───┐
  净利 ÷ 销售收入   销售收入 ÷ 资产总额
   │                   │
┌──┴──┬────┬────┐   ┌──┴──┐
销售收入 − 总成本 + 其他利润 − 所得税   长期资产 + 流动资产
         │                              │
销售成本+管理费用+财务费用+销售费用   其他流动资产+现金+应收账款+存货
```

图3-2 杜邦财务模型图

杜邦财务模型广泛地运用于集团、子集团/子公司战略财务目标的设计，可以根据集团战略的意图，结合其他方法、工具选择杜邦财务模型中的财务指标，综合描述、度量集团战略的财务绩效目标。

3. 经济增加值

经济增加值（economic value added，EVA）是20世纪90年代末期在中国得到广泛传播的一种财务绩效指标，被《财富》杂志称为"当今最热门的财务观念,并将越来越热"。据称EVA评价体系被可口可乐、西门子等世界500强企业采用,它们因此取得了非凡的财务业绩。著名管理学大师德鲁克曾经对EVA评价体系作过肯定的评价。

EVA具体指减除资本占用费用后企业经营所产生的剩余价值。与大多数其他绩效指标的不同之处在于:EVA考虑了带来企业利润的所有资金成本。EVA的假设是:作为一名职业经理,如果你经营的企业所创造的价值不能够抵冲资本成本的话,实际上你没有为股东创造任何价值。其计算如图3-3所示。

一、从报表中计算EVA:

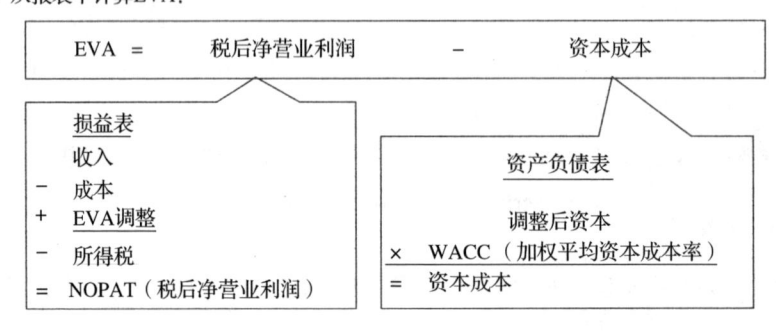

EVA = 税后净营业利润 − 资本成本

损益表
  收入
− 成本
+ EVA调整
− 所得税
= NOPAT(税后净营业利润)

资产负债表
  调整后资本
× WACC(加权平均资本成本率)
= 资本成本

二、用于财务分析的EVA:

EVA =(资本回报率 − 资本成本率)× 资本 = EVA率 × 资本

销售利润率 × 资本周转率

图3-3 EVA的计算公式

事实上EVA遵循的基本原理是股东价值最大化,它倡导针对股东价值的集中管理。EVA是一个有效度量股东价值创造的战略财务目标,在集团战略规划中可以将其设计为集团/子集团/子公司的战略财务目标。我们经常可以发现，在一些跨国集团型企业的战略地图中处于最上端的战略财务目标就是 EVA！

4. 时间序列分析

时间序列分析主要应用于战略财务目标值的预测，本质上是一种回归预测方法，属于定量预测，其基本原理是：一方面承认企业财务目标变化发展的延续性，运用过去的时间序列数据进行企业财务目标数据的统计分析，推测出财务目标发展变化的主要趋势；另一方面充分考虑由于偶然因素影响而产生的财务目标变化的随机性，为了消除随机波动产生的影响，利用历史财务目标数据进行统计分析，并对财务目标数据进行适当处理，进行趋势预测。

时间序列分析强调过去和未来的战略财务目标值都是一个时间函数，也就是说战略财务目标值是随着时间的推移而变化的。时间序列分析由两个数列构成：一是时间数列；二是财务目标值数列。它根据过去的战略财务目标值的变动轨迹来预测未来的目标值，时间序列分析比较适合公司产业板块中经营环境较为平稳或增长变异不大的那些产业。

时间序列分析可分为：简单平均预测法、加权平均预测法、移动平均法、加权移动平均法、指数平滑法、周期性预测法、生命周期预测法等。

简单平均预测法是把若干历史时期的公司财务目标统计数值（例如过去五年的利润、销售收入、资产周转天数等）作为观察值，求出算术平均数作为下期财务战略目标规划周期的预测值。简单平均预测法假设前提是："过去是规律的，未来也是规律的"，把近期和远期财务目标数据平均化，因此只能用于产业环境稳定的子公司财务目标的趋势预测。如果产业迭代周期短、不确定性强就不宜采用此法。

加权平均预测法是把企业各个时期财务目标的历史数据按近期和远期影响程度进行加权，求出平均值，作为下期预测值。换句话说，简单平均预测法是相继移动计算若干时期的财务目标的算术简单平均数，将其作为下期预测值；加权平均预测法使用的不是简单平均数，而是将简单平均数进行加权计算处理，在确定权数时，近期年份财务目标数据值的权重应该大些，远期年份的财务目标数据值权重应该小些。

简单平均预测法与加权平均预测法操作简便，能迅速求出财务战略目标预测值，但由于没有考虑整个行业里出现的新动向和其他不确定因素的影响，在不确定性高的行业中预测准确性较差，在这些行业中应根据新的情况，对预测结果作必要的修正。

指数平滑法是由加权平均预测法演变而来的一种财务战略目标预测方法，是根据企业财务目标的上期实际数和预测值，用指数加权的方法进行预测。该方法的主要优点是只要有企业财务数据的上期实际数和上期预测值，就可计算下期的财务战略目标的预测值，这样可以节省很多数据和处理数据的时间，减少数据的存储量，操作简便。

周期性预测法根据企业过去几年财务战略目标（特别是销售收入、销量）每年重复出现的周期性季节变动指数，预测其季节性变动趋势。推算财务战略目标季节性变动幅度可采用不同的方法，常用的有季月别平均和移动平均两种：季月别平均就是把各年度（如过去五年）的数值按照每个季或月加以平均，得出过去五年各个季或月的总平均数，最后得出过去五年财务战略目标分季/月的指数；移动平均法则是应用移动平均数计算比例，再求出典型季节指数。

使用时间序列分析进行战略财务目标预测的示例如表 3-4 所示：

表 3-4　战略财务目标预测表

年份	2016	2017	2018	2019	2020	2021
主营业务收入（万元）	31 780	37 120	46 790	39 280	42 130	39 420

该企业使用简单平均预测法，使用 2016—2020 年主营业务收入数据预测出 2021 年的主营业务收入。

5. 相关分析法

相关分析法用于分析 KPI 指标值和某指标数据之间的对应关系，依据该对应关系判断未来的指标值。使用该方法时有两个重要控制点会影响分析的准确性：一是变量选择的准确性；二是因果关系模型的设计。

所谓变量选择主要是指因变量的参照因素（自变量）的选择是否正确，比如主营业务收入与成本费用等财务目标之间存在互动的正相关关系，所以就有可能根据主营业务收入增长的目标来设定成本费用、利润的目标。相对于主营业务收入，成本费用、利润则属于自变量。再如在计划经济模式下以产定销，产品不愁销路，预测产品销量（因变量）可以选择企业的产能（自变量）来实现；但是在市场经济条件下，子集团／子公司产品销量就不能选择产能来进行对比分析，因为即使拥有了产能，能及时地将产品生产出来，也不代表该子集团／子公司就能实现销售。

所谓因果关系模型设计是指事先设计出一个表现因变量与自变量之间关系的关联模型，例如集团／子集团／子公司成本占主营业务收入比重的公式；再采取如回归分析法（简单一元回归或多元回归）等方法进行预测。

对于战略财务目标值预测的方法还有很多，例如盈亏平衡分析（量本利分析法）；再如对子公司进行财务指标设计时，可以在市场细分基础上进行反向的销售收入预测等。

我们仍以 M 集团股份有限公司战略地图绘制为例，来展示如何运用战略地图来演绎、规划集团的战略财务目标。如图 3-1 财务维度 F1、F2、F3、F4、F5、F6 所示，在完成集团战略财务目标的设定后，需要将设定的结果通过战略地图等文件展现出来。

3.5 公司战略客户（利益相关者）分析

战略客户分析又称公司战略利益相关者分析。在探讨该方面的内容之前，有必要了解管理学发展史上关于企业目标研究的两个学派：新古典产权学派和利益相关者学派。

新古典产权学派认为企业目标是追求财务业绩，强调股东价值最大化理论——企业的目标就是要实现股东的价值，满足股东的投资期望，确保股东投资收益的最大化；与新古典产权学派对应的是利益相关者学派，他们主张企业的利益应当由那些能够影响企业目标实现的团体或个人分享，这些团体和个人包括出资者、债权人、员工、消费者、供应商、政府等，它强调利益相关者价值最大化，近年来所谓客户价值最大化、员工价值最大化等观点都属于利益相关者学派的延伸。

利益相关者学派的推崇者认为，对于一个企业来说，能否获得长期的生存和繁荣的最佳途径是：考虑其所有战略利益相关者并满足他们的需求。因此企业在设定目标时，应该考虑那些对自己十分重要的不同利益相关者的需要。因为利益相关者能够影响组织的业绩，对企业的发展有着强大的影响力。

将战略利益相关者纳入战略地图的客户维度分析，源起于利益相关者对平衡计分卡体系的理论批判。利益相关者理论的推崇者质疑平衡计分卡的理由是：无论现在还是将来，对于企业而言能否获得长期生存与繁荣的途径是考虑并满足所有重要利益相关者的需求。而一个企业仅仅关注两三个利益相关者不足以为长期生存和繁荣创造必要条件，因为处于不同行业的企业、在同一行业中的不同企业，甚至是同一企业在不同的发展阶段要关注的利益相关者是不一样的，从来就不存在放之四海而皆准的利益相关者标杆，因此计分卡也不应当存在放之四海而皆准的所谓"四个维度模板"，四个维度并不能完全充分地描述、解释企业的战略。

面对一些利益相关者的质疑，一些平衡计分卡的推崇者将客户的定义进行了延伸：所有与公司战略产生重大影响力的组织与团体都可以定义为客户，即客户就是公司的战略利益相关者。战略地图中的客户不仅仅包括客户、供应商、政府、社区公众等外部客户，还包括集团中本公司的其他关联子公司等内部客户。对于集团型企业权属的子公司内部客户，还需要展开战略协同分析（该项工作技巧将在第七章详细阐述）。

战略地图中客户维度的战略利益相关者是指除股东、销售客户等以外的其他战略利益相关者。因为股东价值在财务维度进行展现，销售客户的价值主张一般在多元化集团二级子公司层面战略地图中进行思考。

仍以前面的 M 集团股份有限公司战略地图绘制为例，如图 3-1 中客户维度 C1、C2 所示，在公司战略规划中需要结合战略利益相关方价值主张分析，将部分战略利益相关方的价值需求在战略地图中展现出来。

3.6 公司盈利模式与业务组合设计

绘制公司战略地图时，需要对公司盈利模式进行设计，对业务组合进行分析、规划，这是战略地图财务与客户维度链接分析的第一个内容。

企业盈利模式分为隐式和显式两种形态，前者是自发形成的，企业对如何盈利、未来能否盈利缺乏自觉的认识，其盈利模式具有隐蔽、模糊、缺乏灵活性的特点；后者则是自觉、理性思考的盈利模式，是企业加以自觉思考、设计而成的。企业在单体公司成长阶段，其盈利模式大多是隐式的，随着由单体公司不断向集团型企业演变，就必须对自身盈利模式进行理性分析与思考。

公司盈利模式与其业务组合形态有着最直接的关系，产业组合、产融结合都决定了公司盈利的纵深发展。同时业务组合分析与战略财务目标实现有着最直接的关系，它实际上是对整个公司未来的业务进行评估与规划。如果母公司不甘心做"基金经理"，仅仅担当为提供资源配置服务的角色，那么必须牵头思考公司战略的业务组合，设计整体的盈利模式，并带领子公司解码战略。

业务组合设计将决定公司战略"有所为而有所不为"。"打造端到端的产业链""依托核心技术资源进行产业渗透""开展产融结合，实现超限发展"等，都取决于公司对业务盈利模式的设计。而业务组合的状态主要依赖于业务组合分析。从工具层面来看，业务组合分析工具已经发展得比较成熟，例如 IE 分析矩阵图、波士顿矩阵法、GE 矩阵法、战略地位与行动（SPACE）评估矩阵图。下面介绍三种常见的业务组合分析工具。

1. SPACE 评估矩阵图

SPACE 评估矩阵图是业务评估的一个常规评估工具，其操作原理如图 3-4 所示，结果解读如图 3-5 所示。

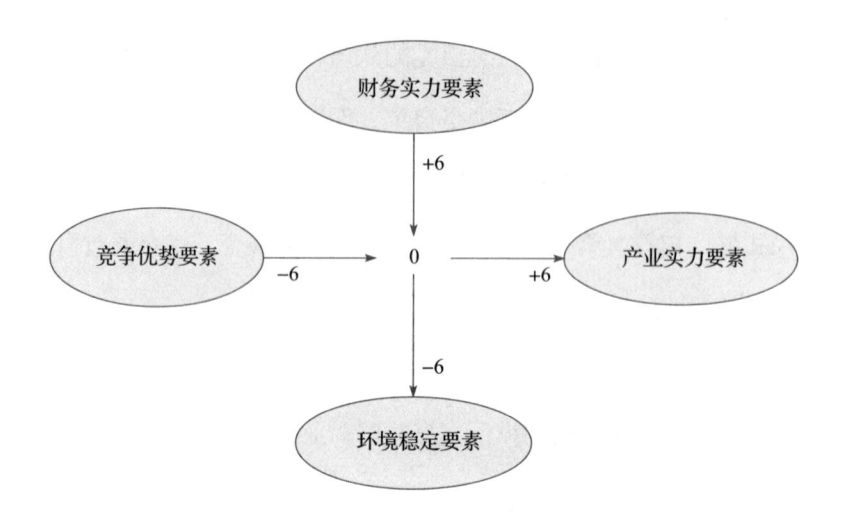

SPACE 操作步骤

（1）确定坐标的关键要素。和SWOT分析一样，关键要素一般不超过8个。

✓环境稳定要素：

技术变化　通货膨胀率　需求变化　竞争产品的价格范围　进入市场的障碍　竞争压力　需求的价格弹性

✓产业实力要素：

发展潜力　利润潜力　财务稳定性　技术、资源利用率　资本密集性　进入市场的难度　生产率和生产能力的利用程度

✓竞争优势要素：

市场份额　产品质量　产品寿命周期　产品更换周期　顾客对产品的忠诚度

✓财务实力要素：

投资报酬　偿债能力　资本需要量与可供性　现金流量　退出市场的难易程度　经营风险

（2）分别在四维坐标上按+6～-6给出刻度。产业实力和财务实力坐标上的要素按0～+6给出刻度；环境稳定和竞争优势坐标按-6～0给出刻度。

（3）根据实际情况对每一个要素进行评定，即确定每一个要素对应于哪一个刻度。要注意产业实力和财务实力维度上的各要素刻度绝对值越大反映该要素状况越好，而环境稳定和竞争优势维度上的各要素刻度绝对值越大反映该要素状况越差。

（4）按各要素的重要程度加权并求出各坐标的代数和。

（5）根据上述结果进行战略地位定位与评价，将会有多种组合结果。较为典型的四种组合为：进攻型、竞争型、保守型、防御型。

图 3-4　SPACE 评估矩阵图及操作步骤

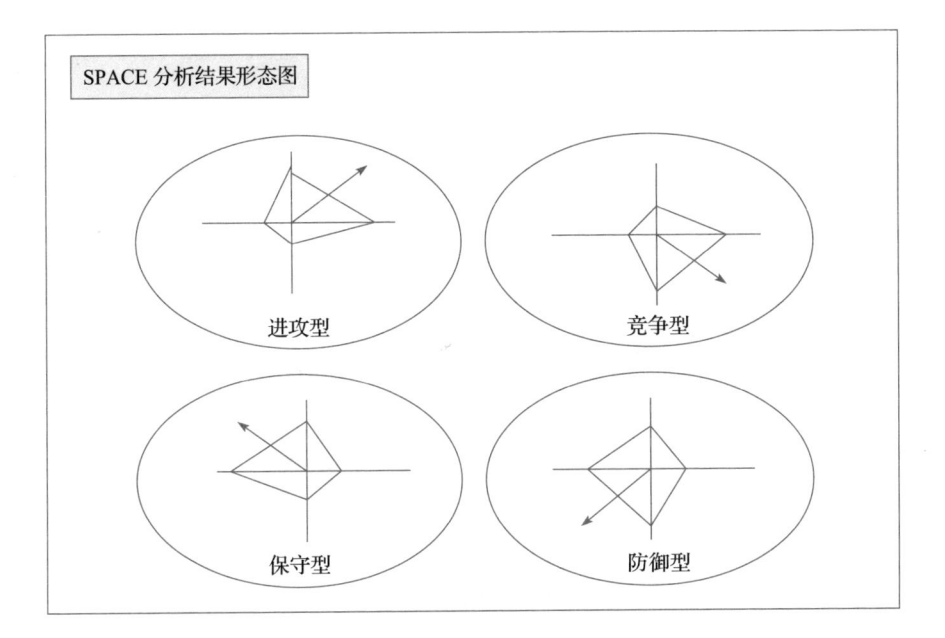

SPACE 分析结果形态图

进攻型　　　竞争型

保守型　　　防御型

SPACE分析结果处理

- ✓ **进攻型**：产业吸引力强、环境不确定因素极小。公司有一定竞争优势，可以用财务实力加以保护。处于这种情况的客户可采取发展战略。
- ✓ **竞争型**：产业吸引力强，但环境处于不稳定状况，公司占有竞争优势，但缺乏财务实力。处于这种情况下的公司应寻求财务资源以增加营销努力。
- ✓ **保守型**：公司处于稳定而缓慢发展的市场，竞争优势不足，但财务实力较强。处于这种情况下的公司应该削减其产品系列，争取进入利润更高的市场。
- ✓ **防御型**：公司处于日趋衰落且不稳定的环境，本身缺乏竞争性产品，财务实力也不强，公司应考虑退出该市场。

图 3-5　SPACE 评估矩阵图结果解读

2. 波士顿矩阵法

波士顿（BCG）矩阵又称市场成长率–市场份额矩阵，是今天运用比较广泛的一种战略分析方法，它可以帮助我们分析一个公司的投资业务组合是否合理。

如图3-6所示，纵坐标市场成长率表示业务的销售量或销售额的年增长率；横坐标相对市场份额表示业务相对于最大竞争对手的市场份额，用于衡量企业在相关市场上的实力。需要注意的是，这两个维度还可以进一步细分，可以根据实际情况进行修改。

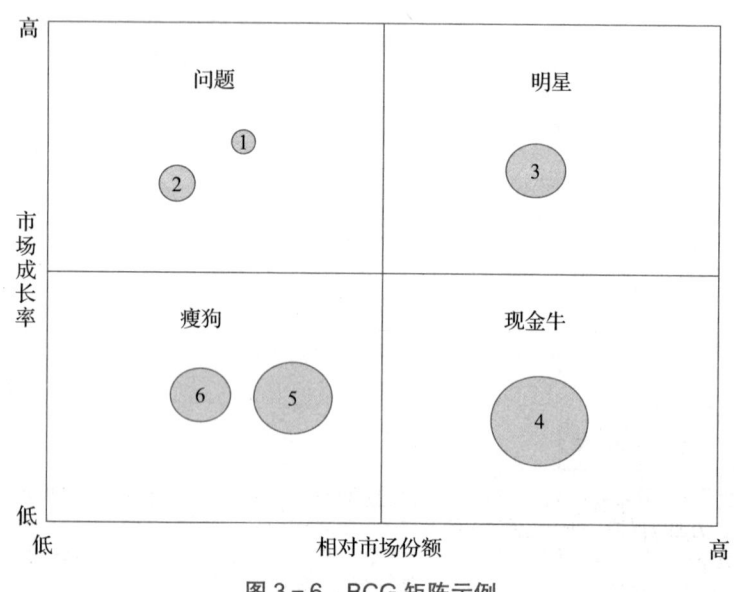

图3-6 BCG矩阵示例

图中圆圈代表公司的业务单位，它们的位置表示该业务的市场成长率和相对市场份额的高低；面积的大小表示业务的销售额大小。

波士顿矩阵法将一个公司的业务分成四种类型：问题、明星、现金牛和瘦狗。

（1）问题业务是指高市场成长率、低相对市场份额的业务，这往往是一个公司的新业务。为发展问题业务，公司可以加大投资力度，以便跟上迅速发展的市场，并超过竞争对手，这些意味着大量的资金投入。"问题"非常贴切地描述了公司对待这类业务的态度，因为这时公司必须慎重回答"是否继续投资发展该业务"这个问题。只有那些符合企业发展长远目标、企业具有资源优势、能够增强企业核心竞争能力的业务才能得到肯定的口答。一个企业的问题业务如果很多，不可能全部投资发展，只能选择其中一项或两项，集中投资发展。

（2）明星业务是指高市场成长率、高相对市场份额的业务，这是由问题业务继续投资发展起来的，可以视为高速成长市场中的领导者，它将成为公司未来的现金牛业务。但这并不意味着明星业务一定可以给企业带来滚滚财源，因为市场还在高速成长，企业必须继续投资，以保持与市场同步增长，并击退竞争对手。企业没有明星业务，就失去了希望，但群星闪烁也可能会闪花了企业高层管理者的眼睛，导致做出错误的决策。这时必须具备识别流星和恒星的能力，将企业有限的资源投入在能够发展成为现金牛的恒星上。

（3）现金牛业务指低市场成长率、高相对市场份额的业务，这是成熟市场中的领导者，它是企业现金的来源。由于市场已经成熟，企业不必大量投资来扩展市场规模，同时作为市场中的领导者，该业务享有规模经济和高边际利润的优势，因而给企业带大量财源。企业往往用现金牛业务来支付账款并支持其他三种需大量现金的业务。图3-6中所示的公司只有一个现金牛业务，说明它的财务状况是很脆弱的。市场环境一旦变化，这项业务的市场份额下降，公司就不得不从其他业务单位中抽回现金来维持现金牛的领导地位，否则这个强壮的现金牛可能就会变弱，甚至成为瘦狗。

（4）瘦狗业务是指低市场成长率、低相对市场份额的业务。一般情况下，这类业务常常是微利甚至是亏损的。瘦狗业务通常要占用很多资源，如资金、管理部门的时间等，多数时候是得不偿失的。图3-6中的公司有两项瘦狗业务，可以说这是沉重的负担。

BCG矩阵法可以帮助我们分析一个公司的投资业务组合是否合理。如果一个公司没有现金牛业务，说明它当前的发展中缺乏现金来源；如果没有明星业务，说明在未来的发展中缺乏希望。一个公司的业务投资组合必须是合理的，否则就应加以调整。如巨人集团在将保健品业务发展成明星后，就迫不及待地开发房地产业务，可以说，在当时的市场环境下，保健品和房地产都是明星业务，但由于企业没有能够提供源源不断现金支持的现金牛业务，企业不得不从本身还需要大量投入的保健品业务中不断抽血来支援房地产业务，最后双双亏损，企业全面陷入困境。

在明确了各项业务单位在公司中的不同地位后，就需要进一步明确其战略目标。如表3-5所示，通常有四种战略目标分别适用于不同的业务。

表3-5 不同类型业务的战略选择

业务类型	特征		盈利性	战略选择
	相对市场份额	市场成长率		
问题	低	高	低或为负	①扩大市场占有率；②放弃，另选新业务。
明星	高	高	高	应加大人、财、物支持力度，确保明星市场占有率稳中有升。

续表

业务类型	特征		盈利性	战略选择
	相对市场份额	市场成长率		
现金牛	高	低	高	适量投资维持市场占有率。
瘦狗	低	低	低或为负	放弃或立即清算。

BCG矩阵法的应用产生了许多收益，它提高了管理人员的分析和战略决策能力，帮助他们以前瞻性的眼光看问题，更深刻地理解公司各项业务活动的联系，加强了业务单位和企业管理人员之间的沟通，及时调整公司的业务投资组合，收获或放弃萎缩业务，加强在更有发展前景的业务中的投资。

同时，也应该看到这种方法的局限性，首先，由于评分等级过于宽泛，可能会造成两项或多项不同的业务位于一个象限中；其次，由于评分等级带有折中性，很多业务位于矩阵的中间区域，难以确定使用何种战略。

科尔尼咨询公司对BCG矩阵的局限性评价是仅仅假设公司的业务发展依靠的是内部融资，没有考虑外部融资。以举债等方式筹措资金并不在BCG矩阵的考虑之中。

另一方面，BCG矩阵还假设这些业务是独立的，但是许多公司的业务是紧密联系在一起的。比如，如果现金牛业务和瘦狗业务是互补的业务组合，如果放弃瘦狗业务，现金牛业务也会受到影响。

还有很多研究对BCG矩阵做了评价：卖出瘦狗业务的前提是业务单元可以卖出，但面临全行业亏损的时候，没有人会来接手；BCG矩阵并不是一个利润极大化的方式；市场占有率与利润率的关系并不非常固定；BCG 矩阵并不重视综合效益；依据 BCG 矩阵实施相应战略时要进行战略业务单元重组，这会面临许多阻力；BCG 矩阵没告诉企业如何去找新的投资机会⋯⋯

为了克服 BCG 矩阵的缺点，有关战略研究者提出了用客户份额来取代市场份额，能有效地解决 BCG 矩阵方法中未把所有业务联系起来考虑的问题。

BCG 矩阵中相对市场份额实际上是从规模的角度判断是否形成竞争优势，然而规模并不是形成竞争优势的充分条件。BCG 矩阵的背后假设是"成本领先战略"，当企业在各项业务上都准备采用（或正在实施）成本领先战略时，可以考虑采用 BCG 矩阵；但是如果企业准备在某些业务上采用差异化战略，那么就不能采用 BCG 矩阵了。

3. GE 矩阵法

GE 矩阵是美国通用电气公司在 BCG 矩阵的基础上创立的，GE 矩阵主要根据行业吸引力和业务优势大小将企业的产品分为几类进行评定。评定表格如表 3-6 所示，为了确定行业吸引力和企业业务优势的大小，可逐项列出影响它们的因素。

表 3-6　GE 矩阵法评定表格

维度	因素	权重	评估得分（1～5）	实际值
行业吸引力	市场规模			
	……			
	……			
	……			
	整体得分			

续表

维度	因素	权重	评估得分（1～5）	实际值
业务优势	市场份额			
	品牌知名度			
	……			
	……			
	……			
	整体得分			

如图3-7所示，为了确定某一产品项目在矩阵图中的位置，可作如下处理：

（1）评价影响行业吸引力各个因素的重要性，即对各个因素进行加权，各因素权数之和等于100%。

（2）确定某产品项目在每一因素中所处的位置，若各因素的位置以1～5表示（5表示该因素的最高位置），那么B产品在总的业务优势中定值为3.7。

（3）将各定值加权相加，得到某一产品项目在某一因素下的期望值，再把各因素的期望值相加，就得到反映该产品项目的行业吸引力的值。

（4）以同样的方法可以得到该产品项目的行业吸引力的值。如A产品在行业吸引力和业务优势方面的得分分别为3.45分和4.3分，这样就可在GE矩阵图上用点表示该产品，如图3-7中的A点。可见，A产品是令人相当满意的产品项目。

GE矩阵图实际上分为三个部分：左上角的三个格子表示最具发展前途的产品项目，企业应采取投资／成长策略；位于左下角到右上角这条对角线上的三个格子的产品项目的总吸引力处于中等状态，企业可适当地采取选择/盈利策略；右下角的三个格子表示产品项目的总吸引力很低，应该采取收获/放弃策略。

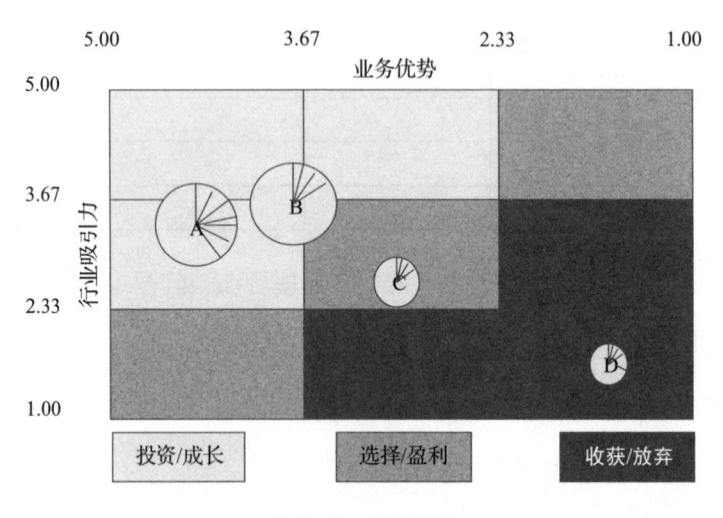

图 3-7 GE 矩阵

应当指出业务组合的战略决策并不是冷冰冰的工具的堆砌，在很多层面上还需要依赖企业家的战略直觉。当然单纯地依赖直觉而完全抛弃战略决策工具数据支持的做法也是不可取的，战略决策一定是直觉＋工具；同时必须谨慎选择战略决策工具，因为任何一个工具都有其假设的前提与不足之处。例如 BCG 矩阵只假设了公司业务发展的内部融资，而没有考虑外部融资；同时它假设各个业务是独立的，而没有考虑业务的战略协同关系等。

公司重点发展的业务（经过业务组合分析后确定）将在不同时间段给公司带来回报，但是这并不意味着这些业务发展在时间的推进上是没有顺序的，相反，对于公司未来业务进行层面与推进时间上的规划，可以给这些业务发展制定推进与资源需求时间表，这个时间表还可以安排退出业务。

这项活动可以借助三层面业务规划法进行。

三层面业务规划法也是得到广泛运用的战略方法，它将公司发展的业务分为核心业务、正在崛起的业务和未来业务三个层面（见图3-8）。

第一层面业务包含了处于公司心脏位置的核心业务（又称现金流业务），在成功的集团战略中，这些业务通常能为公司带来大部分利润和现金流，或业务的高度协同配套。这一层面业务对近期业绩关系重大，它们提供现金流，培育技能，提供战略协同资源。

第二层面业务包括正在崛起的业务（又称发展型业务），这些业务带有快速发展和创业性的特质，经营概念已发展成熟，并且具有高成长性。第二层面的业务通常突出表现为一心一意追求收入和市场份额的扩张，需要不断追加投资，代表着现有业务的拓展方向或者公司业务发展的新方向。

第三层面业务包含了未来业务（又称机会型业务），是为未来更长远业务选择的种子。它们是公司前瞻性研究课题、市场试点、联盟项目、少量投资的尝试和为加深对行业了解所作的努力。

业务发展顺序与战略地图的联系之处在于，战略地图中部分业务组合实施规划取决于业务发展顺序与资源的安排，以某医药集团为例，业务组合规划表如表3-7所示。

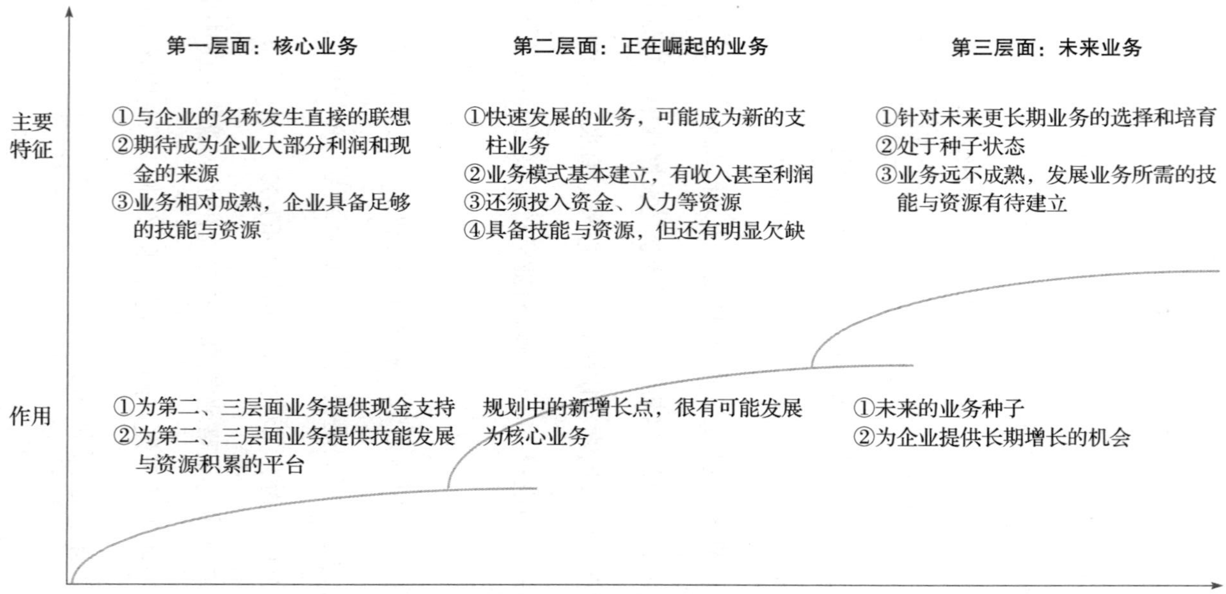

第一层面：核心业务

主要特征
① 与企业的名称发生直接的联想
② 期待成为企业大部分利润和现金的来源
③ 业务相对成熟，企业具备足够的技能与资源

作用
① 为第二、三层面业务提供现金支持
② 为第二、三层面业务提供技能发展与资源积累的平台

第二层面：正在崛起的业务

主要特征
① 快速发展的业务，可能成为新的支柱业务
② 业务模式基本建立，有收入甚至利润
③ 还须投入资金、人力等资源
④ 具备技能与资源，但还有明显大缺

作用
规划中的新增长点，很有可能发展为核心业务

第三层面：未来业务

主要特征
① 针对未来更长期业务的选择和培育
② 处于种子状态
③ 业务远不成熟，发展业务所需的技能与资源有待建立

作用
① 未来的业务种子
② 为企业提供长期增长的机会

图 3-8 三层面业务规划法

表3-7 某医药集团业务组合规划表

业务类别	业务规划	时间 ××××年	时间 ××-××年	时间 ××-××年	战略实施计划名称
分销	以国内商业能力为依托,拓展国际市场空间	推进零售配送业务试点,探索新的运营模式;探索采购一体化运作模式	组建100个分公司,每家覆盖500个客户,提升零售配送业态的核心网络价值	组建150个分公司,每家覆盖2 000个客户;近15万个配送终端	分销一体运营计划
零售	复制差异化盈利模式,迅速占领我国目标市场	完成上海、天津、辽宁、北京的整合	多元化产品引入,启动"大整合"战略,实现零售的一体化运营	建成拥有5 000家终端的全国性零售连锁公司,实现融资上市,创建中国零售第一品牌	零售一体运营计划
物流	全国物流网络的一体化管理	稳定四大物流中心的一级配送地位;拓展南京、西藏、新疆、包头、云南等5家二级配送中心	完善全国物流网络,联盟北区、东区、中区、南区的三级配送中转站15个,物流配送全面覆盖全国	联盟配送伙伴30个,配送能力覆盖到全国100个市、县、376个县区,覆盖3万家终端客户	物流一体运营计划
工业	整合生产资源,进行自主品牌生产或OEM服务,实现工业的跨越式发展	完成西藏厂一、二期项目的建设;完成××产品配套工程的扩建;完成在海南的品牌生产企业收购整合	打造10个以上过亿元的产品;自主品牌生产销售上量	保持在规模与品牌上的稳定	工业一体化运营计划(含投资项目计划)

3.7 战略主题与关键战略举措

内部运营战略主题与关键战略举措回答的本质问题是：(财务战略目标、业务组合、客户价值主张所决定的)公司战略需培育的核心能力、需维持的能力、需提升的短板能力如何通过内部运营进行培育，有哪些具体的战略行动策略。若干个相似类别的关键战略举措综合在一起就是一个战略主题，换句话说，战略主题就是若干个相似的、互不交叉的关键战略举措的综合。

在某医药集团案例中，分三个操作步骤识别出核心能力，进一步将核心能力与集团管控的流程链接，整理、识别出集团关键战略举措、战略主题。

第一步，运用内部运营分析矩阵表，实现集团战略能力与内部运营流程的链接（见表3-8）。

第二步，对内部运营分析矩阵表中的举措进行重要性评价，识别出关键战略举措（见表3-9）。

表 3-8　内部运营分析矩阵表应用实例

核心能力	集团战略能力		集团层面	工业子集团	物流子集团	分销子集团	零售子集团
1. 战略资源控制能力	1.1 信息资源控制能力		组织信息一体化				
	1.2 渠道与终端控制能力	可选性	普药、国产药品研发生产与销售；通过并购扩大产能	药品前瞻性研发与生产计划		普药、国产药品销售品种引进计划	普药、国产药品销售品种引进计划
		布局	组织三大销售运营平台整合；通过并购实现西北地区的渠道布局			一级代理商模式转换	
2. 物流配送能力					探索物流运营模式，在满足集团物流需求的同时建立三大平台的仓库布局		
3. 战略协同能力			实施战略绩效，落实战略实施监控机制	协同第三终端开发，研发系列普药生产		开发第三终端	

续表

集团战略能力	集团层面	工业子集团	物流子集团	分销子集团	零售子集团
一般能力					
1. 危机处理能力（预控与处理）	构建集团整体质量保障体系	新药品研发技术突破，提高药品质量		市场质量危机应急机制建设；退货制度	市场质量危机应急机制建设；退货制度
2. 资金控制能力	建立并实施集团资金统一结算系统，组织改进财务管控模式；集团母体上市计划				
短板					
成本控制能力	战略物资统一采购／财务预算体系建立		物流仓储规划		

表 3-9 层次分析法——集团关键战略举措界定

序号	内部运营对策	对战略影响	实施资源支持	实施紧迫性	成功可能性	得分	权重
1	组织信息一体化	3	3	3	2	2.9	0.08
2	通过并购扩大产能，实现在西北地区的渠道布局	3	3	3	2	2.9	0.08
3	加大普药、国产药品引进，研发生产与销售力度	2	3	3	3	2.65	0.07
4	整合三大销售运营平台	3	3	3	2	2.9	0.08
5	实施战略绩效，落实战略实施监控机制	1	3	2	2	2	0.05
6	构建集团整体质量保障体系；完善质量危机应急机制的退货制度	2	3	3	3	2.65	0.07
7	建立并实施集团资金统一结算系统，组织改进财务管控模式	2	3	3	3	2.65	0.07
8	集团母体上市计划	2	3	3	2	2.55	0.07
9	战略物资统一采购	2	2	3	3	2.65	0.07
11	新药品研发技术突破，提高药品质量	2	2	2	2	2	0.05
12	探索物流运营模式，物流仓储规划	3	3	3	2	2.9	0.08
14	物流质量抽检标准更新	1	3	2	3	2.1	0.06
16	一级代理商模式转换	3	3	3	1	2.8	0.08
17	开发第三终端	3	3	3	2	2.9	0.08
						36.55	

第三步，归类关键战略举措，确定集团战略主题。

识别出该医药集团的关键战略举措后，采取合并同类项的方法将若干性质相似的关键战略举措归纳整理在一起，识别出战略主题。特别要注意的是，战略主题中的关键战略举措不能交叉重复。

让我们再回到前面 M 集团股份有限公司战略地图绘制的案例，如图 3-1 中内部运营维度 I2 与学习成长维度 L1、L2、L3、L4、L5 所示，本案例中根据核心能力推导集团关键战略举措，整理后既包括内部运营类的战略主题，也包括学习成长类的战略主题。

3.8　公司战略图卡表文件

一般而言，完成上述内容的分析决策后，就得到了一个完整的集团战略地图。为了完整地演绎集团战略，还需要继续设计平衡计分卡、行动计划表，确保战略地图的细化与延伸。

通过下面 M 集团股份有限公司的战略地图、平衡计分卡、行动计划表示例（见图 3-9、表 3-10 和表 3-11）可以看出三者之间的联动关系：战略地图将公司战略任务系统、集团战略财务目标、盈利模式与业务组合、战略利益相关方需求、核心能力培育、内部运营战略主题等众多内容以集成的地图方式进行演绎。平衡计分卡则对战略地图进一步细化与延伸，平衡计分卡分为维度、战略目标、核心衡量指标、目标值、支持计划、主要责任人等纵列。其中维度、战略目标的内容与战略地图是相同的，但是在平衡计分卡中需要继续细化，确定每一个战略目标对应的核心衡量指标、目标值（一般为5年）、支持计划（填写战略行动计划名称）、计划责任人等。行动计划表则依附于平衡计分卡并对其中的支持计划进行细化、延伸，可以说行动计划表能否完成将决定性地影响战略目标最终能否实现。行动计划表的关键节点则是业绩评价体系中工作目标设定的主要来源与依据。

图3-9 M集团股份有限公司战略地图

表 3-10 M 集团股份有限公司平衡计分卡

维度	战略目标	核心衡量指标	2019 目标值 全年	2019 目标值 第一季度	2019 目标值 第二季度	2019 目标值 第三季度	2019 目标值 第四季度	2020 年目标值	2021 年目标值	支持计划	战略预算支出	主要责任人
财务	F1：实现股东满意的投资回报	净资产收益率										
财务	F2：确保集团整体利润提升	税前利润										
财务	F3：促进主营业务收入增长	销售收入										
财务	F4：控制集团总成本费用	成本费用总额										
财务	F5：提高总资金周转速度	流动资金周转天数										
财务	F6：实现良好的资产结构	资产负债率										
客户	C1：参加社会公益活动	社会公众评价调查得分										
客户	C2：积极开展社区维稳工作	不发生社区维稳群体事件										
客户	C3：确保良好的政府关系	重大政务协同目标达成										
客户	C4：建立与银行的战略合作关系	银行信用等级评估										
内部运营	I1：现金流业务：打造国内最具竞争力的电气业务	电气业务相对市场占有率								电气产业投资计划		
内部运营	I2：发展型业务：大力推动地产业务发展	地产开盘面积增长率								地产产业投资计划		
内部运营	I3：机会型业务：寻找金融投资业务	金融投资项目平均收益率								金融投资项目计划		

续表

维度	战略目标	核心衡量指标	2019 目标值 全年 / 第一季度 / 第二季度 / 第三季度 / 第四季度	2020年目标值	2021年目标值	支持计划	战略预算支出	主要责任人
内部运营	I4: 推动集团资金、融资一体化管理	集团资金归集率				财务一体化实施计划		
		外部融资金额				财务一体化实施计划		
	I5: 深化集团全面预算管理	集团预算管理任务评价						
	I6: 加强集团化土地资源管理	地产土地中标数量						
	I7: 提高战略投资决策洞察性	金融投资决策流程优化任务评价				金融投资决策流程优化计划		
学习发展	L1: 实施战略人力资源管理一体化	战略人才任职资格达标率				集团战略人才梯队计划		
	L2: 推动企业文化的认知与认同	企业文化认知度				集团企业文化建设计划		
		企业文化认同度						
	L3: 坚持党的领导,发挥纪检监察功能	新党员考评达标比例						
		党风廉政危机未及时预警						
	L4: 建设卓越战略执行控制系统	BSC计划实施评价指数				BSC实施计划		
	L5: 推动大数据与信息一体化建设	ERP系统建设计划评价				ERP系统建设计划		

表 3-11　M 集团股份有限公司行动计划表

战略行动计划名称	企业文化建设计划
战略行动计划编号	
总负责人	第一负责人：×××（党委副书记）；第二负责人：×××（总经办部长）
制定	总经办
制定日期	20××/5/8
审批	×××（总裁）
审批日期	

编号	关键节点	时间	计划要求	负责单位	协同单位	战略预算支出分配	责任人
1	成立领导小组	20××年4月1日至5月1日	1. 目标陈述：在20××年5月1日以前成立文化建设领导小组。 2. 成功标志：经过党政领导认可，公司正式行文下发。	总经办	工会、企管部		
2	制定工作计划	20××年5月1—31日	1. 目标陈述：在20××年5月31日以前，制定出文化建设具体工作计划。 2. 成功标志：计划经文化建设领导小组通过。	总经办	工会、企管部		
3	提炼理念	调研阶段	20××年6月1—30日	1. 目标陈述：通过走访、座谈、征集等方式，在20××年6月30日以前，形成文化理念的初步内涵； 2. 成功标志：文化建设领导小组通过。	总经办	工会、企管部	
		形成阶段	20××年7月1—31日	1. 目标陈述：酝酿、讨论，形成通俗易懂的、广大员工认可的理念。 2. 成功标志：公司正式行文下发。	总经办	工会、企管部	

	一般性宣传	20××年8月1日至12月31日	1. 目标陈述：利用广播、电视、报纸、黑板报、标语、橱窗等宣传工具做好文化理念的宣传； 2. 成功标志：员工认知度大于80%。	总经办	工会、企管部、其他26个部门	
4	开展征文活动	20××年8月1日至12月31日	1. 目标陈述：在20××年12月31日以前，在集团公司报上开展以文化为主题的征文活动； 2. 成功标志：征文总数不少于50篇。	总经办	工会、企管部、其他所有部门	
宣贯教育	开辟电视专栏	20××年8月1日至12月31日	1. 目标陈述：在20××年12月31日以前，在集团公司广播、电视台开辟以文化主题的专栏； 2. 成功标志：系列报道总数不少于20条。	总经办	工会、企管部	
	安全教育	20××年6月1—30日	1. 目标陈述：在"安全生产月"期间，开展以××为主题的安全教育，增强安全文化的观念； 2. 成功标志：接受教育人员覆盖率大于80%。	安监部	工会、总经办、其他所有部门	
5	文体活动	20××年4月1日至7月31日	1. 目标陈述：在第三届职工运动会期间，开展以文化为主题的文体活动； 2. 成功标志：参加单位不少于80%。	工会	总经办、其他所有部门	
6	"大轮班"劳动竞赛	20××年、20××年、20××年3月31日、6月30日、9月30日、12月31日	1. 目标陈述：在20××年、20××年和20××年每个季度进行竞赛评比； 2. 成功标志：让广大员工能够规范操作行为，提高工作责任心，确保稳定生产。	工会	总经办、各部门	
7	建立和完善激励机制	20××年1月1日至20××年12月31日	1. 目标陈述：在20××年12月31日以前，通过公司战略规划的实施，逐步建立完善激励机制； 2. 成功标志：形成人人关心、人人为企业战略作贡献的机制。	总经办	人力资源部、企管部	
8	企业文化达成评价考核	20××年、20××年、20××年12月15—31日	1. 目标陈述：根据计划组织进行年度检查考核； 2. 成功标志：形成年度文化达成评价书，使员工认同度20××年达到90%，20××年达到93%，20××年达到95%。	总经办	工会、企管部	

第四章

业务战略解码

业务战略解码是战略解码五步法的第三步。业务战略是在公司战略指导之下作出的，在一个多元化经营的集团中，业务单元往往是专业化运营的（专注某行业或职能）子公司，其战略的核心思想就是如何落实公司战略意图。业务战略与公司战略有相同之处也有不同之处。

首先专业化运营的子公司认为自己更加具有组织内部协调和交易成本的优势。在业务组合上，它们认为应该只做自己最擅长、最有价值的核心业务，把那些低附加值的非核心业务委托给协作企业去做；在核心能力培育与运用上，它们坚持实践专业化的战略能力培育，强调将所有能力与资源集中于自己擅长的核心业务，通过其专业、专注推动子公司的成长。罗伯特·卡普兰和戴维·诺顿的《战略地图》一书讨论了在既定的单一业务中，如何获得更多的竞争优势，他们基于迈克尔·波特的竞争战略基本形态（改良版）即成本领先、产品领先、全面系统方案、锁定战略，强调以战略地图为平台实现战略财务目标、客户成果度量、客户价值主张、内部运营战略主题、学习成长战略的联动。

然而在集团型企业中，有些业务单元存在于多元化公司这棵大树下的目的不一定是为了获取本身发展与竞争所需的优势，而是为了配合公司其他业务产生 1+1＞2 的协同效应。例如某些业务单元不是为了获取利润，而是为了促使公司有大量的现金流表现，进而获得广阔的融资渠道，支持其他产业的发展；某些业务单元是为了打造端到端的产业链，提升公司整体竞争力……

总之，在公司这棵大树下的业务单元存在的目的可能相同，也可能不同，不能一概而论。因此读者在阅读本章时要能理解这种共同性与差异性，不能简单地根据本章提供的案例试图得出唯一的结论。

经历了公司战略地图平台开发操作之旅后，本章重点研究如何运用战略地图与平衡计分卡来解码业务战略。对于专业化集团型企业战略规划，可以参考业务单元战略规划，但需要区别两者的差异。

4.1　业务战略解码关注点

业务战略是在公司战略的指导之下作出的，它主要是对公司的各个业务进行具体的规划。一般来说每年度进行业务战略解码时应当重点关注两大问题：一是如何落实公司战略意图，确保公司业务组合战略目标的实现；二是如何比竞争对手更有效地满足客户的需求，实现客户价值主张。

针对第一个问题，不同的业务战略设计给出的答案完全不同。一些业务单元是投机型业务，其目的就是获取短暂的利润；另外一些业务单元则是现金流业务，强劲的现金流表现是公司需要的。总之，公司在设计其旗下各个业务战略时会根据业务组合的需要，以及打造各个业务之间协同效应的需要来给各个业务单元分配不同的角色。

对于第二个问题，不同的业务战略设计给出的答案也会完全不同。根据著名战略管理学家迈克尔·波特的观点，公司有三种业务战略可选择。

首先可以考虑选择总成本领先战略。总成本领先要求企业打造绝对的成本优势，为了实现这一目标，就要在管理方面对成本给予高度重视，当形成总成本领先的竞争优势后，意味着当别的公司在竞争过程中已失去利润时，企业在该业务上依然可以获得利润。赢得成本最低的有利地位通常要求具备较高的相对市场占有率或诸如原材料供应、产品设计、生产能力、设备与人员等方面的优势。

其次可以考虑选择差异化战略。差异化战略是将产品或公司提供的服务差别化，在全行业范围中树立起自己独特的满足客户价值主张的能力。实施差异化战略可以有许多方式，如设计品牌形象、技术独特性、性能独特性、服务独特性、质量独特性等。差异化战略是在一个产业中赢得高水平收益的积极战略，但是与提高市场份额、总成本领先两者不可兼顾。

最后可以考虑选择聚焦战略。聚焦战略是将目标客户聚焦于某个特殊的顾客群、某产品线的一个细分区段或某一地区市场。聚焦战略可以有许多形式，其整体是围绕为某一类别目标客户服务而实施的，它所开发推行的每一项关键战略举措都要考虑这一中心思想。聚焦战略的前提思想是：公司业务的聚焦能够以更高的效率、更好的效果为某一特定目标客户群体服务，从而在这一目标客户群体内超过竞争对手。聚焦战略常常意味着限制了可以获取的整体市场份额，必然包含利润率与销售额之间的权衡。

如前面章节所述，业务单元战略解码的主要内容包括：业务单元的战略任务（使命、价值观与愿景、战略定位、指导思想）检讨、业务单元基本战略目标修订、增长路径与客户价值主张修订、业务单元关键战略举措修订、滚动修订战略图卡表并编制年度业务计划书、确定业务单元高管的 PBC 等。本章将重点结合欧洲 EDD（中国）公司的案例讲解业务单元战略地图、平衡计分卡与行动计划表的案例，学习战略图卡表的开发。

4.2　业务层面战略地图问题清单

在业务层面战略地图开发之前仍需要澄清业务层面战略地图问题清单。业务战略地图问题清单一般就 12 个基本的业务战略问题寻找答案，以此来演绎其战略解码所关注的基本内容（见表 4-1）。

表 4-1　业务层面战略地图问题清单示例

维度	问题清单
战略任务	1. 业务单元的使命、价值观与愿景是什么？
财务	2. 业务单元需要在财务业绩上有什么表现？如何分阶段设定？

续表

维度	问题清单
客户	3. 增长路径：业务单元七大系列产品如何定位？聚焦的主要客户是谁？ 4. 增长路径：业务单元的产品与市场的组合策略是什么？ 5. 客户价值主张：客户为什么要选择我们？是因为价格、品牌、关系、服务，还是形象？ 6. 客户价值：还有哪些外部战略利益相关者？他们有什么样的价值主张？
内部运营	7. 在研发、营销、设计、制造、施工的各环节要设定怎样的目标来满足客户价值主张？ 8. 在研发、营销、设计、制造、施工的各环节要设定怎样的目标来加快资产的周转？ 9. 在研发、营销、设计、制造、施工的各环节要设定怎样的目标来支持成本费用降低？
学习成长	10. 未来人才培养的战略目标是什么？ 11. 未来推动标准化、数字化的设想是什么？ 12. 未来企业文化建设、学习型组织的设想是什么？

业务单元的专业化运营要求其在战略、运营流程、企业文化等诸多方面强调统一性，因此其使命、价值观与愿景往往强调承认其特色中的统一，正如全球只有一个西门子电器那样；而战略财务目标设定则依赖于总部对产业发展趋势及自身产业地位的判断。同样专业化运营公司往往强调其专业化盈利模式的设计，由于其一般情况下涉足单一产业，因此其核心能力往往更多地与涉足的产业运营直接相关；同样专业化公司战略核心能力培育依赖于内部运营与学习成长维度的战略主题、关键战略举措设定，但是其内部运营与学习成长维度的战略主题、关键战略举措更多地与产、供、销价值链相关。

一般而言业务层面财务目标设置可以运用杜邦财务模型、商业周期理论、EVA、时间序列法、相关分析等方法。下面结合案例说明如何围绕业务单元的财务战略目标的实现进行下一步的战略地图分析。

| 案　例 |

欧洲 EDD（中国）公司战略图卡表

欧洲 EDD 集团是总部位于挪威的跨国集团型企业，至今已有 70 多年的历史，是世界上最大的生产 ×× 设备的跨国股份制集团企业之一，在 ×× 设备的研究和制造方面一直走在世界前列。目前在全球有几十个生产基地和销售中心。欧洲 EDD 集团对产品技术研发非常重视，对全球各子公司最新技术的开发及应用提供了强有力的支持。欧洲 EDD 集团在挪威、德国、中国都建有研发中心，这种全球资源的利用为其保持技术领先提供了有力的保障。

欧洲 EDD 集团总部十分重视并尊重与投资国的关系建设，它相信：重视、尊重与投资国之间的关系会获得政府与员工的支持。因此 EDD 集团一直强调子集团设计战略使命时需要充分体现集团该方面的战略意图。

欧洲 EDD（中国）公司是 EDD 集团于 1998 年兴建的全资子公司（业务单元），是 EDD 集团在中国及亚洲提供 ×× 设备的生产、销售以及技术服务的最重要基地之一。欧洲 EDD（中国）公司在中国上海、北京、广州等地设有子公司，在日本、韩国设立有分支机构，其产品广泛运用于中国及亚洲各国的汽车、风电、机械、机车等行业领域。欧洲EDD（中国）公司自成立以来一直以25%~40%的速度增长，业务规模的扩大给中国公司的高层带来新的管理问题，具体表现在：

（1）如何结合全球战略制定子公司的业务战略，确保欧洲EDD（中国）公司与全球总部、其他子公司的战略协同？

（2）如何运用一个简单有效的方法描述、演绎欧洲EDD（中国）公司的战略，并进行欧洲EDD（中国）公司的战略解码，将子公司的战略转化为实际行动计划？

（3）如何改造欧洲EDD（中国）公司战略管理循环的流程，以实现在跨地域、多层次组织架构下对各分支机构战略执行的有效监控？

欧洲EDD（中国）公司总裁决定引进战略地图与平衡计分卡体系，开发EDD（中国）公司的战略地图。战略地图开发以研讨会的形式进行。战略地图研讨议题主要包括以下7个方面：

（1）欧洲EDD（中国）公司的使命、价值观、愿景是什么？

（2）欧洲EDD（中国）公司基本的财务战略目标是什么？

（3）欧洲EDD（中国）公司业务增长路径与战略目标是什么？

（4）欧洲EDD（中国）公司客户价值主张与战略目标什么？

（5）欧洲EDD（中国）公司内部运营的关键战略举措是什么？

（6）欧洲EDD（中国）公司学习成长维度的战略目标是什么？

（7）欧洲EDD（中国）公司战略图卡表文件如何编制？

最终研讨会输出了欧洲EDD（中国）公司战略地图（见图4-1）。

124 / 战略解码

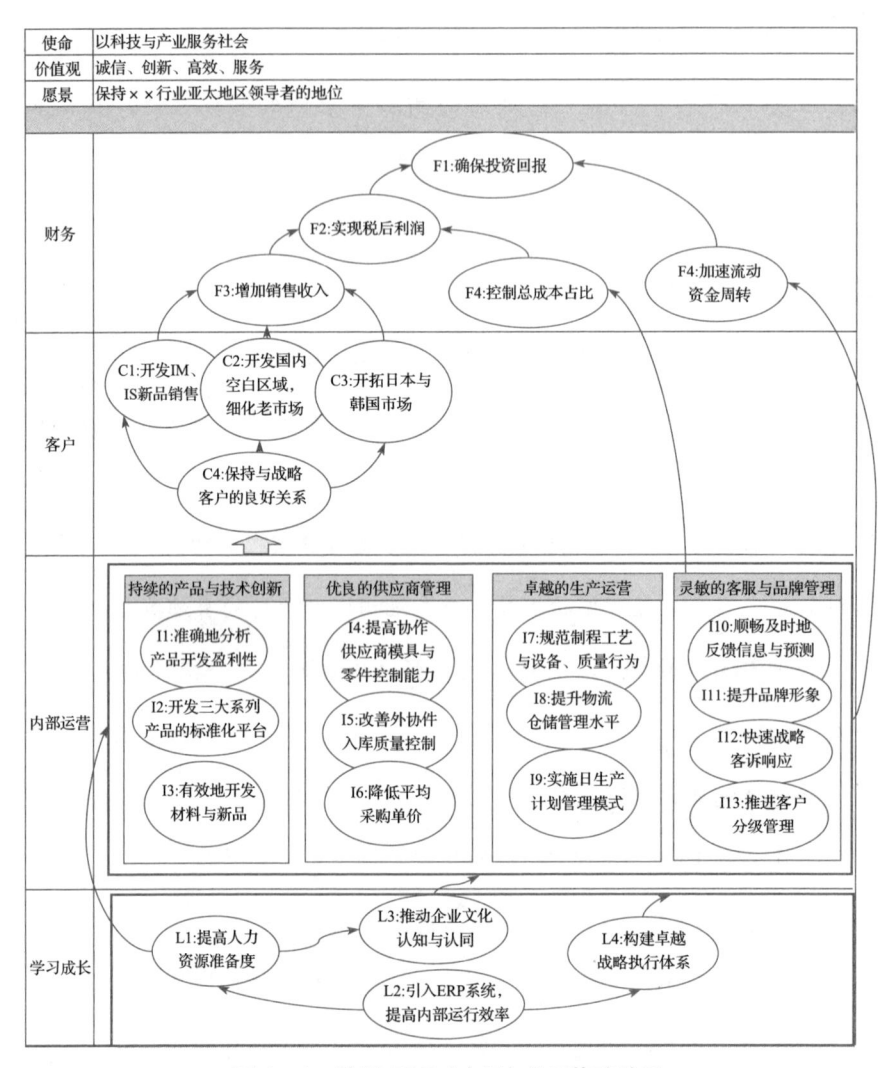

使命	以科技与产业服务社会
价值观	诚信、创新、高效、服务
愿景	保持××行业亚太地区领导者的地位

财务
- F1:确保投资回报
- F2:实现税后利润
- F3:增加销售收入
- F4:控制总成本占比
- F4:加速流动资金周转

客户
- C1:开发IM、IS新品销售
- C2:开发国内空白区域，细化老市场
- C3:开拓日本与韩国市场
- C4:保持与战略客户的良好关系

内部运营

持续的产品与技术创新
- I1:准确地分析产品开发盈利性
- I2:开发三大系列产品的标准化平台
- I3:有效地开发材料与新品

优良的供应商管理
- I4:提高协作供应商模具与零件控制能力
- I5:改善外协件入库质量控制
- I6:降低平均采购单价

卓越的生产运营
- I7:规范制程工艺与设备、质量行为
- I8:提升物流仓储管理水平
- I9:实施日生产计划管理模式

灵敏的客服与品牌管理
- I10:顺畅及时地反馈信息与预测
- I11:提升品牌形象
- I12:快速战略客诉响应
- I13:推进客户分级管理

学习成长
- L1:提高人力资源准备度
- L2:引入ERP系统，提高内部运行效率
- L3:推动企业文化认知与认同
- L4:构建卓越战略执行体系

图4-1 欧洲EDD（中国）公司战略地图

我们将在下面章节中重点介绍业务增长路径识别、客户价值主张、内部运营关键战略举措、学习成长关键战略目标设定。

4.3 业务增长路径识别与客户价值主张

1. 业务增长路径识别

所谓业务单元的业务增长路径识别是指在客户维度应当思考主营业务收入的增长方法是什么，并围绕此议题设定战略目标。由于业务单元一般承担单一产业中的产、供、销整体运作，其增长路径主要是考虑如何通过产品与市场的组合来实现增长，换句话说就是：把主营业务收入增长目标与业务单元的市场战略相链接。

业务单元增长路径识别需要我们做两个操作活动。

第一个操作活动就是引导业务单元所有高级经理结合战略环境扫描思考市场细分。市场细分概念是市场学家温德尔·史密斯（Wendell R. Smith）于 1956 年提出来的，是集团根据客户需求的异质性，把整个客户划分成不同群体。对于产业专业化集团而言，把产品、市场、地理位置和自己独特的竞争力相结合区分出来是战略地图开发中的一个重要环节，这种区分不能过粗也不能过细。我们首先要做的是进行集团产品分类，然后进行市场细分。由于市场是特定需求的集合体，市场细分本质上是对市场需求的细分。市场细分标准非常繁杂，综合起来大致有五大类别：地理特征、人口特征、心理偏好特征、决策购买因素特征和消费行为特征：

（1）地理特征。对于部分客户群体来说，地理范围不同，市场需求也有可能有很大差异，例如北方市场消费者和南方市场消费者对女靴在利益主张上就存在很大差异。

（2）人口特征。人口特征包括年龄、性别、家庭生命周期、收入、职业、教育等因素，也会影响需求的变化，例如对于保险种类的需求，不同年龄段呈现明显的差异。

（3）心理偏好特征。心理偏好也是市场细分的一个重要维度。在物质丰裕的社会，需求往往从低层次的功能性需求向高层次的体验性需求发展，消费者除了对商品的物理功能提出更高要求，对品牌附带的价值内涵和生活信息也有所期待。消费者心理特征和生活方式上的差异，会导致对价值内涵和生活信息需求的差异。

（4）决策购买因素特征。客户购买某种商品都是为了满足某种需求。不同类别的客户决策购买因素是不同的，例如消费者购买任何产品，都存在不同的利益追求，有的追求价格便宜，有的追求性能优越，有的追求服务完善。决策购买的决定性因素不同，就会导致消费者有不同的态度，不同的人会对同一件商品作出完全不同的评价和购买决策。

（5）消费行为特征。消费行为包括对商品的重复购买频率、忠诚度等。按照消费者对商品的使用量及其重复消费的比重可以把消费者分为重度用户、中度用户和轻度用户，也可以分为忠诚用户和摇摆用户等。消费行为是数据研究最经常使用的维度。

市场细分图根据公司所在产业客户需求的多重异质性进行市场细分，便于公司在细分市场中确定目标客户。

在欧洲 EDD（中国）公司业务增长路径识别活动中，市场细分是必不可少的操作环节。图 4-2 和图 4-3 是 EDD（中国）公司进行战略地图开发，运用市场细分图进行客户群细分的操作实例。

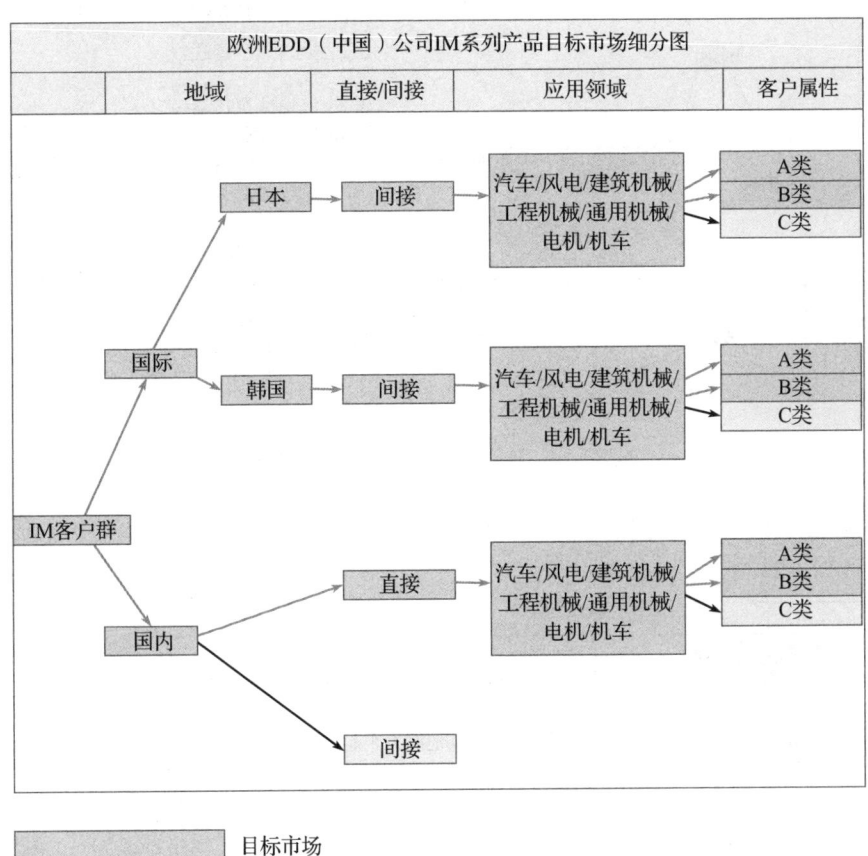

欧洲EDD（中国）公司IM系列产品目标市场细分图				
地域		直接/间接	应用领域	客户属性
国际	日本	间接	汽车/风电/建筑机械/ 工程机械/通用机械/ 电机/机车	A类 B类 C类
	韩国	间接	汽车/风电/建筑机械/ 工程机械/通用机械/ 电机/机车	A类 B类 C类
国内		直接	汽车/风电/建筑机械/ 工程机械/通用机械/ 电机/机车	A类 B类 C类
		间接		

（IM客户群 → 国际/国内）

图例：
- 目标市场
- 拟放弃市场
- → 目标线路
- → 拟放弃线路

客户属性分级标准：
国内市场：A类：外资(大集团)企业；B类：行业排名在前10名（电力前20名）的合资、国有与民营企业；C类：其他
国际市场：A类：外资(大集团)企业；B类：行业排名在前10名的企业；C类：其他

图 4-2　欧洲 EDD（中国）公司 IM 系列产品目标市场细分图

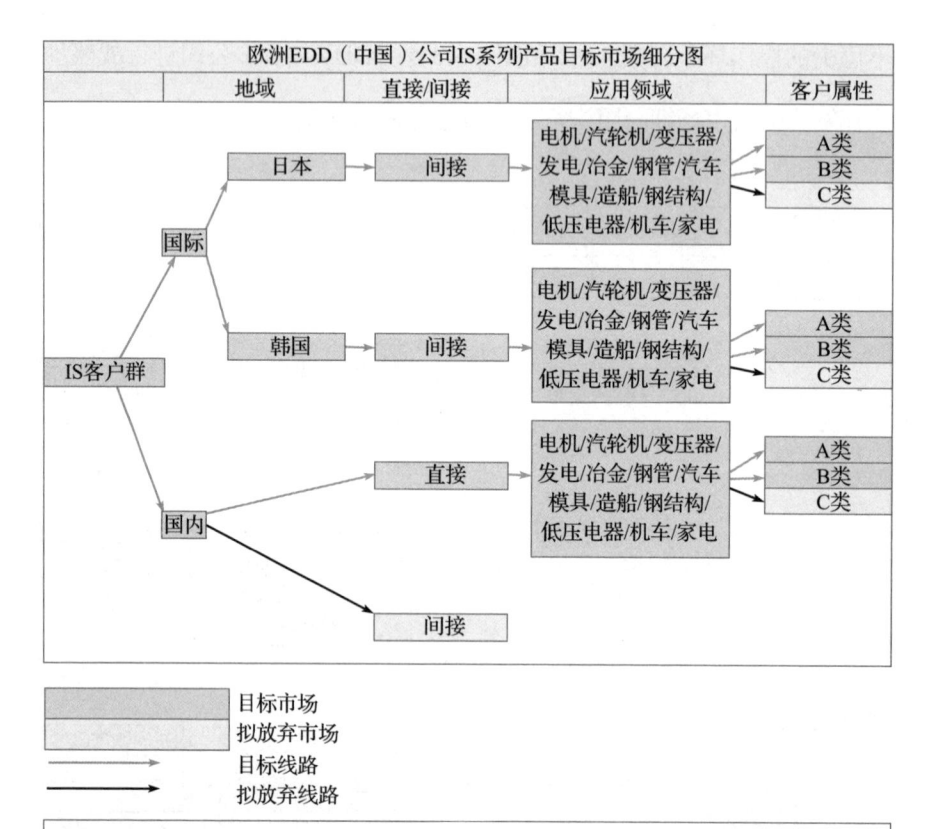

欧洲EDD（中国）公司IS系列产品目标市场细分图

地域	直接/间接	应用领域	客户属性

IS客户群
- 国际
  - 日本 → 间接 → 电机/汽轮机/变压器/发电/冶金/钢管/汽车模具/造船/钢结构/低压电器/机车/家电 → A类 / B类 / C类
  - 韩国 → 间接 → 电机/汽轮机/变压器/发电/冶金/钢管/汽车模具/造船/钢结构/低压电器/机车/家电 → A类 / B类 / C类
- 国内
  - → 直接 → 电机/汽轮机/变压器/发电/冶金/钢管/汽车模具/造船/钢结构/低压电器/机车/家电 → A类 / B类 / C类
  - → 间接（拟放弃）

图例：
- ▢ 目标市场
- ▢ 拟放弃市场
- → 目标线路
- → 拟放弃线路

客户属性分级标准：
国内市场：A类：行业前10名企业；B类：行业排名在第11～20名的企业；C类：排名第20名以后的企业
国际市场：A类：行业前10名企业；B类：其他潜力企业；C类：其他

图4-3　欧洲EDD（中国）公司IS系列产品目标市场细分图

运用市场细分图进行产业客户群的细分后，可以运用产品-市场分析矩阵（见图4-4）进行业务收入的增长路径识别。根据产品-市场分析矩阵理论，业务单元主营业务收入增长有四种策略可供选择：

- 新产品、老客户/市场——产品开发，为现在市场提供新产品销售；

- 新产品、新客户/市场——多样化，在新的市场中开发、提供新的产品；
- 老产品、新客户/市场——市场开发，为现有的产品寻找新的细分市场；
- 老产品、老客户/市场——市场渗透，提高现有产品在现有市场中的份额。

	新产品	老产品
老客户/市场	产品开发：通过新品开发或替代老产品实现增长	市场渗透：提高老产品在现有市场中的占有率
新客户/市场	多样化：在新市场中开发新产品	市场开发：老产品销售给新客户

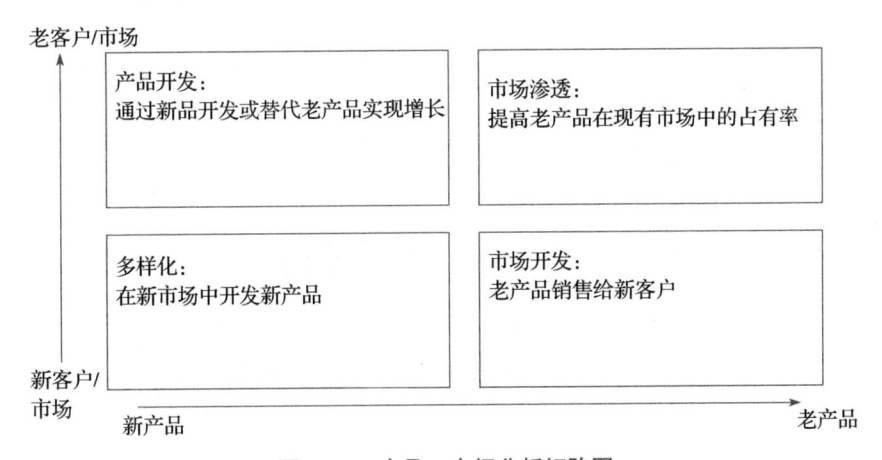

图 4-4　产品-市场分析矩阵图

四种策略是如何得出决策结论的呢？这就需要完成第二个操作活动，即细分市场进入分析。在细分市场进入分析过程中，如果发现一个细分市场需求比较大，公司具有进入市场的核心能力，可以考虑选择进入。一般来说进入细分市场的原则是：

- 市场需求达到一定容量的细分市场；
- 目前或未来竞争性强的细分市场；
- 拥有绝对或相对竞争优势的细分市场。

在此可以选择一个分析工具辅助完成产品-市场分析矩阵的组合分析，即定向决策矩阵。该分析工具从两个综合的维度分析细分市场是否具有吸引力，进而决策是否需要进入：第一个维度是市场吸引力，考虑细分市场是否有足够的吸引力，该指标由一系列因子构成（这些因子需要反复讨论其重要性并确定权重）；第二个维度是企业相对优势，这个因素有助于判断企业在各个细分市场是否具备内部优势，它也是由若干因子构成的，可以结合具体的产品来调整因子以及因子的权重。

利用表4-2对每一个产品与市场进行分析后，可以将得分情况列入图4-5，展示产品/市场的组合分析结果。

表4-2 定向决策矩阵分析表

维度	因子	因子权重	得分（1～10）
市场吸引力	该产品细分市场现有容量		
	该产品细分市场增长潜力		
	该产品细分市场进入难易		
	细分市场产品组合协调性		
	细分市场启动资金		
	……		
	合计	100%	
相对优势	细分市场目前所占份额		
	细分市场品牌影响力		
	细分市场品牌价格优势		
	细分市场服务优势		
	细分市场技术优势		
	……		
	合计	100%	

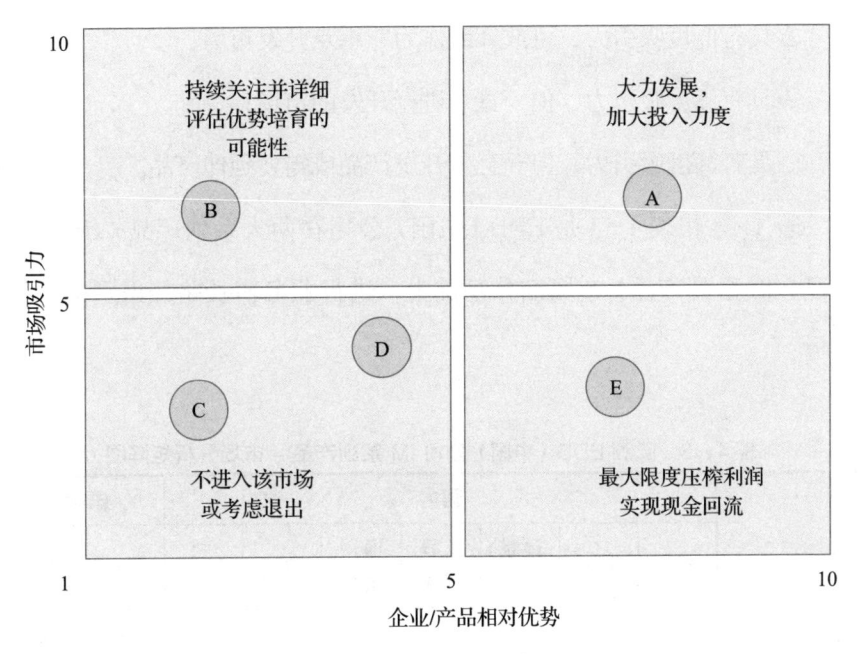

图 4-5 定向分析矩阵图

定向分析矩阵图既可用于现有产品在细分市场进入、退出等方面的决策,也可用于开发新品进入细分市场的决策分析。

完成定向矩阵分析后,可以将分析结果与产品-市场分析矩阵对接,进而识别业务增长路径。其操作方法是在 Excel 表的纵列里列出产品系列,横列里列出所有的细分市场。然后对每个横列与纵列交叉矩阵进行分析,即分析、确定每一个产品(横列)在每一个细分市场中的策略。策略分为五种:

■具有高度吸引力,已经达到饱和,可作为维持的重点市场;

▲具有高度吸引力,但未完全开发好,需加大力度进行渗透的市场;

△ 具有低度吸引力，可放弃或作为非重点开发市场；

★ 具有高度吸引力，但一直未进行开发的市场；

☆ 具有高度吸引力，但一直未开发产品或需要延伸产品。

表 4-3 和表 4-4 是 EDD（中国）公司在两大系列产品（IM 系列产品、IS 系列产品）市场细分基础上，进行业务增长路径识别的工作底稿。

表 4-3 欧洲 EDD（中国）公司 IM 系列产品 – 市场分析矩阵图

	国内							国际	
	汽车	风电	建筑机械	工程机械	通用机械	电机	机车	日本	韩国
驱动	▲	△	△	△	△	△	△	★	▲
转向	▲	△	△	△	△	△	△	★	★
发动机	▲☆	△	△	★	△	△	★	★☆	★☆
传动	▲	△	△	★	△	△	△	★	★
回转齿轮	△	▲	▲	▲	△	△	▲	★	★
OFF-ROAD 专机	△	△	★	★	△	△	△	★	★

完成产品 – 市场矩阵分析后，就可以在业务单元 / 产业专业化集团战略地图中定义、描述业务增长的路径，同时还可以根据设定的业务增长路径推导相应的客户成果度量指标。EDD（中国）公司业务增长路径分析可以在战略地图中整理为三个关键战略举措（见图 4-1 客户维度）：

表 4-4　欧洲 EDD（中国）公司 IS 系列产品 – 市场分析矩阵图

	国内									国际	
	电机	汽轮机	变压器	发电	冶金	钢管	汽车模具	造船	钢结构	低压电器	机车	家电	日本	韩国
MINAC	▲	△	▲	▲	★	△	△	△	△	★	★	★	▲	▲
WELDAC	△	△	△	△	△	▲☆	▲	△	△	△	△	△	▲☆	▲☆
模具淬火机	△	△	△	△	△	△	△	★	△	△	△	△	▲	▲
叶片淬火机	△	★☆	△	△	△	△	△	△	△	△	△	△	★☆	★☆

（1）开发 IM、IS 新品销售；

（2）开发国内空白区域，细化老市场；

（3）开拓日本与韩国市场。

2. 客户价值主张

客户价值主张分析是继业务增长路径识别完成后，业务单元/产业专业化集团战略地图客户维度分析的另一个重要内容，它决定性地影响业务增长路径策略能否顺利实现。

所谓客户价值主张是指客户的价值诉求，其本质会影响客户的购买决策。在实际操作中客户价值主张体现在客户选择产品或服务时的几项关键指标，如客户在采购大型设备时主要关注性能、质量、服务、品牌等多方面，那么客户在选择产品时也将从这几个方面进行考察，其满足程度将直接影响客户满意度。

在业务单元/产业专业化集团战略规划中，如何满足客户价值主张本质上就是其盈利模式的选择。分析者需要充分地考虑竞争对手，既有和竞争对手相比拟的相似点，又有比竞争对手更优更好的差异点。

在业务单元/产业专业化集团竞争战略模式选择上，著名战略管理学家迈克尔·波特将竞争战略分为：总成本领先战略；差异化战略，又称别具一格战略；聚焦战略，又称聚集战略、专一化战略。

第一种战略尽最大努力降低成本。通过满足客户在价格上的价值主张，以维持其低成本的竞争优势。要做到成本领先，就必须对成本严格控制，尽可能降低成本费用，处于低成本地位的公司可以获得高于产业平均水平的利润。在与竞争对手竞争时，由于自身的成本线低于竞争对手，一旦打起价格战，当价格突破竞争对手的底线时，就意味着对方出局。

第二种战略是指企业提供的产品或服务别具一格。这种模式往往强调满足客户对产品或服务的性能、质量、功能、技术参数等价值主张的领先性或差异性。这种战略强调别具一格，一旦实施成功它就会成为在行业中赢得超常收益的战略，因为它能利用客户对品牌等的忠诚建立竞争优势。

第三种战略是将自己的产品与服务聚焦于某个特定的客户群，或产品系列的一个细分区段或一个地区市场。实施该战略的前提是：业务单元/专业化集团拥有以更高效率、更好效果为某一狭窄对象服务的能力，从而超过在更广阔领域内的竞争对手。实施该战略往往拥有很多赢得超过行业平均水平收益的机会。

在业务单元/产业专业化集团战略地图开发时，应当擅长运用客户价值主张做战略选择。

首先，分析客户价值主张现状与发展趋势，如果有必要可以开展客户需求与价值取向的调查。

其次，根据调查的结果，罗列出客户的所有价值主张的评价指标，并按照其优先程度进行排序。

最后，结合企业内部优劣势分析，判断企业所擅长的客户价值主张。

在上述最后一步中，需要区分三个不同战略层级的客户价值主张。

第一层级是差异化的客户价值主张。该层级表明企业满足客户该方面价值主张的能力应当达到行业一流水平，即战略核心能力的主要来源之一。

第二层级是一般水平的客户价值主张。该层级表明企业满足客户该方面价值主张的能力可以保持在行业一般水平。

第三层级是需提升的客户价值主张。该层级表明企业满足客户该方面价值主张的能力需要提升，这些价值主张满足往往是企业能力的短板。

卡普兰和诺顿在《战略地图》中给出一般企业客户价值主张的分类指标。确认客户价值要求公司高级经理回答一个问题：客户为什么要购买我们的产品？或者说他们在购买我们的产品时关注什么？（这些关注点即为客户价值主张。）

事实上在确认客户价值主张时，应当重点考虑在罗列出的所有客户价值主张中，哪些是企业在战略规划期内应当重点突出的优势与短板。所谓的优势就是在客户价值主张中哪些是公司已经达到或可通过培育达到行业一流水平的，是价格优势，还是售服优势？所谓的短板是指在客户价值主张中哪些是公司低于行业一般水平的，是产品功能，还是品牌？

图4-1客户维度中C4战略目标是EDD（中国）公司客户价值主张分析成果在战略地图中演绎的例子，它有效地支持了C1、C2、C3战略目标的实现，进而驱动F3财务目标的实现。

4.4 关键战略举措与战略目标

尽管在核心能力界定操作程序上有一定类似性，但是业务单元／产业专业化集团与多元化集团在战略核心能力的要求上有很多本质不同：前者核心能力培育一般是产业运作能力，如成本控制能力、技术产业化能力、市场运作能力等，这些都依赖于从股东价值、客户价值、其他战略利益相关方价值进行推导、识别；而多元化集团战略核心能力不仅涉及多产业驾驭能力，还更多地涉及产融投资组合、战略资本运营等能力。虽然业务单元／产业专业化集团也会要求资本运营能力的培育，但一般不会像多元化产融结合发展的集团那样将其作为战略核心能力。同时即使是业务单元／产业专业化集团，由于涉足行业特点不同，战略核心能力的要求必然也不同，例如地产集团与电力集团、重型机械制造集团在核心能力上就有十分显著的差异。

在识别出业务单元战略核心能力后，高级经理需要进一步讨论如何通过内部运营策略培育核心能力，提升短板能力。这时，需要将核心能力与内部运营的流程结合起来进行分析，可以运用内部运营分析矩阵表来完成确认过程。在战略环境扫描阶段 SWOT 分析结果将为完成内部运营分析矩阵表提供参考和帮助。

内部运营分析矩阵表的填写包含三个步骤。

1. 业务单元价值链流程规划

所谓流程规划是根据业务单元所涉足行业的特点和企业自身的特色，对内部价值链所有环节按照一定的逻辑关系进行分类，并理清各流程的内在联系以确定流程框架。

业务单元/产业专业化集团的流程规划，要求规划人员能很快了解和分析业务单元所处的行业特点，熟悉整体运作环节。同时高层对行业和公司能力要有深刻认识，因为业务单元/产业专业化集团有子公司的存在，因此与单体公司的战略有着巨大不同，除了运营的职能，更关键的是管控、协同子公司的职能，通过子公司的克隆实现集团边际效益最大化，这种规模化扩张带来的组织效率是单体公司无法比拟的。

所以要组建以业务单元/产业专业化集团高层为主的流程规划团队，他们在管控运营方面有着其他管理层级人员不具备的对行业有效理解的宏观视角；为了确保业务单元/产业专业化集团流程规划效果，最好采取讨论会形式展开，集思广益。

价值链分解法广泛运用于流程规划，该方法的基本理论前提是价值链理论。20世纪80年代初期，价值链理论作为一种战略分析方法被提出。其创造者迈克尔·波特指出任何企业的价值链都是由一系列相互联系又相互分离的活动构成的，他列举了典型制造企业的价值链活动（包括产品设计、生产、营销、分销以及对产品起辅助作用的各种活动），同时还指出不同行业企业的价值链有很大差异性。

迈克尔·波特认为企业在价值链各项活动中，一方面创造出有价值的产品或劳务，另一方面也负担着各项活动产生的成本，而企业经营的主要目标应当是获取顾客对产品或劳务愿支付的价格与价值链活动所耗成本间的差距，即利润。所以进行企业价值链的分析就要确定企业活动中哪些是增值的，哪些是不增值的。价值链理论一开始在战略分析中广泛运用，又延伸到流程再造的项目中。

在业务单元／产业专业化集团流程规划活动中，应当注意组织的不同层面其主导的流程有所不同。同时还需要用流程清单或流程规划图的形式来表现流程规划的结果。

2. 分解业务单元战略能力构成元素，开展交叉矩阵分析

分解战略能力（包括战略核心能力、维持一般水平能力、提升短板能力）构成元素，主要是对业务单元／产业专业化集团战略的核心能力进行元素分解。例如表 4-5 中，某业务单元按形态将成本控制能力分解成材料成本控制能力、制造费用／直接人工控制能力两大元素，然后再运用内部运营分析矩阵将其与内部运营流程链接，开展交叉矩阵分析。

表 4-5 欧洲 EDD（中国）公司内部运营矩阵分析

成本控制能力分解元素	研发管控流程	供应与采购管控流程	生产制造管控流程	营销管控流程
材料成本控制能力	（1）组织研发立项，明确新材料替代计划并确保实现；（2）开发三大系列产品共享平台	规范供应商评估、合同、制造过程与检验管理流程与制度，降低平均采购单价，减少连带的内外部质量损失成本	制定成本标准，提高成本标准的覆盖率	
制造费用／直接人工控制能力	开发三大系列产品共享平台	规范供应商评估、合同、制造过程与检验管理流程与制度，减少连带的内外部质量损失成本	（1）设备与操作工艺执行控制；（2）防止非常规停工事故（设备、生产事故、质量事故、生产准备不足）；（3）降低内部质量损失	大客户质量监控体系运作，以减少生产过程质量返工损失

内部运营分析矩阵有助于实现集团战略能力与内部运营等维度对接，操作步骤是：

（1）根据流程规划的结果，将业务单元/产业专业化集团所有价值链的流程列入矩阵的横栏；

（2）将客户价值主张及相关财务目标列入矩阵纵栏；

（3）检查前期战略分析，尤其是SWOT分析的结论；

（4）进行流程驱动因素分析，将流程对客户价值主张及相关财务目标驱动的每一个改进举措列入对应的格中。

表4-5是欧洲EDD（中国）公司在战略地图研讨会上进行内部运营交叉矩阵分析时的工作底稿。

3. 整理关键战略举措，确定战略主题

运用内部运营分析矩阵表进行战略能力驱动因素分析后，能够得到很多内部运营与学习成长维度的举措，与集团层面战略分析过程相似，这些举措并不都要在战略地图上反映，需要筛选出关键战略举措。筛选关键战略举措可考虑选择交互式分析法或层次分析法来完成。

与多元化集团战略地图绘制相似，识别出业务单元/产业专业化集团的关键战略举措后，可以采取合并同类项的方法将若干性质相似的关键战略举措归纳、整理在一起，识别出战略主题。特别要注意的是，战略主题中的关键战略举措不能交叉重复。

如图4-1的内部运营与学习成长维度所示，在集团战略规划中需

要将本阶段推导出的战略主题与关键战略举措在战略地图中展现出来。

4.5 业务单元战略图卡表文件

一般而言，完成上述模块的分析决策后，就能得到完整的业务单元战略地图（见图4-1）。为了完整地演绎战略，还需要继续设计平衡计分卡、行动计划表以确保战略地图的细化与延伸。

通过欧洲EDD（中国）公司战略地图（见图4-1）、平衡计分卡（见表4-6）、行动计划表（见表4-7），可以看出三者之间的联动关系：战略地图将多元化集团战略任务系统、集团战略财务目标、业务增长路径、客户价值主张、集团核心能力培育、集团内部运营战略主题等众多内容以集成的地图方式进行演绎；平衡计分卡则对战略地图进一步细化与延伸，平衡计分卡分为维度、战略目标、核心衡量指标、目标值、支持计划、主要责任人等纵列。其中维度、战略目标内容与战略地图是相同的，但是在平衡计分卡中更加细化，以确定每一个战略目标所对应的核心衡量指标、目标值（一般为5年）、支持计划（即填写战略行动计划名称）、计划责任人等。

行动计划表依附于平衡计分卡，并对其中的支持计划进行细化、延伸，可以说战略行动计划能否完成将决定性地影响战略目标能否最终实现。行动计划表的关键节点是业绩评价体系中工作目标设定的主要来源与依据。

表 4-6 欧洲 EDD（中国）公司平衡计分卡

维度	战略目标	核心衡量指标	目标值 第1年	目标值 第2年	目标值 第3年	支持计划	战略预算支出	主要责任人
财务	F1：确保投资回报	净资产收益率				/		
	F2：实现税后利润	税后利润				/		
	F3：增加销售收入	销售收入				/		
	F4：控制总成本占比	成本费用占比				/		
	F5：加速流动资金周转	流动资金周转天数				/		
客户	C1：开发 IM、IS 新品销售	IM 新增客户数量				市场营销计划		
		IS 新品销售客户数量				市场营销计划		
	C2：开发国内空白区域，细化老市场	华北战略客户销售收入				市场营销计划		
	C3：开拓日本与韩国市场	战略客户锁定数量				市场营销计划		
	C4：保持与战略客户的良好关系	战略客户满意度				/		
内部运营	持续的产品与技术创新							
	I1：准确地分析产品开发盈利性	盈利性产品销售收入比重				项目评估模式优化计划		
	I2：开发三大系列产品的标准化平台	1C-001 项目计划达成指数				研发项目计划［1C-001］	［1C-001］	

续表

维度	战略目标	核心衡量指标	目标值 第1年	目标值 第2年	目标值 第3年	支持计划	战略预算支出	主要责任人
内部运营	I3: 有效地开发材料与新品	4A-001 项目计划达成指数				研发项目计划[4C-001]		
		5C-002 项目计划达成指数				研发项目计划[5C-002]		
	优良的供应商管理							
	I4: 提高协作供应商模具与零件控制能力	供应商模具受控比例				供应商布局实施计划		
	I5: 改善外协件入库质量控制	外协件入库检验合格率				ISO9001推进计划		
	I6: 降低平均采购单价	关键外协件平均协作单价				供应商布局实施计划		
	卓越的生产运营							
	I7: 规范制程工艺与设备、质量行为	退换货率				ISO9001推进计划		
		A级品率				/		
		重大工艺与设备事故发生频次				工艺与设备纪律检查计划		
		生产控制规范抽检不合格次数				/		
	I8: 提升物流仓储管理水平	仓库评估合格（大客户评估）				仓库整顿计划		
		订单满足率						
	I9: 实施日生产计划管理模式	战略客户订单满足率						
		平均生产周期						

续表

维度	战略目标	核心衡量指标	目标值 第1年	目标值 第2年	目标值 第3年	支持计划	战略预算支出	主要责任人
内部运营	灵敏的客服与品牌管理							
	I10：顺畅及时地反馈信息与预测	销售预测准确率				BPR工作计划		
		重大市场信息不良反馈次数						
	I11：提升品牌形象	品牌美誉度				品牌推广计划		
	I12：快速战略客诉响应	战略客诉平均响应周期				BPR工作计划（售服）		
		战略客诉问题妥善解决率						
	I13：推进客户分级管理	客户分级实施计划达成评估				客户分级管理实施计划		
学习成长	L1：提高人力资源准备度	人力资本准备度				战略工作组群梯队计划		
	L2：引入ERP系统，提高内部运行效率	流程优化目标达成数量				ERP系统建设计划		
		ERP系统建设计划评价				/		
	L3：推动企业文化认知与认同	企业文化认知度						
		企业文化认同度						
	L4：构建卓越战略执行体系	BSC计划实施评价指数				BSC实施计划		

表 4-7 欧洲 EDD（中国）公司行动计划表

计划名称	供应商布局实施计划		
计划编号	ZGY G-2019-047		
总负责人	第一负责人：	第二负责人：	
制定			
制定日期	2018 年 10 月 8 日		
审批	××（总经理）		
审批日期			

编号	关键节点	时间	计划要求	负责单位	协同单位	战略预算支出分配	责任人
1	国外战略供应商培养	2019 年 1 月 1 日至 6 月 30 日	1. 目标陈述：与 IM 制造中心讨论确认国外重要备件目录。 2. 成功标志：对 IM 制造中心重要机组备件目录进行确认，并报公司领导审批。	采购中心	IM 制造中心		丁一晖
		2019 年 7 月 1 日至 12 月 31 日	1. 目标陈述：通过市场调查，掌握直接供应商信息。 2. 成功标志：对 IM 制造中心重要机组备件供方进行确认，并实施采购计划，培育直接供应商。	采购中心	IM 制造中心		丁一晖

1	国外战略供应商培养	2019年1月1日至6月30日	1. 目标陈述：将资金占用大的重要备件与同类型单位确定共储目录，并报公司领导审批。 2. 成功标志：与××等同类型单位确定资金占用大的重要备件的种类、型号、品牌及数量，并报公司领导审批。	采购中心	IM制造中心	丁一晖
		2020年7月1日至12月31日	1. 目标陈述：将资金占用大的重要备件与同类型单位确定共储目录。 2. 成功标志：与××等同类型单位确定资金占用大的重要备件的种类、型号、品牌及数量，并签订共储协议。	采购中心	IM制造中心	张海
2	国内战略供应商培养	2019年4月1日至12月31日	1. 目标陈述：培养国内战略供方。 2. 成功标志：对重要备件，在培养××××等知名、有实力的供应商的基础上，增加两家供应商，建立战略合作伙伴关系。	采购中心	IM制造中心	张海
3	无图纸备件清理及档案完善	2019年1月1日至6月30日	1. 目标陈述：清理IM制造中心无图纸的重要备件。 2. 成功标志：建立重要备件图纸目录，并报公司领导审批。	IM制造中心	集团供应商管理部	丁一晖、张海
		2020年3月1日至6月31日	1. 目标陈述：对IM制造中心的重要无图纸备件补充测绘。 2. 成功标志：完成重要备件测绘图，并归档保存。	IM制造中心	集团供应商管理部	丁一晖、张海

4	××原料供应商	2019年3月1日至2020年7月31日	1. 目标陈述：制定××原料供方考核细则，建立淘汰机制。 2. 成功标志：到2019年12月31日前，终止供应合同，强制淘汰××原料供应商，终止供应合同，强制淘汰，综合评估其排名第16名以后的自然淘汰。	采购中心	IM制造中心	丁一晖、张海
		2019年3月1日至2020年7月31日	1. 目标陈述：制定战略供方培育计划。 2. 成功标志： A.2019年5月31日建立与××集团的战略供方合作关系，签订合作协议。 B.与××公司建立战略合作伙伴关系，力争到2020年7月31日前，建立供方合作关系。	采购中心	IM制造中心	丁一晖、张海
		2020年1月1日至8月31日	1. 目标陈述：通过市场调查，掌握××地区××原料资源分布，制定直接供应商发展行动计划。 2. 成功标志：××原料合格直接供应商达2个以上。	采购中心	IM制造中心	丁一晖、张海

| 案 例 |

法国 LILLE（中国）公司战略图卡表

法国 LILLE 公司是总部在法国巴黎的一家从事化妆品包装材料生产的全球化企业，2002 年收购中国广东的 M 公司成立了法国 LILLE（中国）公司。LILLE（中国）是法国 LILLE 公司全球 18 个业务单元之一，专业生产各类香水瓶、香水盖、眉笔杆、口红管等系列制品。以香水瓶与香水盖为企业的核心产品，80% 以上销往国外，并与玫琳凯、雅诗兰黛、欧莱雅、宝洁等国际知名公司建立战略伙伴关系，成为其稳定供应商。2015 年法国 LILLE（中国）公司决定运用战略地图与平衡计分卡开展中国区的战略解码工作，主要背景与动因如下：

（1）公司规模快速扩张，如何确保组织对外部环境的敏感性，提高商业洞察力？

（2）作为欧洲在华独资企业，如何描述中国区发展战略，确保与全球总部的战略协同？

（3）LILLE（中国）在亚洲市场的增长路径是什么？竞争策略是什么？

（4）如何把 LILLE（中国）战略转化为可操作的年度业务计划并与财务预算相链接？

（5）如何将年度业务计划与预算转化为考核指标，以确保战略计划转化为实际行动？

（6）如何实现欧洲总部对中国公司的战略执行过程与进度保持适时、有效的监控？

法国 LILLE（中国）公司在战略地图开发时引入了逻辑链的概念，确保财务战略目标的动因目标能够得到充分挖掘，如表4-8所示，法国 LILLE（中国）公司战略地图开发共分六个操作步骤完成。

表4-8 法国 LILLE（中国）公司战略地图开发六步法

步骤	研讨主题
第1步	差距分析与战略环境扫描
第2步	澄清公司战略地图问题清单
第3步	检讨公司使命、价值观与愿景
第4步	设定财务战略目标
第5步	财务战略目标逻辑链梳理
第6步	汇总公司战略图卡表文件

差距分析与战略环境扫描

法国 LILLE（中国）公司差距分析与战略环境扫描分为五个模块，分别是差距分析、宏观环境分析、产业环境分析、资源与能力分析、综合分析。差距分析又包括法国 LILLE（中国）公司上一年度业绩差距与机会差距分析，分析业绩差距时将公司现有经营实际值和目标值进行对比，同时还将几个关键业绩指标与行业平均值、标杆企业值进行对比，对法国 LILLE（中国）公司自身成长性、盈利性与创新性进行分析；机会差距则主要分析了法国 LILLE（中国）公司的新业务机会、产品与市场机会、管理创新机会，寻找在过去一年中有哪些机会没有抓住。

澄清公司战略地图问题清单

表4-9是法国 LILLE（中国）公司战略地图问题清单。

表4-9 法国LILLE（中国）公司战略地图问题清单

维度	问题清单
战略任务	1. 使命、价值观与愿景是否需要调整？
财务	2. 下一年度乃至未来三年财务目标滚动值是什么？
客户	3. 增长路径：业务规模如何增长？设定哪些战略目标？ 4. 客户价值主张：客户是谁？围绕他们的价值主张设定什么样的战略目标？
内部运营	5. 内部运营（如研产供销）要设定哪些战略目标？
学习成长	6. 人力资源战略目标是什么？（人才培养目标等） 7. 企业文化建设战略目标是什么？

检讨公司使命、价值观与愿景

如表4-10所示，运用五问法对法国LILLE（中国）公司的使命、价值观与愿景进行必要的检讨。

表4-10 法国LILLE（中国）公司使命、价值观与愿景检讨分析表

战略任务	描述	使命、价值观、愿景检讨标准（五问）					备注
^	^	是否符合业务范围？	能否鼓舞人心？	定义是否清晰？	时限是否合理？	语言是否简洁？	^
使命							
价值观							
愿景							

设定财务战略目标

法国LILLE（中国）公司财务战略目标采用了杜邦财务模型工具，每年10月份公司都会在战略解码的沟通会议上运用杜邦财务模型工具进行目标设定的滚动检讨。法国LILLE（中国）公司重点关注杜邦财务模型中净利润、销售收入、成本费用率、资金周转天数等四大财务指标。

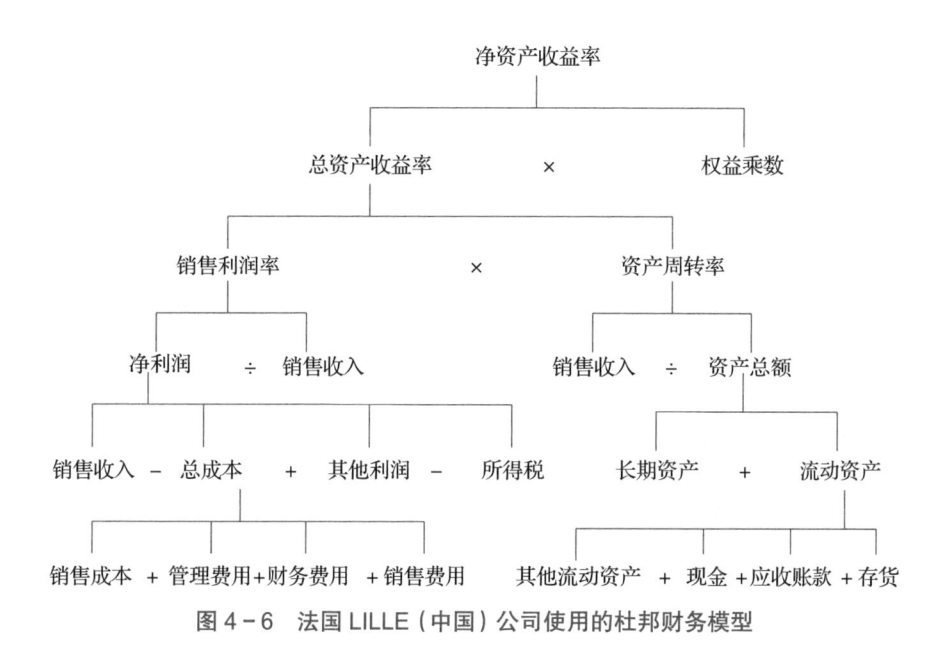

```
                    净资产收益率
                         │
          ┌──────────────┴──────────────┐
        总资产收益率          ×        权益乘数
          │
    ┌─────┴─────┐
  销售利润率  ×  资产周转率
    │                    │
  ┌─┴─┐              ┌───┴───┐
 净利润 ÷ 销售收入    销售收入 ÷ 资产总额
   │                         │
┌──┴──┐                  ┌───┴───┐
销售收入 - 总成本 + 其他利润 - 所得税    长期资产 + 流动资产
   │                                        │
销售成本 + 管理费用 + 财务费用 + 销售费用    其他流动资产 + 现金 + 应收账款 + 存货
```

图4-6 法国 LILLE（中国）公司使用的杜邦财务模型

对杜邦财务模型中选取的净利润、销售收入、成本费用率、资金周转天数等四大财务指标按时间序列规划（见表4-11）。

表4-11 法国 LILLE（中国）公司四大财务指标规划表

维度	战略主题	战略目标	核心衡量指标	2015年目标值	2016年目标值	2017年目标值	2018年目标值	2019年目标值
财务	收入增长战略	F1:实现公司规模快速增长	净利润					
			销售收入					
	生产力战略	F2:持续降低与优化成本	成本费用率					
		F3:加速资产的周转速度	流动资金周转天数					

财务战略目标逻辑链梳理

首先进行"F1:实现公司规模快速增长"的逻辑链梳理，如图4-7所示，产品-市场分析矩阵图显示实现公司规模快速增长的路径一般可以分为四种：产品开发、市场渗透、多样化、市场开发，对应不同的战略目标。法国 LILLE（中国）公司根据自身的业务特征选择了产品开发、市场渗透、市场开发三种增长路径并设置了战略目标，分别是 C1 提高中国市场占有率，C2 开发韩国、日本与东南亚市场，C3 加速新品成功上线，C5 满足 LILLE 全球子公司需求。

图 4-7 法国 LILLE（中国）公司的产品–市场分析矩阵图

识别客户价值主张可以设置更多的客户维度战略目标，在该环节中，法国 LILLE 公司高层一直在思考：我们到底擅长什么？我们的竞争优势在哪里？这体现在满足客户需求的价值点的衡量，客户关心品质、创意可选择"客户满意度（产品）"，客户认知客情、交付可设置"客户满意度（服务）"（见图 4-8）。

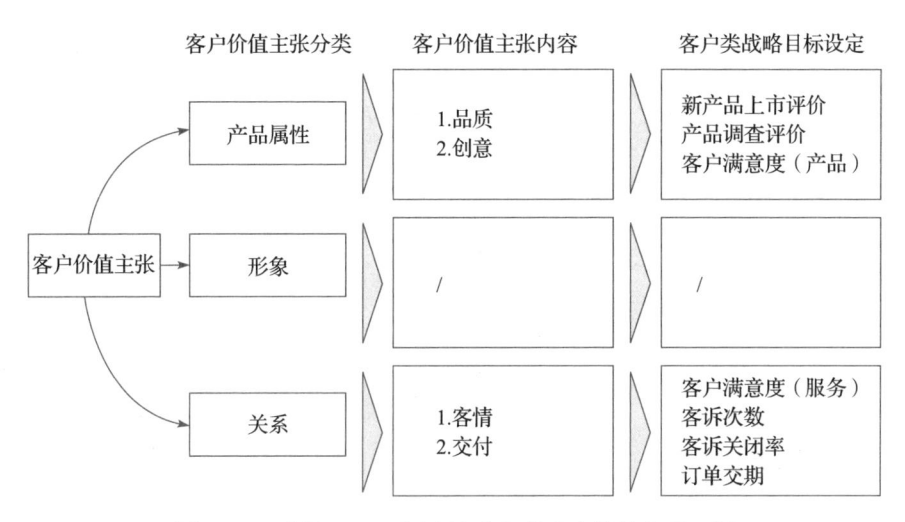

图 4-8 法国 LILLE（中国）公司的客户价值主张示例

客户价值主张分类	客户价值主张内容	客户类战略目标设定
产品属性	1.品质 2.创意	新产品上市评价 产品调查评价 客户满意度（产品）
形象	/	/
关系	1.客情 2.交付	客户满意度（服务） 客诉次数 客诉关闭率 订单交期

寻找客户战略目标在内部运营的支撑，围绕客户价值主张分析梳理出来的客户战略目标，进行内部流程的关键驱动因素分析，根据关键驱动因素设置相应的内部运营战略目标（见图 4-9）。

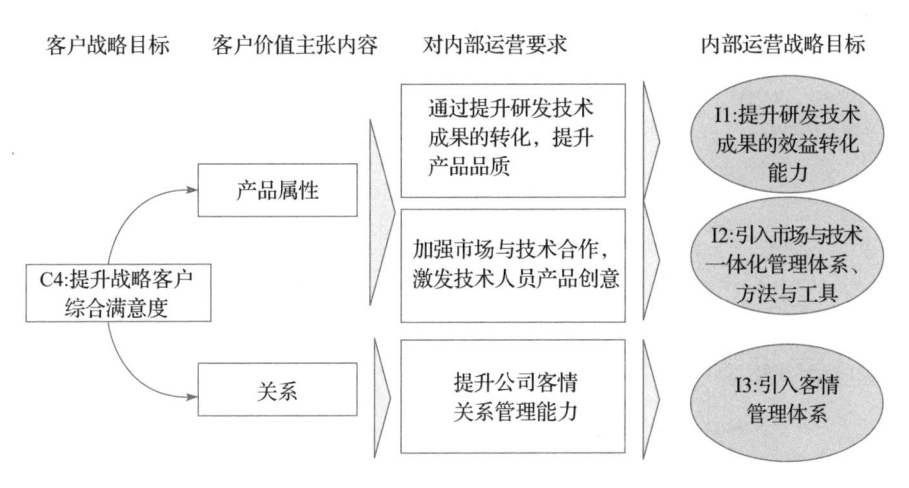

图 4-9 "C4: 提升战略客户综合满意度"内部运营驱动因素分析

客户战略目标	客户价值主张内容	对内部运营要求	内部运营战略目标
C4:提升战略客户综合满意度	产品属性	通过提升研发技术成果的转化，提升产品品质	I1:提升研发技术成果的效益转化能力
		加强市场与技术合作，激发技术人员产品创意	I2:引入市场与技术一体化管理体系、方法与工具
	关系	提升公司客情关系管理能力	I3:引入客情管理体系

其次进行"F2: 持续降低与优化成本"的逻辑链梳理，该环节法国

LILLE（中国）公司识别出三个内部运营战略目标，分别是 I4 优化供应链成本管控、I5 提升生产智能化、I6 推行作业成本法（见图 4-10）。

财务战略目标	对客户维度要求	对内部运营要求	内部运营战略目标
F2:持续降低与优化成本	C6:帮助供应商降成本	建设一个监控并帮助供应商降低成本的管控机制	I4:优化供应链成本管控
		提升生产智能化水平，以此降低质量损失、减少人工成本	I5:提升生产智能化
		引入新的作业成本核算，以分清楚产品利润贡献	I6:推行作业成本法

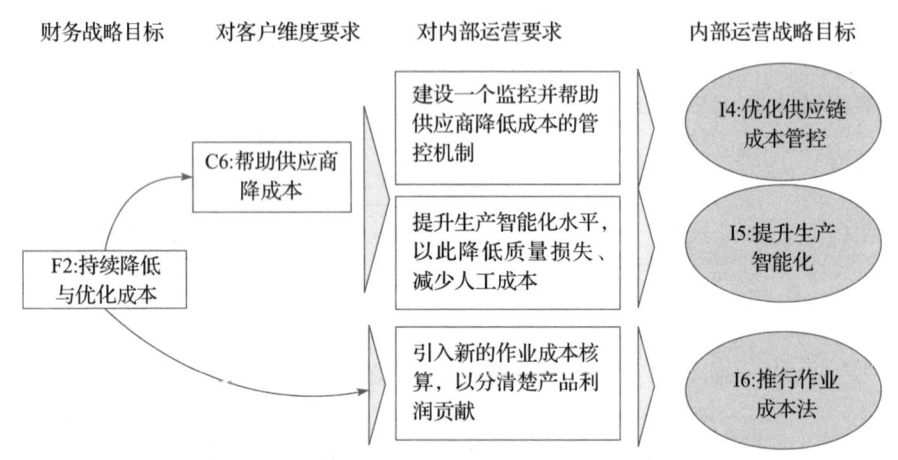

图 4-10 "F2:持续降低与优化成本"内部运营驱动因素分析

再次进行"F3:加速资产的周转速度"逻辑链梳理，该环节法国 LILLE（中国）公司识别出两个内部运营战略目标，分别是 I7 推行客户分级、I8 完善授信制度（见图 4-11）。

财务战略目标	对客户维度要求	对内部运营要求	内部运营战略目标
F3:加速资产的周转速度		对现有客户分级，以便于不同级别客户的授信管理制度建立	I7:推行客户分级
		完善现有的授信制度以加速资金周转	I8:完善授信制度

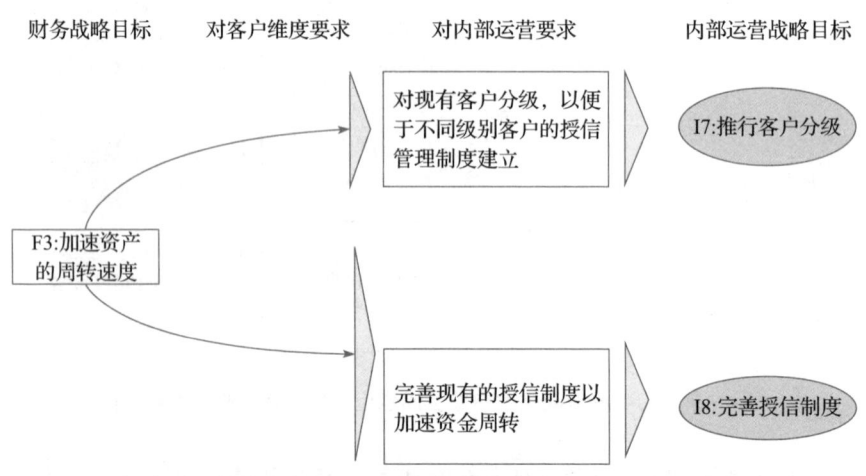

图 4-11 "F3:加速资产的周转速度"内部运营驱动因素分析

最后进行学习成长战略目标的设定。法国LILLE（中国）公司将其战略目标分为三类，分别是"未来人资源战略目标""未来推动信息化、大数据与管理创新战略目标""未来企业文化建设、融合战略目标"（见图4-12）。

```
                    学习成长战略目标
        ┌───────────────┼───────────────┐
   未来人力资源战略目标  未来推动信息化、大数据  未来企业文化建设、
                       与管理创新战略目标      融合战略目标
```

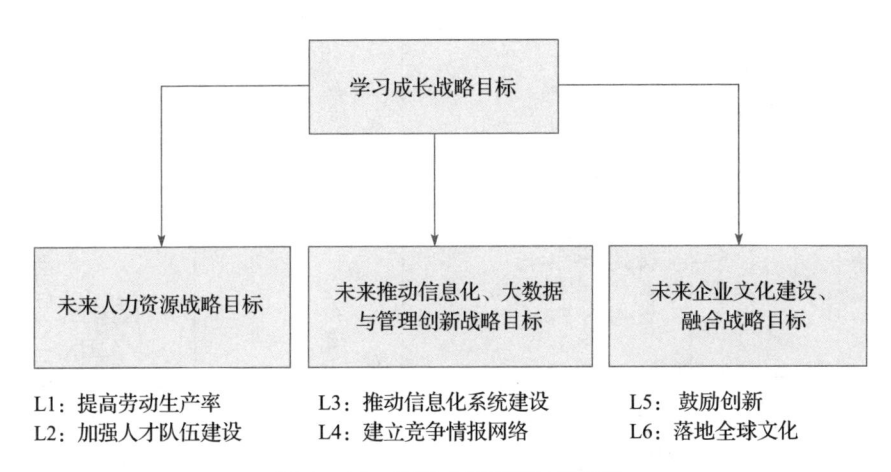

L1：提高劳动生产率　　　L3：推动信息化系统建设　　L5：鼓励创新
L2：加强人才队伍建设　　L4：建立竞争情报网络　　　L6：落地全球文化

图4-12　学习成长战略目标设定

汇总公司战略图卡表文件

最后法国LILLE（中国）公司汇总战略地图，并将战略地图转化为平衡计分卡、行动计划表（见图4-13、表4-12和表4-13）。

156 / 战略解码

使命：使世界更美丽；价值观：开放、敏捷、诚信、时尚；愿景：成为世界第一的香水瓶制造企业

财务

生产力战略 / 收入增长战略

F:实现股东满意的回报
F1:实现公司规模快速增长
F2:持续降低与优化成本
F3:加速资产的周转速度

客户

敏捷、快速协同 / 卓越产品与市场组合 / 降低供应商成本

C1:提高中国市场占有率
C2:开发韩国与日本、东南亚市场
C3:加速新品成功上线
C4:提升战略客户综合满意度
C5:满足LILLE全球子公司需求
C6:帮助供应商降成本

品质　创意　客情　交付

内部运营

敏捷研发管理 / 技术市场一体化 / 供应商管控 / 卓越生产运营 / 客户分组管理

I1:提升研发技术成果的效益转化能力
I2:引入市场与技术一体化管理体系、方法与工具
I3:引入客情管理体系
I4:优化供应链成本管控
I5:提升生产智能化
I6:推行作业成本法
I7:推行客户分级
I8:完善授信制度

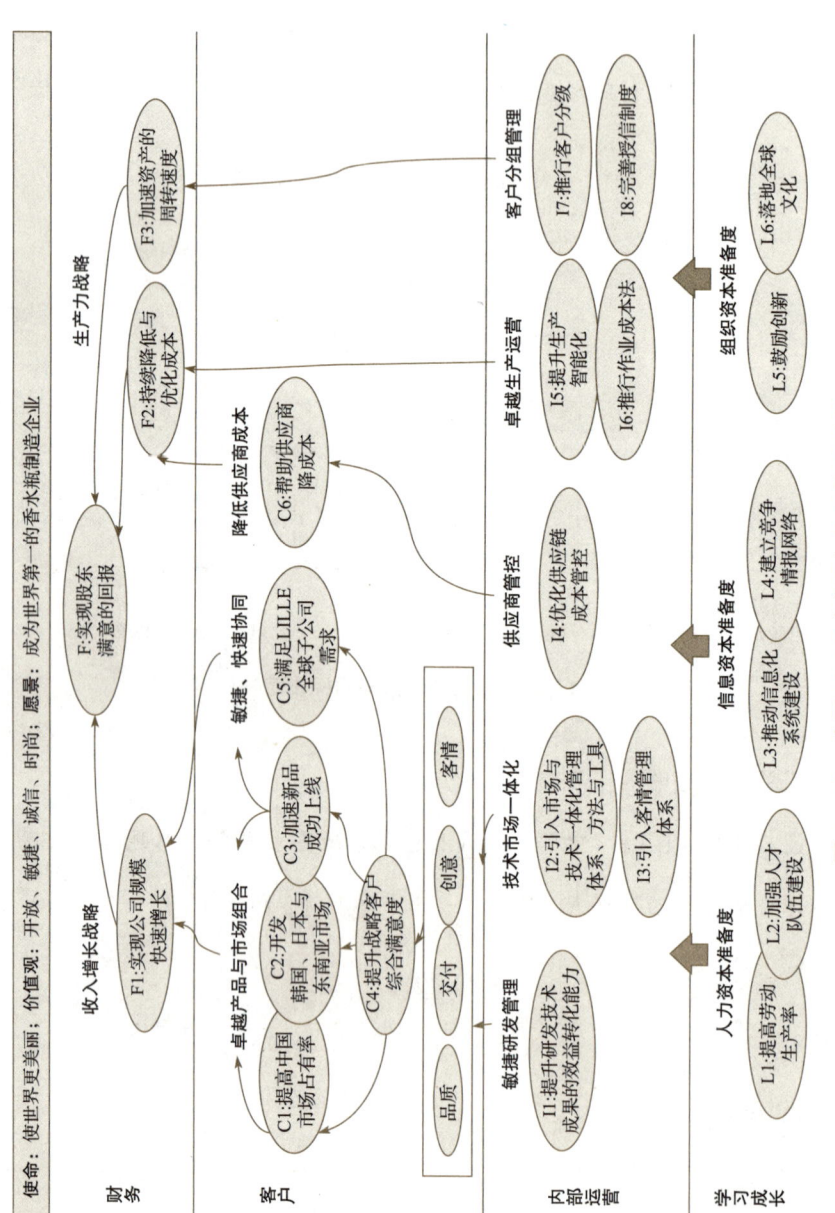

学习成长

人力资本准备度 / 信息资本准备化 / 组织资本准备度

L1:提高劳动生产率
L2:加强人才队伍建设
L3:推动信息化系统建设
L4:建立竞争情报网络
L5:鼓励创新
L6:落地全球文化

图 4-13 法国 LILLE（中国）公司战略地图

第四章 业务战略解码 / 157

表4-12 法国LILLE（中国）公司平衡计分卡

维度	战略主题	战略目标	核心衡量指标	目标值	战略行动计划	预算支出	责任人
财务	收入增长战略	F1：实现公司规模快速增长	净利润		/		
			销售收入		/		
	生产力战略	F2：持续降低与优化成本	成本费用率		/		
		F3：加速资产的周转速度	流动资金周转天数		/		
客户	卓越产品与市场组合	C1：提高中国市场占有率	中国市场占有率		/		
		C2：开发韩国、日本与东南亚市场	新增战略客户数		/		
		C3：加速新品成功上线	新品增长率		/		
		C4：提升战略客户综合满意度	综合满意度		/		
	敏捷、快速协同	C5：满足LILLE全球子公司需求	订单满足率		/		
	降低供应商成本	C6：帮助供应商降成本	供应商降成本目标达成率		/		
内部运营	敏捷研发管理	I1：提升研发技术成果的效益转化能力	技术成果转化数量		技术研发实施计划		

续表

维度	战略主题	战略目标	核心衡量指标	目标值	战略行动计划	预算支出	责任人
内部运营	技术市场一体化	I2: 引入市场与技术一体化管理体系、方法与工具	市场与技术一体化引进		市场与技术一体化建设计划		
		I3: 引入客情管理体系	客情管理体系引进		客情管理体系建设计划		
	...	...	...				
学习成长	人力资本准备度	L1: 提高劳动生产率	人均主营业务收入		关键人才培养计划		
		L2: 加强人才队伍建设	任职资格达标率				
	信息资本准备度	L3: 推动信息化系统建设	信息化系统建设		信息化建设计划		
		L4: 建立竞争情报网络	竞争情报网络建设数		/		
		L6: 鼓励创新	A类创新成果		/		
	组织资本准备度	L7: 落地全球文化	LILLE文化认同度		企业文化建设计划		

表 4–13　法国 LILLE 公司行动计划表

战略行动计划名称	关键人才培养计划
计划编号	LILLEHR-2016-058
总负责人	第一负责人：总经理；第二负责人：人力资源总监
制定	人力资源部
制定日期	2015 年 9 月 8 日
审批	总经理
审批日期	

编号	关键节点	时间	计划要求	负责单位	协同单位	战略预算支出	责任人
1	LILLE 公司人才现状调研	2016 年 2 月 16 日至 3 月 25 日	1. 目标陈述：对 LILLE 公司人才现状进行调研。2. 成功标志：形成《LILLE 公司人才培养体系实施规划设计调研》。	人力资源部	15 个部门，14 个单位		
2	LILLE 公司人才培养组织机构组建	2016 年 2 月 16 日至 4 月 30 日	1. 目标陈述：建立 LILLE 公司人才培养组织机构并明确下属机构工作职能与工作人员。2. 成功标志：公司正式行文下发。	人力资源部	—		

3	完成LILLE公司人才培养体系三年规划	2016年3月25日至6月15日	1. 目标陈述：完成LILLE公司人才培养体系三年规划。 2. 成功标志：形成《LILLE公司人才培养体系规划》，经总经理办公会通过。	人力资源部	—
4	形成规范的2016年人才培养计划	2016年3月25日至6月15日	1. 目标陈述：完成LILLE公司2016年人才培养计划。 2. 成功标志：形成2016年人才培养计划，并通过公司领导	人力资源部	—
		2016年2月16日至4月30日	1. 目标陈述：制定LILLE公司优良作风提炼与传导规划。 2. 成功标志：形成LILLE公司优良作风提炼与传导规划，经党政联席会议通过。	总经办	人力资源部
5	LILLE公司优良作风提炼与传导	2016年2月16日至5月31日	1. 目标陈述：提炼LILLE公司的优良作风。 2. 成功标志：形成阐述LILLE公司优良作风内涵的正式文。	总经办	人力资源部
		2016年5月1日至7月31日	1. 目标陈述：LILLE公司优良作风宣传素材收集。 2. 成功标志：整理LILLE公司优良作风案例50例以上。	总经办	人力资源部

第五章

部门战略解码

很多人将部门（或职能）战略曲解为宏观的大手笔、大构造。内容沦落为务虚的口号，缺乏详细的行动计划，是部门战略规划与解码活动中的最大操作误区。

事实上部门战略规划是在公司战略指导下，按照总部专业职能分工将公司战略意图进行具体落实、细化，它的制定过程就是将部门战略转化为部门具体战略行动计划的过程。根据这些行动计划，部门管理人员可以更清楚地认识到本部门在公司整体战略执行中的责任与要求。

本章将重点描述如何运用战略地图与平衡计分卡工具，对部门战略进行解码，一般来说公司类别不同，其部门战略重点关注的内容也不同：多元化集团公司一般关注人力资源、财务、审计、信息化、品牌、企业文化等部门职能战略，而专业化集团公司除了关注以上部门职能战略，还可能直接组织与供应链相关的如研发、营销、生产等职能战略。

为了对部门战略解码有进一步认识，让我们首先理解公司战略与部门战略的差异。

5.1 公司战略与部门战略差异

1. 战略周期与跨度差异

公司战略着眼于 5 年、10 年、20 年甚至更长时间的战略布局，它对公司宏观发展方向作出前瞻性的规划；而部门战略则强调确定和协调相对较短周期的职能活动，它的战略计划周期一般在 3 年左右（甚至更短）。部门战略周期较短的原因主要是：部门战略目标与计划的主要功能是引导部门管理人员，把注意力集中于实实在在的每一个战略步骤上，详尽的战略行动计划安排着眼点相对较短。

2. 关注内容不同

作为宏观大手笔杰作的公司战略，主要解决的问题是公司战略发展，内容涉及战略任务系统、战略财务与非财务目标、盈利模式、产业组合与产融结合、战略核心能力、整体运营战略举措等；而部门战略则主要关注专业领域内的运作如何协同公司与业务战略的执行，部门战略一般包括专业领域中的部门使命、财务与非财务目标、战略协同分析、部门运作战略主题与行动计划等。

3. 规划详细程度不同

公司战略规划明确了公司目标，指明了发展方向，因此公司战略是宏观大手笔杰作。部门战略要比公司战略更加具体、详尽、明确，它由一些更加具体的目标、战略主题、关键战略举措、战略行动计划构成。在战略执行活动过程中，部门的战略地图、平衡计分卡、行动计划表能为部门管理人员完成具体的职能目标、计划提供具体的指导。

4. 战略制定主体不同

公司战略中的总体经营目标、战略主题、关键战略举措与行动计划一般由公司高层亲自制定与决策。很多公司的战略滚动修订都是由战略管理部门组织，公司高层亲自牵头，部门与子公司高层参加。部门战略制定往往是战略管理部门组织，部门负责人牵头制定再提交公司高层决策。由此也可以看出，战略不单是高层的事情，不同层级的战略都要求职能管理中层参与或牵头。

5.2 部门战略解码关注点

如前面章节所述，部门战略主要关注如何通过部门战略的实施来落实公司意图，支持公司与业务战略的实现，换句话说就是如何在各部门或各职能进行具体操作以支持上述两个层面的战略。部门战略解码需要检讨部门使命、设定部门基本战略目标、制定部门关键战略举措、开发部门战略图卡表、编制年度业务计划以链接财务预算、分解部门负责人KPI并签订PBC等，有些企业还会在部门战略解码之前开展部门差距分析（见表5-1和表5-2）与战略环境扫描。

表 5-1　AI 智能研发部门业绩差距分析示例

维度	年度 KPI 指标	2019 年度目标值	2019 年度挑战值	2019 年度实际值	差距分析
财务	大型企业客户的合同贡献（万元）				
	中小企业客户的合同贡献（万元）				
客户	中小企业付费数（个）				
	办公场景满足数（个）				
	AI 智能显示器销量				
	建立渠道商关系数（个）				
	产品研发计划完成率				
	针对机器人推出的特色功能交付率				
内部运营	产品迭代延期率				
	建立硬件全生命周期管理体系				
	建立渠道商管理体系和管控体系				
	机器人业务部门合作满意度				
学习成长	领导力模型建模				
	开展内部分享会（次）				
	参加内控管理、项目管理培训人次				
	深入机器人客户产品经理比例				

表 5-2　AI 智能研发部门机会差距分析示例

序号	计划名称	计划实施结果	问题分析	下一步改进
1	市场推广计划	未能有效实施	1. 团队在品牌建设和市场推广方面经验欠缺 2. 品牌推广经验和经费都不足	改变产品定位，聚焦公司优势客户需求，充分利用公司的行业背景和品牌
2	AI 智能硬件营销推广计划	做了各种尝试，但收效甚微	1. 产品产量低，无法有效降低供应链成本，产品成本过高导致定价过高，市场竞争力不够 2. 对市场反馈的效果信心不足，不能下决心投入资金进行营销推广	降低预期，结合优势客户资源和项目，捆绑销售
3	机器人企业渠道管控计划	未能有效实施，中途放弃	1. 无法为机器人企业提供品牌溢价 2. 无法帮助机器人企业进行营销推广 3. 对机器人企业吸引力不够	同上，放弃机器人企业代理商渠道建设，利用公司擅长的直销方式进行客户推广

以研发部门战略解码为例，除掉前述的部门差距分析与战略环境扫描，每年度对研发部的战略解码报告主要包含五个方面的内容：

（1）研发部门使命。研发职能在公司战略发展中的总体定位是什么？有哪些其他职能不可替代的价值与作用？例如研发技术储备如何支持公司层面产业投资组合。

（2）研发部门战略目标。研发的基本战略目标是什么？新产品上市后市场表现如何？新产品研发输出成果如何？如何引领行业的先进技术储备？等等。

（3）研发部门关键战略举措。界定研发技术的关键战略举措（如部门战略协同分析、部门战略利益相关方价值主张分析等），如研发管理体系建设、研发组织架构、人才储备等中长期战略计划与预算。主要目的是通过研发战略行动，提高研发水平，以支持资源的使用效率。

（4）研发部门战略图卡表。开发研发部门层面战略地图、平衡计分卡与行动计划表，该部分是战略解码最重要的环节。因为前面几个部分都是着眼于中长期的战略修订内容，该部分则主要运用战略图卡表工具将研发部门中长期战略解码为年度业务计划并将其与预算相链接。

（5）研发部门负责人PBC。根据部门战略地图、平衡计分卡与行动计划表及部门负责人的职责分工，分解KPI并签订部门负责人的PBC。

本章中我们仍旧对部门战略图卡表（部门战略地图、平衡计分卡与行动计划表）的开发进行重点阐述，该部分活动重点包括澄清部门战略地图问题清单、确定部门使命、设定部门财务维度战略目标、部门内外部客户价值主张分析、部门内部运营战略目标设定、部门学习成长战略目标设定、部门战略地图转化平衡计分卡与行动计划等内容。

5.3 部门战略地图问题清单

从理论上说部门战略地图应当与部门设置对应，例如研发战略地图基本上应当反映的是研发中心主导的职能战略，而信息化战略地图反映的则是信息中心主导的职能战略。但是在企业的组织架构实践中，部门设置并不一定能完全与职能分工匹配，因此在实际操作中，往往会导致以部门为口径开发的战略地图并不能够完全与职能战略相对应。因为很多企业的部门设置并不是完全按照管理理论来操作的，在实践中还需要考虑内部的平衡。这也是部门战略解码所遇到的巨大挑战。

关于部门战略地图的开发，平衡计分卡的两位创始人卡普兰和诺顿在《组织协同》一书中给出过说明。值得注意的是，开发部门战略地图需要将传统的职能分析工具整合进来。例如在开发人力资源战略地图时，可将传统人力资源战略与规划的供求平衡分析、培训规划等一系列技术整合进入战略地图的绘制。

同时还应当注意的是，将公司、业务与部门的战略地图链接起来，实现战略纵向与横向的战略协同，尤为重要。所谓纵向战略协同是处理好公司、业务与部门战略地图的纵向关系；所谓横向战略协同是处理好业务单元、部门战略地图之间的横向关系。对于如何在战略地图平台开发时处理好两个方面的战略协同的问题，我们将在第七章中单独予以论述。

在部门战略地图绘制之前需要澄清部门战略地图问题清单。一般而言部门战略地图需要重点澄清六个方面的关键问题：

第一，部门战略使命是什么？

第二，部门所要实现的战略目标是什么？（一般3～5个）

第三，部门内外部客户是谁？如何度量成果？

第四，内外部客户价值主张是什么？

第五，部门流程如何运行？如何满足内外部客户价值主张，支持目标实现？

第六，部门如何培养专业人才？如何实现信息资本协同？如何组织资本落地？

本节以梓橦宫药业股份有限公司为例，探讨部门战略地图开发的操作技巧。

|案 例|

梓橦宫药业部门战略图卡表开发

四川梓橦宫药业股份有限公司（简称梓橦宫药业）是以药品的研发、生产与营销为主的国家高新技术企业。"梓橦宫"品牌为"中华老字号"，"梓橦宫"商标也是"中国驰名商标"。根据该公司官网显示，截止到2020年11月20日，梓橦宫药业旗下有2个子公司、3个生产基地；拥有95个药品生产批准文号，片剂、硬胶囊剂、散剂、搽剂、软膏剂等8个剂型，2种原料药，32种中药饮片。员工人数达到286人，其中博士1人，硕士8人，本科34人；64人具有专业职称，其中高级职称20人，中级职称15人，初级职称29人；专业技术人员占员工总数的27%。公司在成都设立了营销中心，营销网络遍布全国。

公司致力于"新特药"开发事业，以打造高性价比一线专科用药的研发和营销为核心竞争力，将技术革新与创新，产、学、研合作，自主研发与技术引进相结合，力求实现"生产一代，储备一代，研发一代"，代代相扣，层层推进。公司重视团队能力提升，率先引入世界先进的战略绩效管理体系——平衡计分卡，实施全面战略绩效管理。梓橦宫药业正以人才、科研和营销的优势，迅速形成以研发、生产、营销为主的高科技现代制药企业。

梓檀宫药业的平衡计分卡初次引入始于十年前的医贸公司（梓檀宫药业前身），当时医贸公司只有几千万元营业收入规模，公司董事长坚持引入平衡计分卡，平衡计分卡一直伴随着梓檀宫药业的成长。

2018年梓檀宫药业进行了一次全面的平衡计分卡体系升级，从内外部环境分析开始，经历了公司战略图卡表开发、部门战略图卡表开发、中高层管理人员与员工业绩承诺书、平衡计分卡运行流程制度设计等环节。其中部门战略图卡表开发自2018年7月25日正式启动，历经多轮研讨、评审及修订，共形成战略地图、平衡计分卡各20个，行动计划表36个（公司级11个、部门级25个）。图5-1详细展示了这次升级的过程。

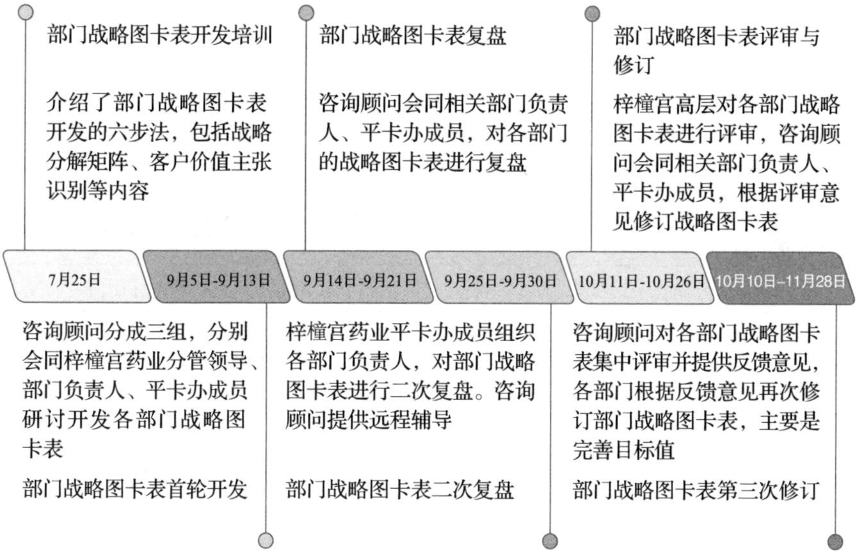

7月25日	9月5日-9月13日	9月14日-9月21日	9月25日-9月30日	10月11日-10月26日	10月10日-11月28日
部门战略图卡表开发培训：介绍了部门战略图卡表开发的六步法，包括战略分解矩阵、客户价值主张识别等内容	咨询顾问分成三组，分别会同梓檀宫药业分管领导、部门负责人、平卡办成员研讨开发各部门战略图卡表；部门战略图卡表首轮开发	部门战略图卡表复盘：咨询顾问会同相关部门负责人、平卡办成员，对各部门的战略图卡表进行复盘	梓檀宫药业平卡办成员组织各部门负责人，对部门战略图卡表进行二次复盘。咨询顾问提供远程辅导；部门战略图卡表二次复盘	部门战略图卡表评审与修订：梓檀宫高层对各部门战略图卡表进行评审，咨询顾问会同相关部门负责人、平卡办成员，根据评审意见修订战略图卡表	咨询顾问对各部门战略图卡表集中评审并提供反馈意见，各部门根据反馈意见再次修订部门战略图卡表，主要是完善目标值；部门战略图卡表第三次修订

图5-1 部门战略图卡表开发步骤

部门战略图卡表处于图卡表体系的第二层级（见图5-2），上承梓檀宫药业公司战略图卡表，下接部门经理与员工个人平衡计分卡，是对梓檀宫药业公司战略的进一步解码。

梓橦宫公司
战略地图、平衡计分卡、行动计划表

梓橦宫部门
战略地图、平衡计分卡、行动计划表

自上而下分解

梓橦宫部门经理＋员工个人平衡计分卡

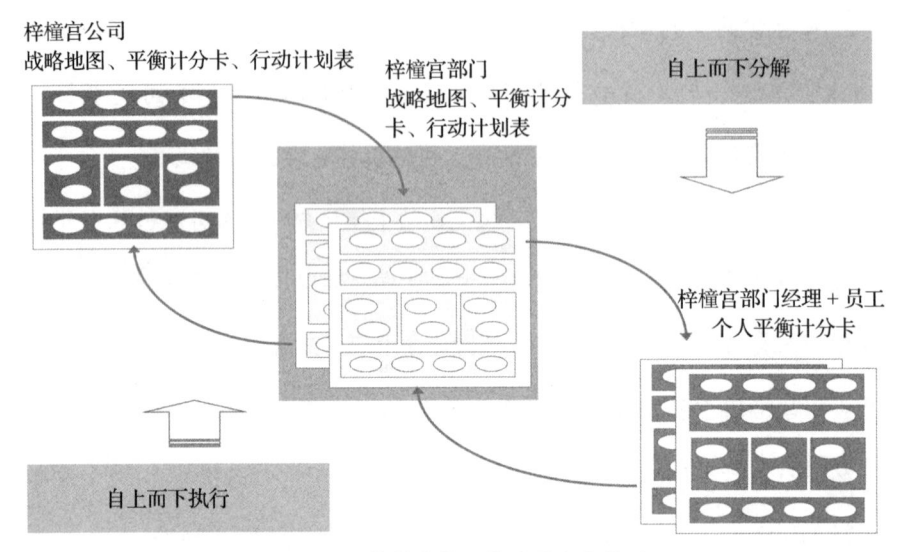

自上而下执行

图 5-2　梓橦宫药业战略图卡表体系

梓橦宫药业部门战略图卡表按照六步法标准步骤开发完成（见表 5-3），采取了集体研讨、后台修改、对标参考、复盘定稿等形式。

表 5-3　部门战略图卡表开发六步法

步骤	研讨主题	参考方法或工具
第 1 步	分解公司战略目标、指标	战略目标与指标分解矩阵
第 2 步	确定部门战略地图问题清单	部门战略地图问题清单
第 3 步	回答部门战略地图问题清单	部门使命五问 部门财务战略目标设定法 部门内部客户协同调查与分析 部门价值树分析模型 部门学习成长战略目标
第 4 步	开发部门战略地图与平衡计分卡	五因素分析法
第 5 步	识别并编制行动计划表	差距分析法
第 6 步	汇总部门战略图卡表	

第 1 步分解公司战略目标、指标。在该步骤中梓橦宫药业运用战略

目标与指标分解矩阵,将公司战略、核心衡量指标分解到部门,实现部门与公司的无缝隙对接。图 5-3 以采购部为例,运用分解矩阵直接总结出采购部财务维度的战略主题。

公司战略目标与指标分解矩阵分析表(分解职能部门战略地图)				
维度	公司战略目标与主题	核心衡量指标	采购部
财务	F1:实现 IPO 转板的申报要求	税后净利润	为公司实现 IPO 转板提供物资保证
	F2:实现业务规模的快速增长	主营业务收入	1. 保证物资的及时供应 2. 保证物资的质量
	F3:合理控制成本费用	成本费用率	合理降低采购成本
		销售费用率	保证优质优价的物资供应
	F4:扩大医药制造、医贸的业务规模与利润贡献	医药制造利润贡献率	1. 保证优质优价的物资供应 2. 保障生产设备采购

⬇

采购部战略地图	
部门使命	确保物资优质、优价、及时供应
部门愿景	打造卓越的采购管理平台
财务	F:实现卓越的物资采购 F1:保障物资按需及时供应　F2:完善供应链管理体系　F3:合理控制采购成本

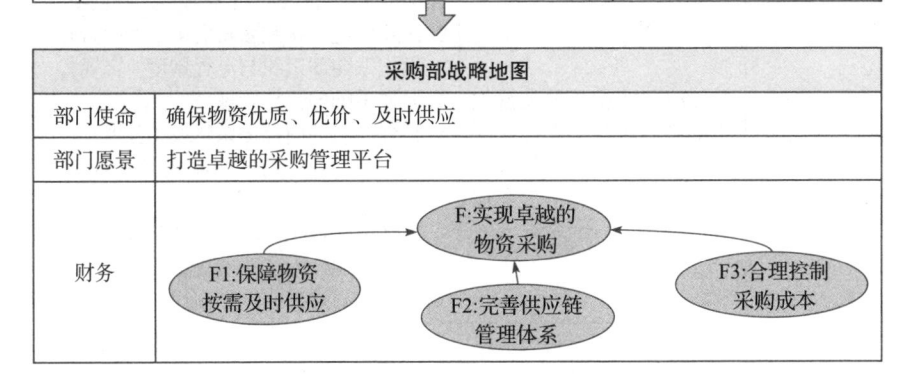

图 5-3　分解公司战略目标与指标示例

第 2 步确定部门战略地图问题清单。参照分解矩阵、部门职责等梳理部门战略地图问题清单,用文字演绎部门战略地图需要问答并澄清的战略问题(见表 5-4)。

表 5-4　采购部部门战略地图问题清单

维度	问题清单	目标
部门使命	1. 用一句话来描述部门独特的输出成果,体现部门在公司战略中独一无二的、不可替代的作用。	确保物资优质优价、及时供应。
财务	2. 罗列3～5个部门终极战略目标(包括财务与非财务战略目标)。	1. 保证优质优价的物资供应。 2. 保障物资的及时供应。 3. 持续进行供应商管理。
客户	3. 部门的内部客户是谁?有什么价值主张?围绕他们的价值主张设置哪些战略目标?	1. 保障物资的按需供应(内)。 2. 保证客户反馈的及时处理(内、外)。
	4. 部门的外部客户是谁?有什么价值主张?围绕他们的价值主张设置哪些战略目标?	3. 确保规模性采购(外)。 4. 维护对供应商的信誉度(外)。
内部运营	5. 部门职能相关的关键战略举措有哪些?围绕这些关键战略举措可以设置哪些战略目标?	1. 保证试验样品的及时优质供应(创新)。 2. 保障先进设备配套物资采购(创新)。 3. 优化采购部组织与流程制度(合规)。 4. 加强采购的预算管理。 5. 配合公司的内控体系建设(合规)。 6. 确保危险品、特殊物品物资采购安全(合规)。 7. 严格执行 GMP 规范(合规)内部流程。 8. 编制采购计划,开展成本分析。 9. 规范文件管理。
学习成长	6. 部门人才培养相关战略目标是什么?(部门人才培养目标、人均劳效等。)	1. 提升采购部人员的素质能力。 2. 协同推进采购部信息化系统建设。 3. 积极参与公司企业文化建设。 4. 建设并执行战略管理系统。
	7. 部门在落实公司信息化建设、大数据管理方面的战略目标是什么?	
	8. 企业文化、战略执行、组织氛围等无形资产在部门落地的战略目标是什么?	

第 3 步回答部门战略地图问题清单。如表 5-5 所示运用部门使命五问检讨采购部的使命。

表 5-5　采购部部门使命检讨示例

目前本部门使命描述	部门使命描述规范检讨标准（五问）					
	是否符合部门使命描述规范检讨标准？	是否能展现本部门在公司不可替代的价值？是否不与其他部门交叉？	是否着眼于中长期？	是否鼓舞人心？	语言是否简洁？
确保物资优质优价、及时供应	是	是	是	是	是

后续经过几轮研讨，梓橦宫药业最终确定了采购部部门使命，同时还对采购部部门愿景进行了深入思考，增加了采购部部门愿景的描述（见图 5-4）。

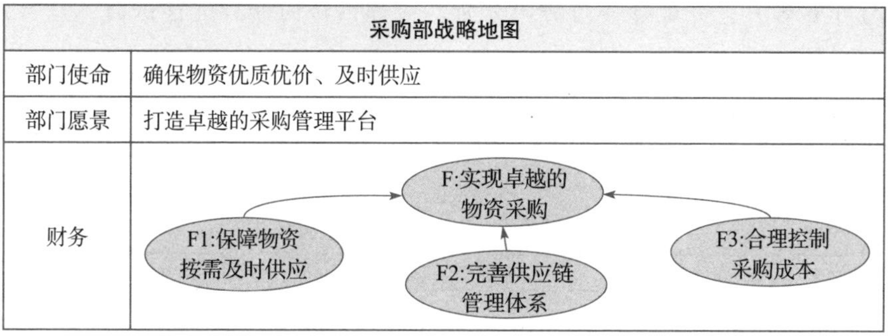

采购部战略地图	
部门使命	确保物资优质优价、及时供应
部门愿景	打造卓越的采购管理平台
财务	F:实现卓越的物资采购 F1:保障物资按需及时供应 F2:完善供应链管理体系 F3:合理控制采购成本

图 5-4　梓橦宫药业采购部部门使命与愿景示例

回答部门战略地图问题清单还需要设定部门财务战略目标，而部门财务战略目标设定主要依据公司战略目标与主题分解矩阵分析表（见表 5-6）。

表 5-6 公司战略目标与主题分解矩阵分析表

维度	公司战略目标与主题		核心衡量指标	采购部
财务	F1: 实现 IPO 转板的申报要求		税后净利润	为公司实现 IPO 转板提供物资保证
	F2: 实现业务规模的快速增长		主营业务收入	1. 保证物资的及时供应 2. 保证物资的质量
	F3: 合理控制成本费用		成本费用率	合理降低采购成本
			销售费用率	保证优质优价的物资供应
	F4: 扩大医药制造、医贸的业务规模与利润贡献		医药制造利润贡献率	1. 保证优质优价的物资供应 2. 保障生产设备采购

根据公司战略目标与主题分解矩阵分析表，最终梓橦宫药业确定采购部财务维度的目标为实现卓越的物资采购，该目标由3个子目标支撑：保障物资按需及时供应、完善供应链管理体系、合理控制采购成本。

回答部门战略地图问题清单还需要设定客户维度目标，而客户维度目标首先来源于对客户的识别和分析，梓橦宫药业将客户分为内部客户与外部客户，并进行部门协同分析。对部门协同分析进行识别、归类，同时兼顾客户与财务维度的因果关系，最终解码出客户维度的目标：保证跟单及时率、确保快速内部协同响应、保证客户反馈及时处理、实施规模化采购（见图5-5）。

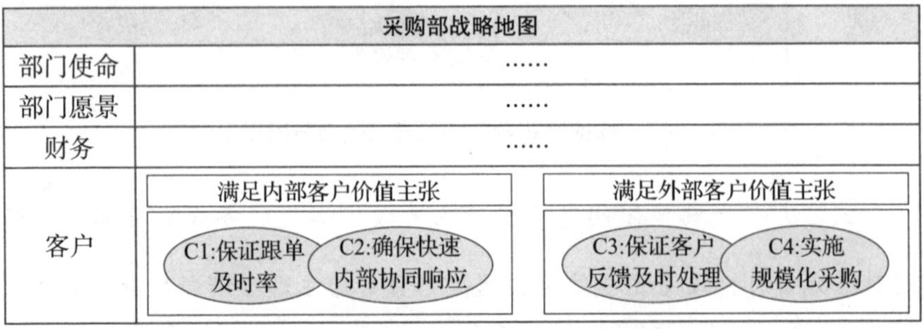

采购部战略地图

部门使命	……
部门愿景	……
财务	……
客户	满足内部客户价值主张：C1:保证跟单及时率、C2:确保快速内部协同响应　　满足外部客户价值主张：C3:保证客户反馈及时处理、C4:实施规模化采购

图 5-5 梓橦宫药业采购部客户维度目标

回答部门战略地图问题清单还需要设定内部运营维度的目标,该维度目标设定可通过价值树模型分解实现。如图5-6所示,梓橦宫药业采购部门一共设定出13个内部运营目标。

内部运营	运营流程		客户流程	创新流程	合规流程
	I1:精准制定采购计划并高效落实	I4:加强采购预算,开展采购分析	I7:强化供应商开发,优化合格供应商名录	I10:预判市场走势,实施战略性采购	I12:严格执行GMP规范
	I2:实时追踪采购物资在制、在途信息,及时反馈	I5:分类管理采购物资,设定有效采购周期	I8:密切与供应商的沟通及诚信管理		
	I3:动态掌握物资库存信息,实现最佳库存	I6:及时沟通,积极响应生产等部门需求	I9:分类管理、审计供应商	I11:统筹兼顾,实施规模采购	I13:规范管理采购票据

图5-6 梓橦宫药业13个内部运营目标解码

回答部门战略地图问题清单还需要设定部门学习成长维度目标。经过研讨,梓橦宫药业采购部门一共设定出5个学习成长维度的战略目标:提升采购部人员素质能力、协同推进采购部信息化系统建设、完善部门流程制度、加强部门团队建设、持续宣贯企业文化(见图5-7)。

第4步开发部门战略地图与平衡计分卡。完成上述步骤后,梓橦宫药业将战略地图各维度内容进行整理，开发出了采购部战略地图。

采购部战略地图

部门使命：确保物资优质优价、及时供应

部门愿景：打造卓越的采购管理平台

财务：
- F：实现卓越的物资采购
- F1：保障物资按需及时供应
- F2：完善供应链管理体系
- F3：合理控制采购成本

客户：
- 满足内部客户价值主张
  - C1：保证跟单及时率
  - C2：确保快速内部协同响应
- 满足外部客户价值主张
  - C3：保证客户反馈及时处理
  - C4：实施规模化采购

内部运营：

运营流程：
- I1：精准制定采购计划并高效落实
- I2：实时追踪采购物资在制、在途信息、及时反馈
- I3：动态掌握物资库存信息，实现最佳库存
- I4：加强采购预算，开展采购分析
- I5：分类管理采购物资，设定有效采购周期
- I6：及时沟通，积极响应生产等部门需求

客户流程：
- I7：强化供应商开发，优化合格供应商名录
- I8：密切与供应商的沟通及诚信管理
- I9：分类管理、审计供应商

创新流程：
- I10：预判市场走势，实施战略性采购
- I11：统筹兼顾，实施规模采购

合规流程：
- I12：严格执行GMP规范
- I13：规范管理采购票据

学习成长：

人力资本：
- L1：提升采购部人员素质能力

信息资本：
- L2：协同推进采购部信息化系统建设

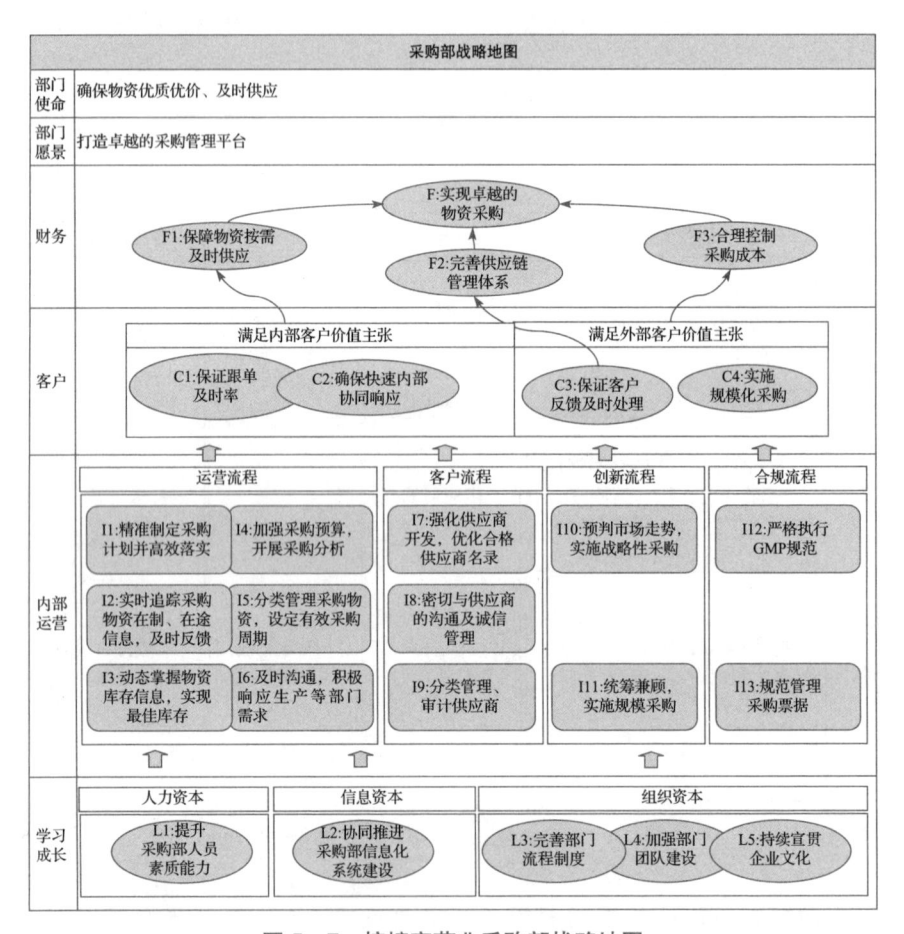

组织资本：
- L3：完善部门流程制度
- L4：加强部门团队建设
- L5：持续宣贯企业文化

图5-7　梓橦宫药业采购部战略地图

同时梓橦宫药业还将采购部战略地图继续解码为平衡计分卡（见表5-7）。

表 5-7 梓橦营药业采购部平衡计分卡

维度	战略目标	核心衡量指标	2020年目标值	战略行动方案	主要责任人
财务	F: 实现卓越的物资采购				
	F1: 保障物资按需及时供应	采购物资按时交货率			
		采购原因影响生产次数			
		采购物资进厂检验合格率			
	F2: 完善供应链管理体系	供应商审计按时完成率			
		供应商资料完备率			
	F3: 合理控制采购成本	主导产品原料、包材采购价格波动			
客户	满足内部客户价值主张				
	C1: 保证跟单及时率	跟单及时率			
	C2: 确保快速内部协同响应	重大协同任务未达成数（月度）			
	满足外部客户价值主张				
	C3: 保证客户反馈及时处理	外部客户反馈未及时处理件数			
	C4: 实施规模化采购	集中采购批次			
		普药、包材的规模化采购批次			

续表

维度	战略目标	核心衡量指标	2020年目标值	战略行动方案	主要责任人
内部运营	运营流程				
	I1: 精准制定采购计划并高效落实	采购计划完成率			
	I2: 实时追踪采购物资在制、在途信息，及时反馈	在制、在途对内信息传递及时性			
	I3: 动态掌握物资库存信息，实现最佳库存	辅料、包材安全库存量物资安全库存量（其他）			
	I4: 加强采购预算，开展采购分析	采购成本分析报告提交次数采购预算偏差率			
	I5: 分类管理采购物资，设定有效采购周期	采购物资分类管理评价			
	I6: 及时沟通，积极响应生产等部门需求	内部有效投诉次数			
	客户流程				
	I7: 强化供应商开发，优化合格供应商名录	关键物资战略供应商开发数关键物资备选供应商数			
	I8: 密切与供应商的沟通及诚信管理	供应商有效投诉次数			

续表

维度	战略目标	核心衡量指标	2020年目标值	战略行动方案	主要责任人
内部运营	I9: 分类管理，审计供应商	供应商分类合账完整性			
		供应商审计合格率			
	创新流程				
	I10: 预判市场走势，实施战略性采购	物资市场行情分析结果及时（次数）			
	I11: 统筹兼顾，实施规模采购	规模化采购计划完成率			
	合规流程				
	I12: 严格执行 GMP 规范	GMP自查严重缺陷项数			
		GMP自查主要缺陷项数			
		GMP自查一般缺陷项数			
	I13: 规范管理采购票据	抽查票据不合规数			
	人力资本				
学习成长	L1: 提升采购部人员素质能力	部门任职资格达标率			
		核心骨干员工流失人数			
		中药采购人员引进人数			
		培训计划完成率			

续表

维度	战略目标	核心衡量指标	2020年目标值	战略行动方案	主要责任人
	信息资本				
	L2: 协同推进采购部信息化系统建设	信息化系统建设计划完成率			
	组织资本				
学习成长	L3: 完善部门流程制度	流程和制度实施计划完成率			
		优化流程和制度条数			
	L4: 加强部门团队建设	公司先进集体获奖次数			
		先进个人获奖人数			
		公司集体活动参与率			
	L5: 持续宣贯企业文化	部门员工企业文化认知度			
		部门员工企业文化认同度			

第 5 步识别并编制战略行动计划表。梓橦宫药业采购部的行动计划包括中基层能力提升计划、信息一体化实施计划、流程优化升级行动计划、企业文化（品牌）建设计划。

第 6 步汇总部门战略图卡表。梓橦宫药业最终汇总的部门战略解码文件中，部门战略地图与平衡计分卡文件一共有 44 个，行动计划文件一共有 24 个（见表 5-8 和表 5-9）。

表 5-8　梓橦宫药业部门战略地图与平衡计分卡文件数

序号	部门	图卡文件数	序号	部门	图卡文件数
1	处方药事业部	4	12	物流部	2
2	OCT 事业部	2	13	质保部	2
3	招商事业部	2	14	质控部	2
4	市场部	2	15	企划部	2
5	客户服务部	2	16	董秘办	2
6	研发部	2	17	审计监察部	2
7	生产技术部	2	18	财务部	2
8	综合制剂车间	2	19	行政信息部	2
9	中药车间	2	20	人力资源部	2
10	工程设备部	2	21	平卡办	2
11	采购部	2			

表 5-9　梓橦宫药业部门战略行动计划清单

序号	部门	计划名称	计划编号
1	处方药事业部	AX2019 年市场营销工作计划	ZTG-CHF-001-2019
2	处方药事业部	BX2019 年市场营销工作计划	ZTG-CHF-002-2019
3	OTC 事业部	OTC 样板市场打造及推广计划	ZTG-OTC-001-2019

续表

序号	部门	计划名称	计划编号
4	OTC 事业部	连锁创新模式合作行动计划	ZTG-OTC-002-2019
5		省区连锁样板模式复制行动计划	ZTG-OTC -003-2019
6		互联网销售模式计划	ZTG-OTC-004-2019
7		外围连锁开发行动计划	ZTG-OTC-005-2019
8		推广团队组建行动计划	ZTG-OTC-006-2019
9		推广、策划团队招标行动计划	ZTG-OTC-007-2019
10	招商事业部	打造样板过千万的市场行动计划	ZTG-ZS-001-2019
11	市场部	ABC 药品科研行动计划	ZTG-SHC-001-2019
12		BCD 胶囊科研行动计划	ZTG-SHC-002-2019
13	客户服务部	票据资料规范行动计划	ZTG-KH-001-2019
14	综合制剂车间	人力资本准备计划	ZTG-ZH-001-2019
15	物流部	部门人力资本准备计划	ZTG-WL-001-2019
16	企划部	产业调研与分析行动计划	ZTG-QH-001-2019
17		知识信息管理体系建设计划	ZTG-QH-002-2019
18	董秘办	危机公关管理机制建立计划	ZTG-DM-001-2019
19	审计监察部	内审体系建设计划	ZTG-SJ-001-2019
20		监察体系健全计划	ZTG-SJ-002-2019
21	财务部	成本费用分析行动计划	ZTG-CW-001-2019
22	人力资源部	激励机制建设与执行工作计划	ZTG-RL-001-2019
23		人力资源三定计划	ZTG-RL-002-2019
24	平卡办	提升战略执行力行动计划	ZTG-PK-001-2019

部门战略使命与目标确定、内外部客户价值主张分析属于纵向与横向的战略协同问题（前者属于如何将公司战略分解到部门，后者则是分析组织横向战略协同），我们将在下一章重点阐述。下面介绍如何将部

门战略使命与目标确定、内外部客户价值主张与职能流程链接，确定内部运营的战略主题。

5.4 部门战略地图开发工具

将部门财务维度战略目标、客户维度战略目标与部门内部运营流程链接，设定部门内部运营维度与学习成长维度战略目标，是开发部门战略地图时需要思考的关键问题之一。内部运营分析矩阵能有效地实现部门主流程链接。

在部门战略地图开发时使用该工具的操作步骤是：

（1）检查流程清单，将该职能流程名称列入矩阵横栏；

（2）将职能战略目标与客户价值主张列入矩阵纵栏；

（3）进行流程驱动因素分析，将流程对客户价值主张及相关财务目标驱动的每一个改进举措列入对应的格中；

（4）识别关键战略举措，整合出内部运营战略主题。

以某集团人力资源部战略地图为例，表 5-10 中的交叉矩阵就是改进举措，这些举措有一部分属于关键战略举措，需要我们去识别、挑选。

表 5-10 某集团人力资源部内部运营分析矩阵

集团人力资源管控流程	关键岗位员工					子公司		政府等外部机构		
	薪酬	工作氛围	职业发展	职业健康	人才培养	劳动法规学习与贯彻	职业健康	政府活动
集团人力资源规划流程	导入岗位薪酬模式				分析并规划人力资源需求结构			
集团关键岗位职位管理			设置双通路岗位体系					
关键岗位能力素质模型管理					导入能力素质模型管理			
集团关键岗位员工绩效管理					导入平衡计分卡战略执行体系（协同战略管理部）			
集团薪酬管理	导入岗位薪酬模式							
集团关键岗位招聘配置（含外派董事、经理班子、关键技术人员）					招聘空缺的关键岗位人才			

续表

集团人力资源管控流程	关键岗位员工					子公司		政府等外部机构		
	薪酬	工作氛围	职业发展	职业健康		人才培养		劳动法规学习与贯彻	职业健康	政府活动
集团战略性人才培训管理						分析能力素质模型差距，组织年度培训计划				
集团关键岗位员工职业生涯规划			设计与推进职业生涯导师制度							
集团员工关系管理				开展职业健康关爱活动					开展职业健康关爱活动	
……										

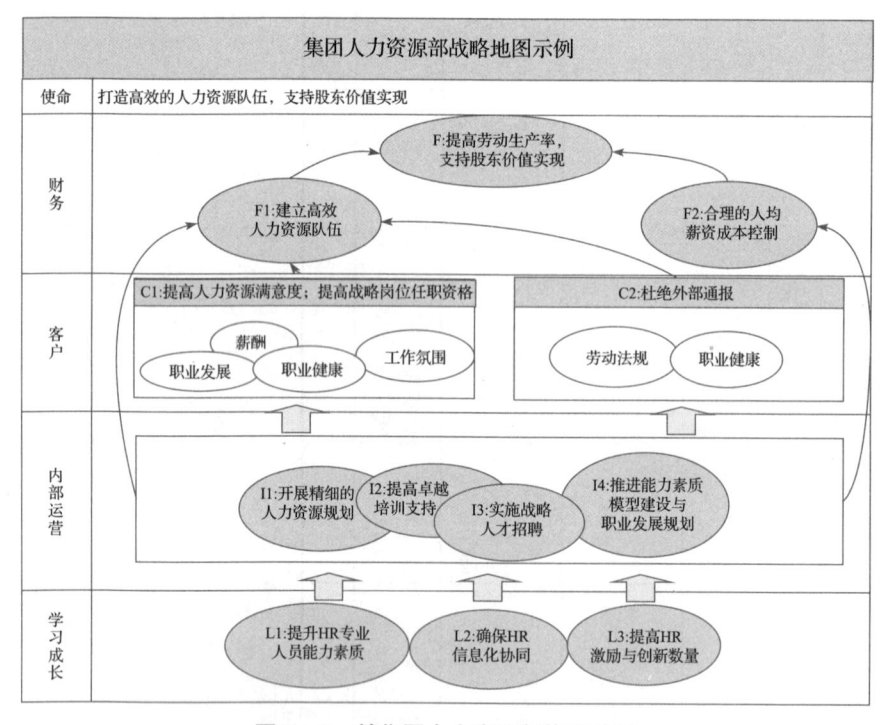

如图5-8某集团人力资源部战略地图所示，我们需要将人力资源部战略使命、财务维度战略目标、客户维度战略目标、内部运营维度战略目标、学习成长维度战略目标在人力资源部战略地图中展现出来，并解码设计人力资源部平衡计分卡、行动计划表（见表5-11和表5-12）。

集团人力资源部战略地图示例

使命	打造高效的人力资源队伍，支持股东价值实现

财务维度：
- F：提高劳动生产率，支持股东价值实现
- F1：建立高效人力资源队伍
- F2：合理的人均薪资成本控制

客户维度：
- C1：提高人力资源满意度；提高战略岗位任职资格（薪酬、职业发展、职业健康、工作氛围）
- C2：杜绝外部通报（劳动法规、职业健康）

内部运营维度：
- I1：开展精细的人力资源规划
- I2：提高卓越培训支持
- I3：实施战略人才招聘
- I4：推进能力素质模型建设与职业发展规划

学习成长维度：
- L1：提升HR专业人员能力素质
- L2：确保HR信息化协同
- L3：提高HR激励与创新数量

图5-8 某集团人力资源部战略地图

表 5-11 某集团人力资源部平衡计分卡

维度	战略目标与主题	核心衡量指标	目标值	行动计划	主要责任人
财务	F: 提高劳动生产率，支持股东价值实现	人均生产总值			
	F1: 建立高效人力资源队伍	员工总量（根据业务预测）			
		管理人员比例			
		首席技术专家			
		资深专家 3 人		关键人才培养计划	
		高级技术人员 6 人			
		中级技术人员 20 人			
		初级技术人员 25 人			
		业务收入与员工人数增长比			
	F2: 合理的人均薪资成本控制	人均薪资支出额		HRM 建设计划	
客户	C1.1: 提高人力资源满意度	人力资源工作内部满意度		HRM 建设计划	
	C1.2: 提高战略岗位任职资格	任职资格达标率		关键人才培养计划	
	C2: 杜绝外部通报	外部机构查处、通报次数			

续表

维度	战略目标与主题	核心衡量指标	目标值	行动计划	主要责任人
内部运营	I1: 开展精细的人力资源规划	人力资源规划达成评价		HRM建设计划	
	I2: 提高卓越培训支持	培训计划落实指数		关键人才培养计划	
		人均培训时间			
	I3: 实施战略人才招聘	集团战略岗位任职资格达标率		关键人才培养计划	
	I4: 推进能力素质模型建设与职业发展规划	能力素质模型建设计划达成评价		HRM建设计划	
学习成长	L1: 提高HR专业人员能力素质	人力资源任职资格达标率		人力资源管理队伍建设计划	
	L2: 确保HR信息化协同	HRM系统建设计划达成评价		HRM系统建设计划	
	L3: 提高HR激励与创新数量	合理化建议数量			

表 5-12　某集团人力资源部行动计划表——关键人才培养计划

部门	主要职能	重要岗位	能力要求	现状评估	解决方案	达标时间	责任人
人力资源部	人力资源优化配置	人力资源师	丰富的人事管理经验、公正、宏观思维和分析能力；组织能力	内部资源欠缺	区内外招聘	2019.12	人力资源部部长
	薪酬福利设计与执行	薪酬福利师	考评实践、培训经历；文字表达能力、公关能力	内部有资源，能力欠缺	短期培训/实践	2020.6	
	员工绩效考核	绩效评定师		内部资源欠缺	区内外招聘	2020.6	
	员工能力开发	能力开发师		内部有资源，能力欠缺	短期培训/实践	2020.6	
战略管理部	战略规划编制与战略管理	战略控制师	战略管理、投资经济知识；宏观思维、分析能力；财务、法律基本知识；重要岗位的相关学历；系统的市场营销知识；文字表达能力、公关能力	内部资源欠缺	招聘	2019.12	战略管理部部长、人力资源部部长
	行业研究与公司未来发展	项目管理师		内部资源欠缺	招聘	2019.12	
	并购与整合	行业研究员		内部资源欠缺	招聘	2019.12	
战略管理部	市场研究与策略	并购管理师		内部有资源，能力欠缺、学历低	委托培训	2020.6	战略管理部部长、人力资源部部长
		市场研究员		内部有资源，能力欠缺、学历低	委托培训	2020.6	

续表

部门	主要职能	重要岗位	能力要求	现状评估	解决方案	达标时间	责任人
技术中心	技术管理与质量管理	技术管理师	学历、职称；5年以上技术、质量管理经历；5年以上水泥企业工作经验；综合协调，文字表达能力	内部有资源，能力欠缺	短期培训/实践	2020.6	
	技术改造与新技术应用推广	质量管理师		内部有资源，能力欠缺	短期培训/实践	2020.6	技术中心部长、人力资源部部长
	新品开发与技术支持营销	研发推广员		内部有资源，能力欠缺	短期培训/实践	2020.6	
	行业技术信息分析	技术情报员		内部有资源，能力欠缺	短期培训/实践	2020.6	
财务部	财务管理	财务管理会计师	职称；本专业管理能力；财务计划、分析能力；较深的金融投资知识；熟练掌握财务软件；文字表达能力	内部有资源，达到要求			
	财务分析、财务预算	财务网络会计师		内部资源欠缺	培训/招聘	2019.12	财务部部长、人力资源部部长
	财务控制、财务经营	融资投资会计师		内部有资源，达到要求			
	投资与融资	出纳		内部有资源，达到要求			
监察审计部	稽核审计公司经营管理指标	审计师	注册职称；多年财务管理经验；熟悉审计、资金管理	内部资源欠缺	招聘	2019.12	审计部部长、人力资源部部长
	监督审查公司财务管理工作	审计监察员		内部有资源，达到要求			

续表

部门	主要职能	重要岗位	能力要求	现状评估	解决方案	达标时间	责任人
行政部	档案管理	档案管理员	档案管理知识与经验；计算机专科学历；掌握网络知识；安全保密知识与经验；行政管理与财务基本知识、社交能力	内部有资源，能力欠缺	内部短期培训	2020.6	行政部部长、人力资源部部长
	安全保密管理与网络安全	计算机工程师		内部有资源，能力欠缺	内部短期培训	2020.6	
		安全保密管理师		内部有资源，能力欠缺	内部短期培训	2020.6	
	固定资产管理办公用品购发	资产管理师		内部有资源，能力欠缺	内部短期培训	2020.6	
总裁办公室	对外接待业务	经营管理师	大专学历；企管知识与经验；熟练使用计算机进行文字处理；法律理论知识与办案经验；精通统计能力；分析规划能力；较强的表达与文字能力	内部资源欠缺	招聘	2019.12	总裁办公室主任、人力资源部部长
	经营目标计划制定、监察、评价	秘书		内部有资源，能力欠缺	内部培训	2020.6	
	经营管理信息工作	法律事务员		内部有资源，公关能力欠缺	内部培训	2020.6	
	事业部及职能部门协调工作	统计师		内部有资源，统计分析能力欠缺	内部培训	2020.6	
	统计工作	文书		内部有资源，能力欠缺	内部培训	2020.6	
	法律事务管理						

5.5 部门战略图卡表开发最佳实践

本节将以案例形式展示部门战略地图开发的部分成果文件。

| 案 例 |

××机械集团部门战略图卡表开发

××机械集团有限公司是国家重型机械骨干生产企业,主营业务包括工程机械、农业机械整机的研发、设计、制造、销售,产品在中国及国际重机市场有较高占有率。该集团在中国拥有三个生产基地(子公司),面积80万平方米,总投资70亿元。设计能力年产××机30000台,制造能力和水平在业内名列前茅。主导产品三条品牌产品线均达到90%以上的产品线覆盖率。

××机械集团的发展规划是2020年实现30 000台××机生产、销售目标。这个目标是2015年销售业绩的30多倍,每年要实现100%的增长,可以说是一个"大跃进"的目标。而在实施平衡计分卡体系的第一年,该集团就全部完成了事先设定的主营业务收入任务目标,快速进入跨越式、超常规发展阶段。

××机械集团除了拥有三个生产子公司、一个营销公司,集团总部还设有人力资源部、财务部、企业管理部、质量部、总裁办、生产管理部、党群工作部、研发中心等部门。其部门战略地图主要以职能部门及子公司(生产与营销)为口径而开发。图5-9至图5-18和表5-13至表5-21详细展示了该集团部门战略图卡表开发的成果。

第五章　部门战略解码 / 195

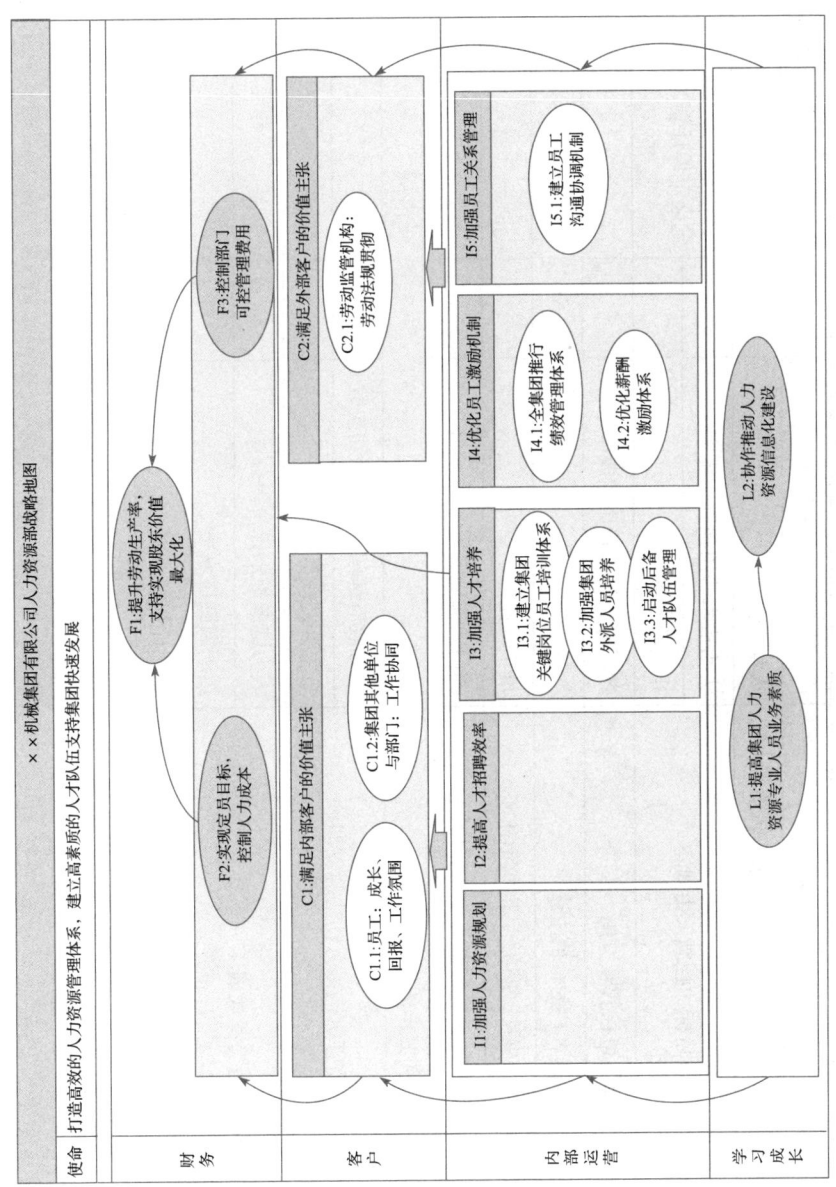

图 5-9　××机械集团人力资源部战略地图

表5-13　××机械集团人力资源部平衡计分卡

维度	战略目标与主题	核心衡量指标	目标值	支持计划
财务	F1：提升劳动生产率，支持实现股东价值最大化	人均产值		
	F2：实现定员目标，控制人力成本	人力成本费用控制达标率		定岗定编计划（公司）
		定员符合率		
	F3：控制部门可控管理费用	部门可控管理费用达成率		
客户	C1：满足内部客户的价值主张			
	C1.1：员工、成长、回报、工作氛围	员工满意度		
	C1.2：集团其他单位与部门：工作协同	部门协作满意度		
	C2：满足外部客户的价值主张			
	C2.1：劳动监管机构：劳动法规贯彻	地方政府部门通报或处罚次数		
		员工仲裁次数		
内部运营	I1：加强人力资源规划	人力资源规划评价得分		
		员工编制达成率		
	I2：提升人才招聘效率	招聘计划完成率		员工招聘体系建设计划

续表

维度	战略目标与主题	核心衡量指标	目标值	支持计划
内部运营	I3: 加强人才培养			
	I3.1: 建立集团关键岗位员工培训体系			员工培训体系建设计划（公司）
	I3.2: 加强集团外派人员培养	外派人才培养能力模型评价得分		关键岗位及后备队伍建设计划（公司）
	I3.3: 启动后备人才队伍管理			关键岗位及后备队伍建设计划（公司）
	I4: 优化员工激励机制			
	I4.1: 全集团推行绩效管理体系			绩效管理体系建设计划
	I4.2: 优化薪酬激励体系			薪酬体系优化计划
	I5: 加强员工关系管理			
	I5.1: 建立员工沟通协调机制			员工沟通协调机制建设计划
学习成长	L1: 提高集团人力资源专业人员业务素质			集团人力资源整体培训计划
	L2: 协作推动人力资源信息化建设			集团信息化规划

198 / 战略解码

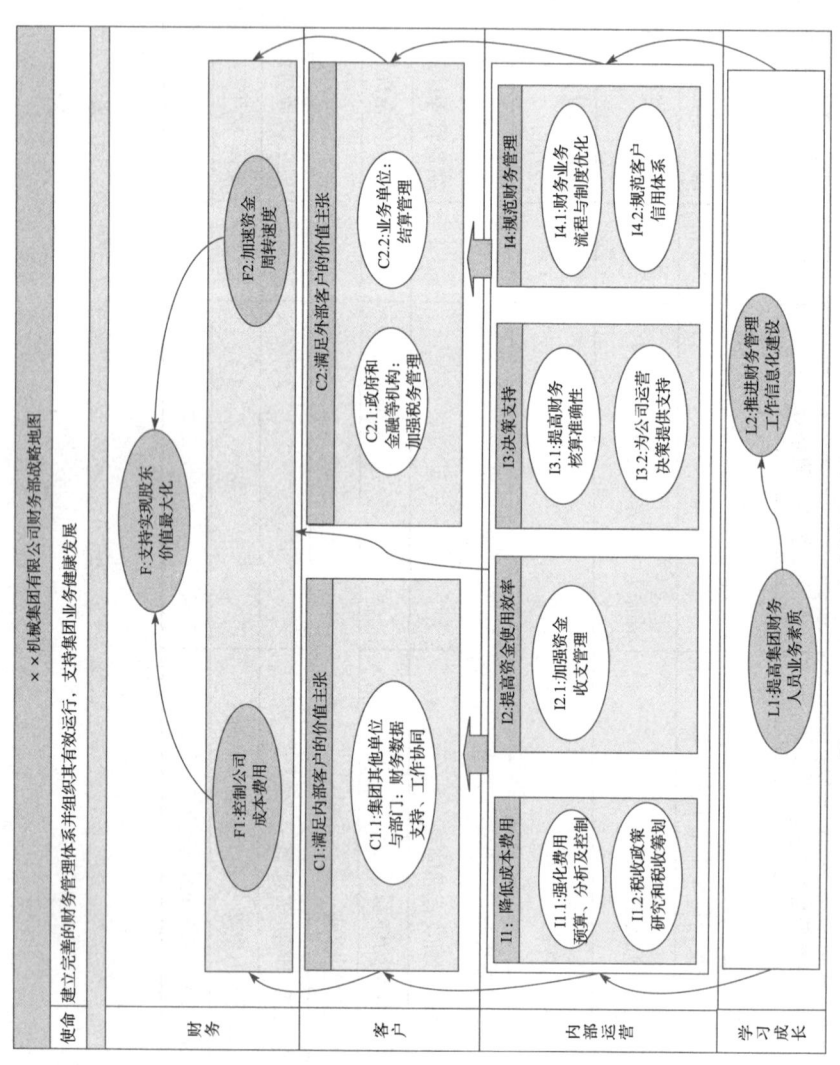

图 5-10 ××机械集团财务部战略地图

表 5-14　××机械集团财务部平衡计分卡

维度	战略目标与主题	核心衡量指标	目标值	支持计划
财务	F1: 控制公司成本费用	可控成本费用预算达成率		
	F2: 加速资金周转速度	总资金周转率		
		库存周转率		
		应收账款周转率		
客户	C1: 满足内部客户的价值主张			
	C1.1: 集团其他单位与部门: 财务数据支持、工作协同	部门协作满意度		
	C2: 满足外部客户的价值主张			
	C2.1: 政府和金融等机构: 加强税务管理	税务问题遭查处次数		
	C2.2: 业务单位: 结算管理	因未及时结算影响公司运营的次数		
内部运营	I1: 降低成本费用	费用管理体系优化成效		费用管理计划（公司）
	I1.1: 强化费用预算、分析及控制	年度预算计划实施评价		
		财务分析成效		
	I1.2: 税收政策研究和税收筹划	税收筹划成效		

续表

维度	战略目标与主题	核心衡量指标	目标值	支持计划
内部运营	I2: 提高资金使用效率			
	I2.1: 加强资金收支管理	应收应付管理体系优化成效		应收应付管理计划（公司）
	I3: 决策支持			
	I3.1: 提高财务核算准确性	财务核算出错次数		
	I3.2: 为公司运营决策提供支持	财务分析成效		
	I4: 规范财务管理			
	I4.1: 财务业务流程与制度优化	财务流程与制度优化成效		流程与制度优化实施计划——财务管理
		年度审计报告评价		
	I4.2: 规范客户信用体系	客户信用体系建设成效		客户信用体系建设实施计划
学习成长	L1: 提高集团财务人员业务素质	财务关键岗位任职资格达标率		财务人员部门培训计划
	L2: 推进财务管理工作信息化建设			集团信息化规划

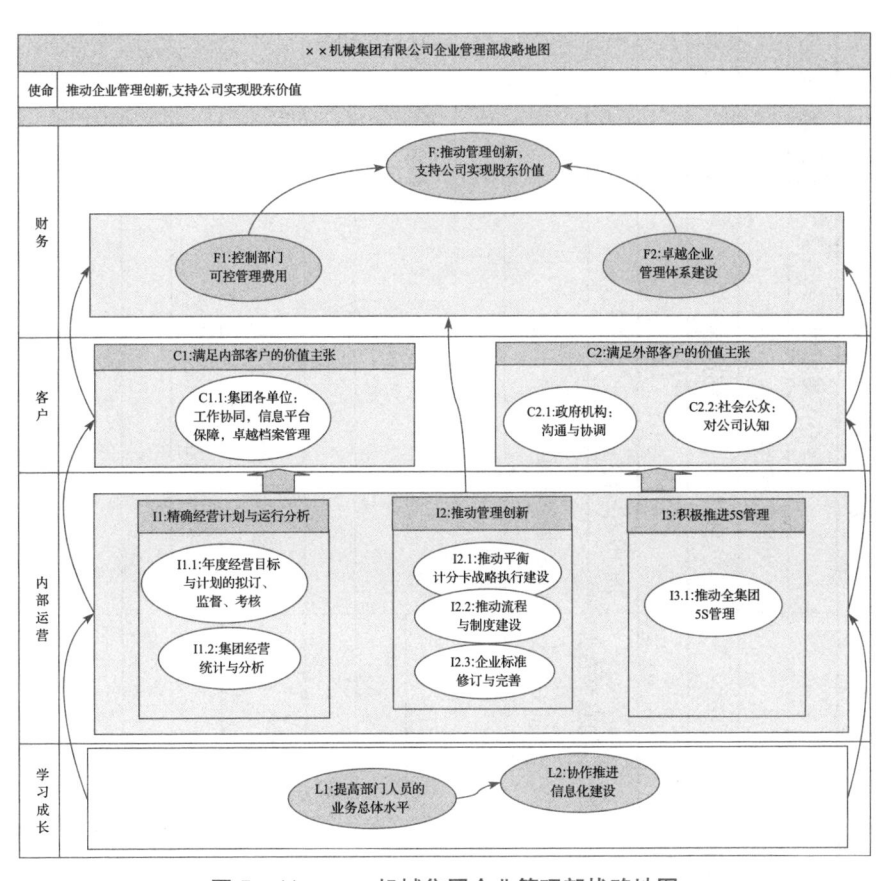

图 5-11 ××机械集团企业管理部战略地图

表 5-15 ××机械集团企业管理部平衡计分卡

维度	战略目标与主题	核心衡量指标	目标值	支持计划
财务	F1：控制部门可控管理费用	可控管理费用达成率		
	F2：卓越企业管理体系建设	企业管理体系评审得分		
客户	C1：满足内部客户的价值主张			
	C1.1：集团各单位：工作协同，信息平台保障，卓越档案管理	部门协作满意度		
		档案抽检平均得分		流程与制度优化实施计划（公司）——档案管理
	C2：满足外部客户的价值主张			
	C2.1：政府机构：沟通与协调			
	C2.2：社会公众：对公司认知			
内部运营	I1：精确经营计划与运行分析			
	I1.1：年度经营目标计划的拟订、监督、考核	年度经营计划管理任务		
	I1.2：集团经营统计与分析	经济运行分析报告不合规次数		
	I2：推动管理创新			
	I2.1：推动平衡计分卡战略执行建设			平衡计分卡体系实施计划

第五章 部门战略解码 / 203

续表

维度	战略目标与主题	核心衡量指标	目标值	支持计划
内部运营	I2.2: 推动流程与制度建设			流程与制度优化实施计划（公司）
	I2.3: 企业标准修订与完善			企业标准修订计划
	I3: 积极推进 5S 管理			
	I3.1: 推动全集团 5S 管理	年度 5S 管理建设平均得分（高层检查）		5S 实施计划
学习成长	L1: 提高部门人员的业务总体水平	部门关键岗位员工任职资格达标率		部门年度培训计划
	L2: 协作推进信息化建设			集团信息化规划

204 / 战略解码

	××机械集团有限公司质量安全部战略地图
使命	提供有效质量保障体系,支持公司实现股东价值

财务
- F:提供有效质量保障体系,支持公司实现股东价值
- F1:降低全集团内外部质量损失
- F2:不发生一般及以上安全环保事故
- F3:控制部门可控管理费用

客户
- C1:满足内部客户的价值主张
  - C1.1:集团生产单位与部门:检验、测量技术支持、业务指导、工作协同
  - C1.2:集团营销公司:产品质量投诉、质量技术支持
- C2:满足外部客户的价值主张
  - C2.1:政府机构:资质申报、活动参与
  - C2.2:认证机构:规范运作

内部运营
- I1:卓越质量监督管理
  - I1.1:提高针对子公司产品质量监督力度
  - I1.2:产品质量控制与制度优化实施
- I2:产品品质改进
  - I2.1:产品品质持续改进计划
  - I2.2:推动质量管理小组活动的开展
- I3:安全标准化与环保建设
  - I3.1:安全环保流程与制度标准化建设

学习成长
- L1:提高质量与安全环保专业人员业务素质
- L2:推进质监管理工作信息化建设

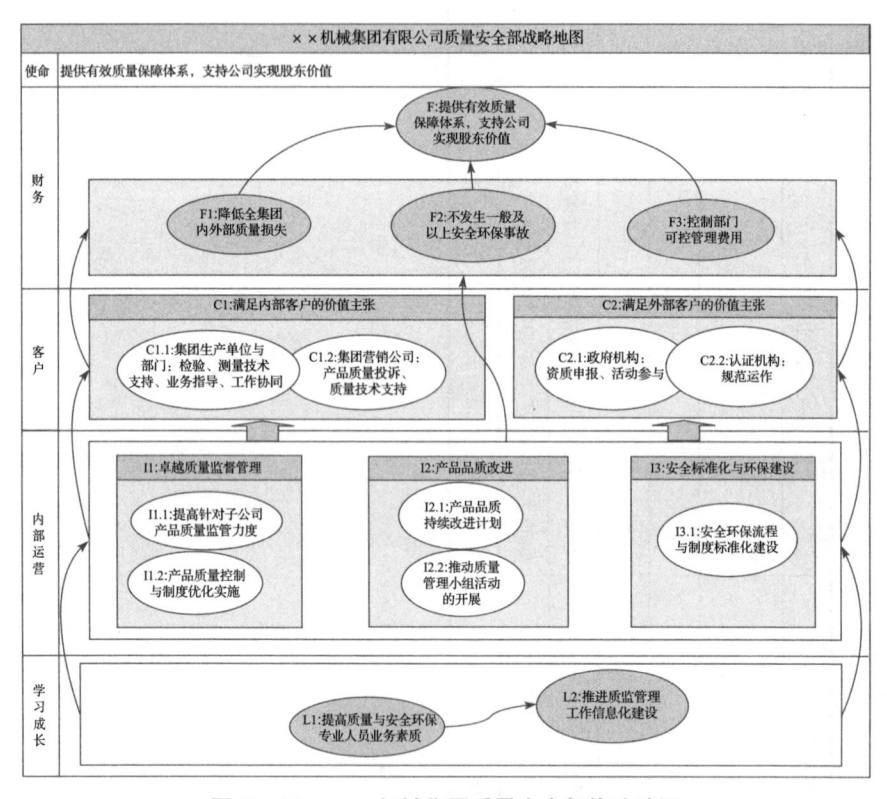

图5-12 ××机械集团质量安全部战略地图

表 5-16 ××机械集团质量安全部平衡计分卡

维度	战略目标与主题	核心衡量指标	目标值	支持计划
财务	F1: 降低全集团内外部质量损失	内外部质量损失金额		
	F2: 不发生一般及以上安全环保事故	一般（及以上）安全事故次数		年度安全环保工作计划
		一般（及以上）环保事故次数		
		轻伤人次		
	F3: 控制部门可控管理费用	可控管理费用达成率		
客户	C1: 满足内部客户的价值主张			
	C1.1: 集团生产单位与部门: 检验、测量技术支持、业务指导、工作协同	部门协作满意度		
	C1.2: 集团营销公司: 产品质量投诉、质量技术支持	质量技术支持平均响应周期		
		市场质量问题妥善解决率		
	C2: 满足外部客户的价值主张			
	C2.1: 政府机构: 资质申报、活动参与	地方质监单位通报或处罚次数		
		计量与检验资质管理目标达成率		
	C2.2: 认证机构: 规范运作	认证机构通报次数		

续表

维度	战略目标与主题	核心衡量指标	目标值	支持计划
内部运营	I1: 卓越质量监督管理			
	I1.1: 提高针对子公司产品质量监管力度	质量原因的非计划停产损失		
		质量原因的非计划减产损失		
		检验计划达成率		
		测量设备检定、校准计划达成率		
	I1.2: 产品质量控制与制度优化实施			产品质量控制与制度优化实施计划（公司）——质监部
	I2: 产品品质改进			
	I2.1: 产品品质持续改进计划			产品品质持续改进计划
	I2.2: 推动质量管理小组活动的开展	公司注册小组活动成果率		质量管理小组活动年度计划
	I3: 安全标准化与环保建设			
	I3.1: 安全环保流程与制度标准化建设	安全环保隐患未及时整改次数		安全标准化建设计划（公司）
学习成长	L1: 提高质量与安全环保专业人员业务素质	质量与安全环保关键岗位任职资格达标率		"金字塔"培训体系建设计划（公司）——质安部部门年度培训计划
	L2: 推进质监管理工作信息化建设			集团信息化规划

第五章 部门战略解码 / 207

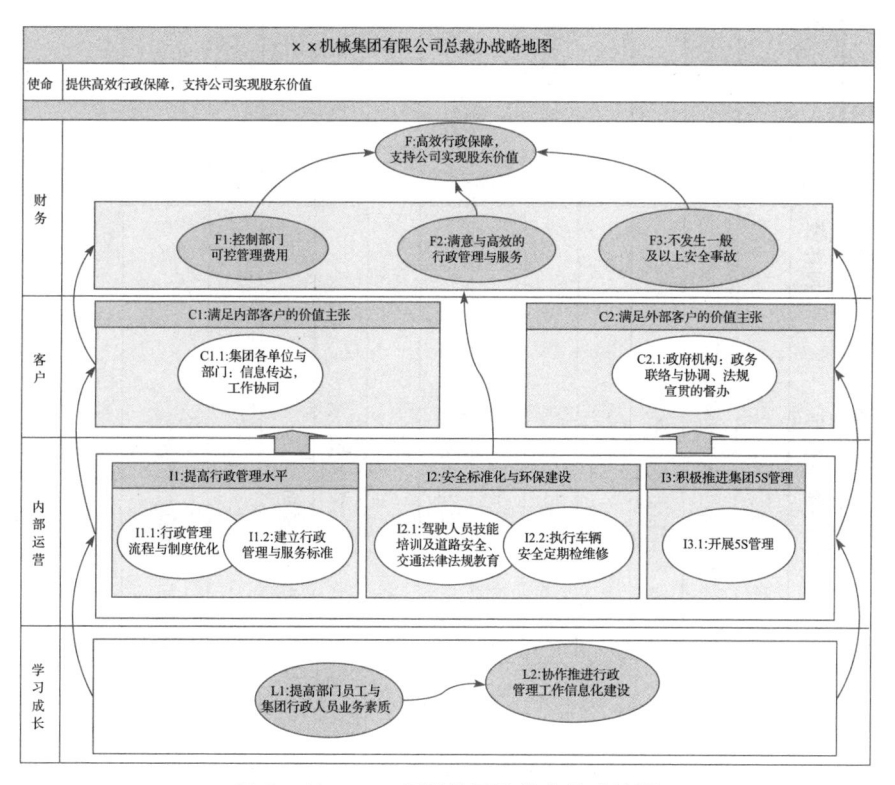

图 5-13 ××机械集团总裁办战略地图

表 5-17　××机械集团总裁办平衡计分卡

维度	战略目标与主题	核心衡量指标	目标值	支持计划
财务	F1：控制部门可控管理费用	部门可控管理费用达成率		
	F2：满意与高效的行政管理与服务	行政服务评价指数（基层单位）		
		行政服务评价指数（中高层）		
	F3：不发生一般及以上安全事故	一般（及以上）安全事故次数		部门年度安全环保工作计划
		轻伤人次		
		安全环保隐患未及时整改数		
		严重社会影响事件数量		
客户	C1：满足内部客户的价值主张			
	C1.1：集团各单位与部门：信息传达，工作协作	信息传达遭批评次数		
		部门协作满意度		
	C2：满足外部客户的价值主张			
	C2.1：政府机构：政务联络与协调、法规宣贯的督办	政府机构通报处罚次数		

续表

维度	战略目标与主题	核心衡量指标	目标值	支持计划
内部运营	I1: 提高行政管理水平			
	I1.1: 行政管理流程与制度优化			流程与制度优化实施计划（公司）——总裁办
	I1.2: 建立行政管理与服务标准			行政管理与服务标准制定计划
	I2: 安全标准化与环保建设			
	I2.1: 驾驶人员技能培训及道路安全、交通法律法规教育	万公里事故损失金额		单位年度安全环保工作计划
		万公里事故发生次数		
	I2.2: 执行车辆安全定期检修维修	交通安全检查得分		
	I3: 积极推进集团 5S 管理			
	I3.1: 开展部门 5S 管理	部门 5S 管理得分排名		
学习成长	L1: 提高部门员工与集团行政人员业务素质	单位年度培训工作评价		"金字塔"培训体系建设计划（公司）——总裁办
				部门年度培训计划
	L2: 协作推进行政管理工作信息化建设			集团信息化规划

210 / 战略解码

××机械集团有限公司信息部战略地图

| 使命 | 开发、维护、提升管理信息系统，协同业务发展需要，支持公司实现股东价值最大化 |

财务
- F:信息化协同业务发展需要，支持实现公司价值最大化
- F1:信息化满足公司发展需要
- F2:控制部门可控管理费用

客户
- C1:满足外部利益相关方的价值主张
  - C1.1:需求稳定、信息化水平高
- C2:满足内部客户的价值主张
  - C2.1:集团各单位与部门工作协同
  - C2.2:员工信息化培训

内部运营
- I1:规范信息系统开发流程
  - I1.1:规范信息系统开发流程，提高规划前瞻性
- I2:推动新系统开发
  - I2.1:整合多系统的应用
  - I2.2:规范报表的展示与应用
  - I2.3:继续推进数据挖掘
  - I2.4:新型管理工具的评估与应用
- I3:原有系统维护升级
  - I3.1:POS机系统功能改造及优化
  - I3.2:OA系统的深化应用
  - I3.3:完善网络安全机制与应急方案
- I4:加强信息系统供应商管理
  - I4.1:完善信息系统供应商管理体系

学习成长
- L1:提高集团信息化人员业务素质
- L2:协作推进集团信息系统规划

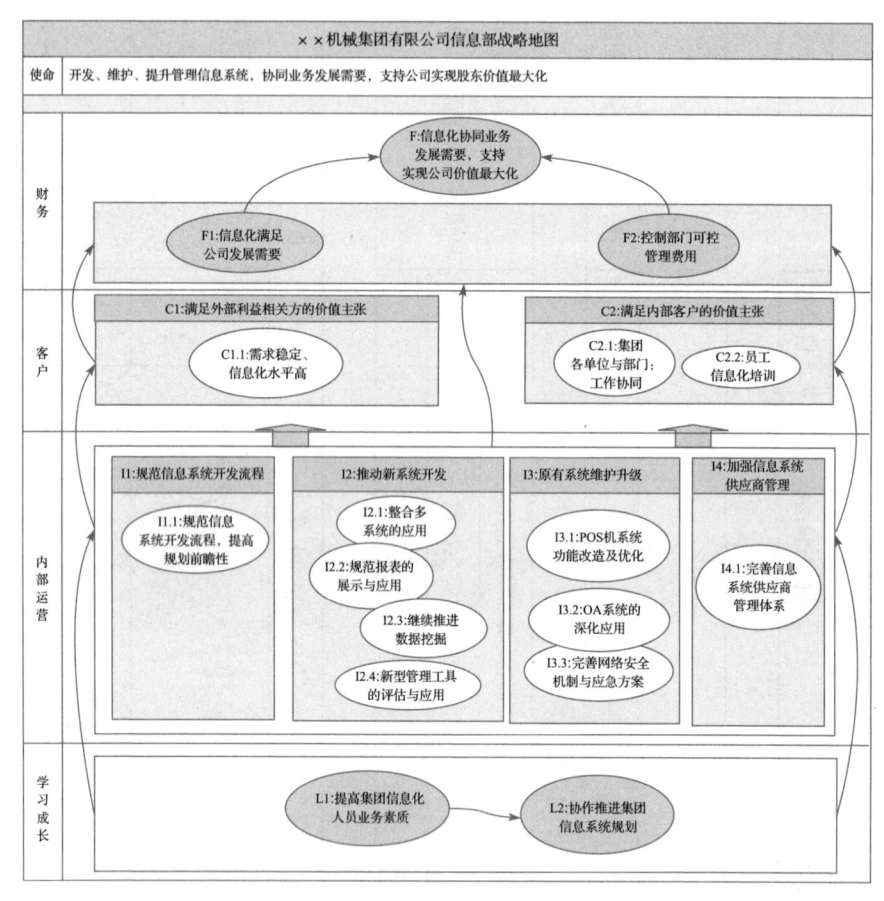

图5-14 ××机械集团信息部战略地图

表5-18 ××机械集团信息部平衡计分卡

维度	战略目标与主题	核心衡量指标	目标值	支持计划
财务	F1: 信息化满足公司发展需要	信息化满足度评价指数		
	F2: 控制部门可控管理费用	单位可控管理费用达成率		
客户	C1: 满足外部相关方的价值主张			
	C1.1: 需求稳定，信息化水平高	外部客户信息化满意度		
	C2: 满足内部客户的价值主张			
	C2.1: 集团各单位与部门：工作协同	部门协作满意度		
	C2.2: 员工信息化培训	员工信息化应用平均得分		集团年度培训计划（信息化）
内部运营	I1: 规范信息系统开发流程			
	I1.1: 规范信息系统开发流程，提高规划前瞻性	信息系统开发流程优化任务		流程与制度优化实施计划——信息化
	I2: 推动新系统开发			
	I2.1: 整合多系统的应用	多系统整合应用		多系统整合应用计划
	I2.3: 规范报表的展示与应用	数据平台建设		数据平台建设计划
	I2.4: 继续推进数据挖掘	数据挖掘推进		数据挖掘推进计划
	I2.5: 新型管理工具的评估与应用	新型管理工具应用计划		新型管理工具应用计划

续表

维度	战略目标与主题	核心衡量指标	目标值	支持计划
内部运营	I3: 原有系统维护升级			
	I3.1:POS 机系统功能改造及优化			POS 机系统功能改造计划
	I3.2:OA 系统的深化应用			OA 系统的深化应用计划
	I3.3: 完善网络安全机制与应急方案	网络安全事故发生次数		网络安全完善计划
	I4: 加强信息系统供应商管理			
	I4.1: 完善信息系统供应商管理体系	信息系统供应商管理体系优化成效		信息系统供应商管理计划（公司）
学习成长	L1: 提高集团信息人员业务素质	部门关键岗位员工任职资格达标率		部门年度培训计划
	L2: 协作推进集团信息系统规划			集团信息化规划

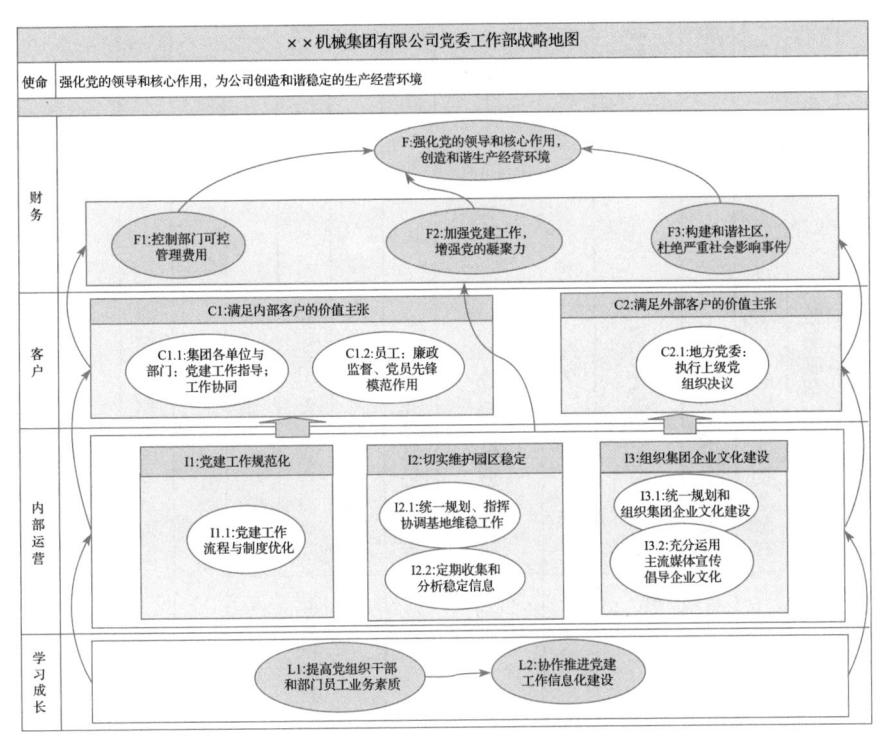

图 5-15　××机械集团党委工作部战略地图

表5-19 ××机械集团党委工作部平衡计分卡

维度	战略目标与主题	核心衡量指标	目标值	支持计划
财务	F1：控制部门可控管理费用	可控管理费用达成率		
	F2：加强党建工作，增强党的凝聚力	党建评价指数		党建工作计划（公司）
	F3：构建和谐社区，杜绝严重社会影响事件	严重社会影响事件次数		维稳工作计划（公司）
客户	C1：满足内部客户的价值主张			
	C1.1：集团各单位与部门：党建工作指导；工作协同	党群工作满意度		党建工作计划（公司）
		部门协作满意度		部门年度培训计划
	C1.2：员工；廉政监督、党员先锋模范作用	违纪违法案件未及时查处件数		党建工作计划（公司）
		群众举报未有效处理件数		
		党员民主评议合格率		
	C2：满足外部客户的价值主张			
	C2.1：地方党委；执行上级党组织决议	地方党委通报或处罚次数		

续表

维度	战略目标与主题	核心衡量指标	目标值	支持计划
内部运营	I1: 党建工作规范化			
	I1.1: 党建工作流程与制度优化			流程与制度优化实施计划（公司）——党委工作部
	I2: 切实维护园区稳定			
	I2.1: 统一规划、指挥协调基地维稳工作	维稳失误事件		维稳工作计划（公司）
	I2.2: 定期收集和分析稳定信息	严重社会影响事件未预控次数		
	I3: 组织集团企业文化建设			
	I3.1: 统一规划和组织集团企业文化建设	企业文化认知度		集团企业文化建设计划
	I3.2: 充分运用主流媒体宣传倡导企业文化			
学习成长	L1: 提高党组织干部和部门员工业务素质	党员合格率		党建工作计划（公司）
	L2: 协作推进党建工作信息化建设			集团信息规划

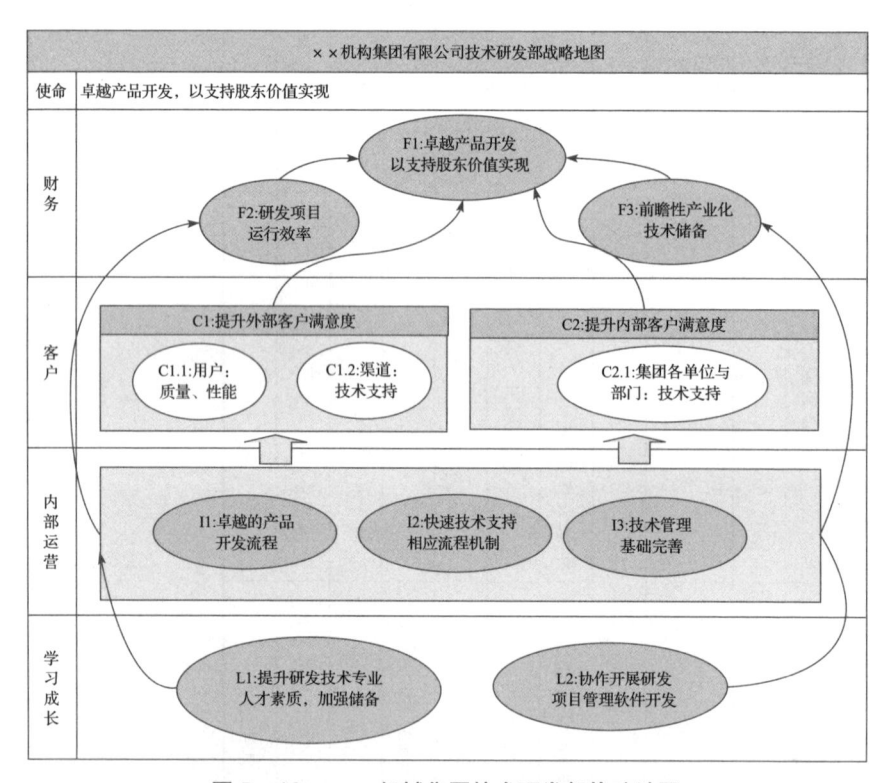

图 5-16　××机械集团技术研发部战略地图

表 5-20　××机械集团技术研发部平衡计分卡

维度	战略目标与主题	核心衡量指标	目标值	支持计划
财务	F1: 卓越产品开发以支持股东价值实现			
	F2: 研发项目运行效率			
	F3: 前瞻性产业化技术储备			
客户	C1: 提升外部客户满意度			
	C1.1: 用户：质量、性能			
	C1.2: 渠道：技术支持			
	C2: 提升内部客户满意度			
	C2.1: 集团各单位与部门：技术支持	内部技术支持满意度		流程与制度优化计划（产品开发）
内部运营	I1: 卓越的产品开发流程			
	I2: 快速技术支持相应流程机制	内部技术支持平均响应周期		流程与制度优化计划（技术支持）
		内部技术支持问题妥善解决率		
		外部每百公里技术支持平均响应周期		
		外部技术支持问题妥善解决率		
	I3: 技术管理基础完善	技术管理基础抽检达标率		
学习成长	L1: 提升研发技术专业人才素质，加强储备	关键人才任职资格达标率		部门年度培训计划 "金字塔"培训体系建设计划
	L2: 协作开展研发项目管理软件开发			集团信息规划

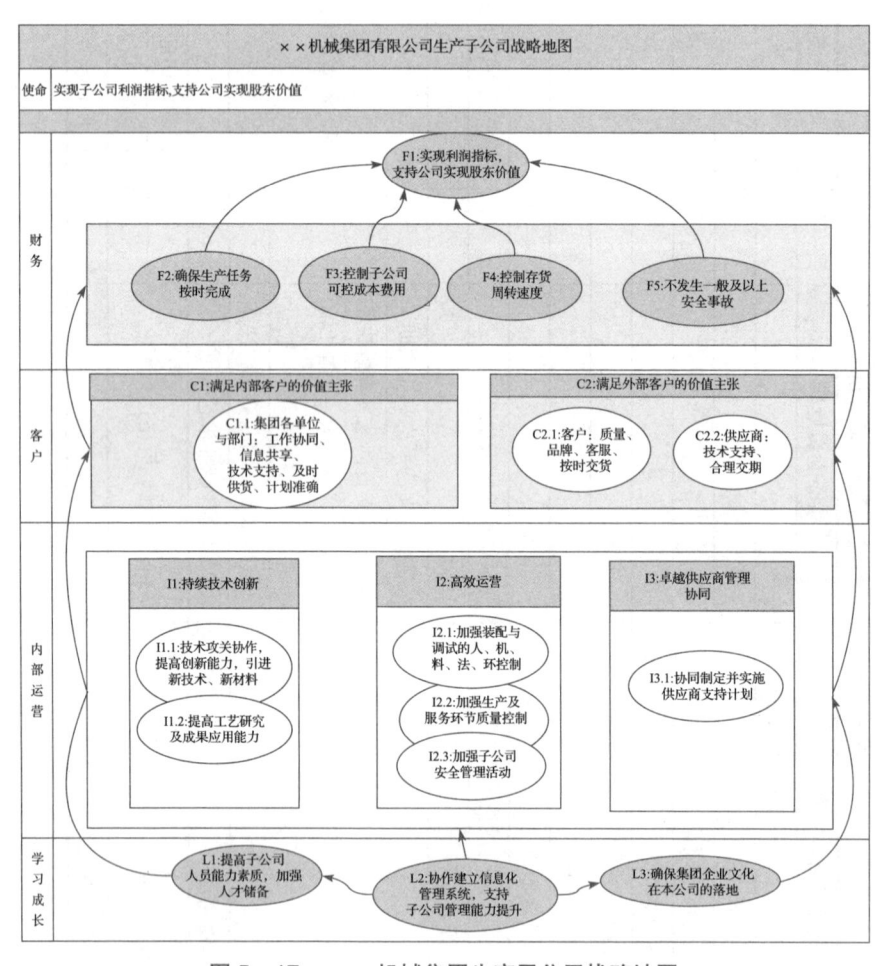

图 5-17 ××机械集团生产子公司战略地图

表 5-21　××机械集团生产子公司平衡计分卡

维度	战略目标与主题	核心衡量指标	目标值	支持计划
财务	F1：实现利润指标，支持公司实现股东价值	子公司利润		
	F2：确保生产任务按时完成	生产任务按时交付率		
	F3：控制子公司可控成本费用	成本费用率		
	F4：控制存货周转速度	存货周转天数 期末不良库存余额		
	F5：不发生一般及以上安全事故	一般及其以上安全生产事故		
客户	C1：满足内部客户的价值主张			
	C1.1：集团各单位与部门：工作协同、信息共享、技术支持、及时供货、计划准确	部门协作满意度		
	C2：满足外部客户的价值主张			
	C2.1：客户：质量、品牌、客服、按时交货	客户满意度		客情联谊计划
	C2.2：供应商：技术支持、合理交期	战略供方满意度		客情联谊计划
内部运营	I1：持续技术创新			
	I1.1：技术攻关协作，提高创新能力，引进新技术、新材料			技术研发计划
	I1.2：提高工艺研究及成果应用能力	工艺调试按时交付率		工艺管理提升计划

续表

维度	战略目标与主题	核心衡量指标	目标值	支持计划
内部运营	I2: 高效运营			
	I2.1: 加强装配与调试的人、机、料、法、环控制	装配任务按时完成率		工时定额计划
				装配作业标准化计划
		5S检查平均得分		5S体系建设计划
	I2.2: 加强生产及服务环节质量控制	内外部质量损失金额		质量标准优化计划
	I2.3: 加强子公司安全管理活动			年度安全管理活动计划
	I3: 卓越供应商管理协同			
	I3.1 协同制定并实施供应商支持计划			供应商支持计划
学习成长	L1: 提高子公司人员能力素质，加强人才储备	关键人才任职资格达标率		子公司年度培训计划
				"金字塔"培训体系建设计划
	L2: 协作建立信息化管理系统，支持子公司管理能力提升			集团信息化规划
	L3: 确保集团企业文化在本公司的落地	企业文化认知度		

第五章 部门战略解码 / 221

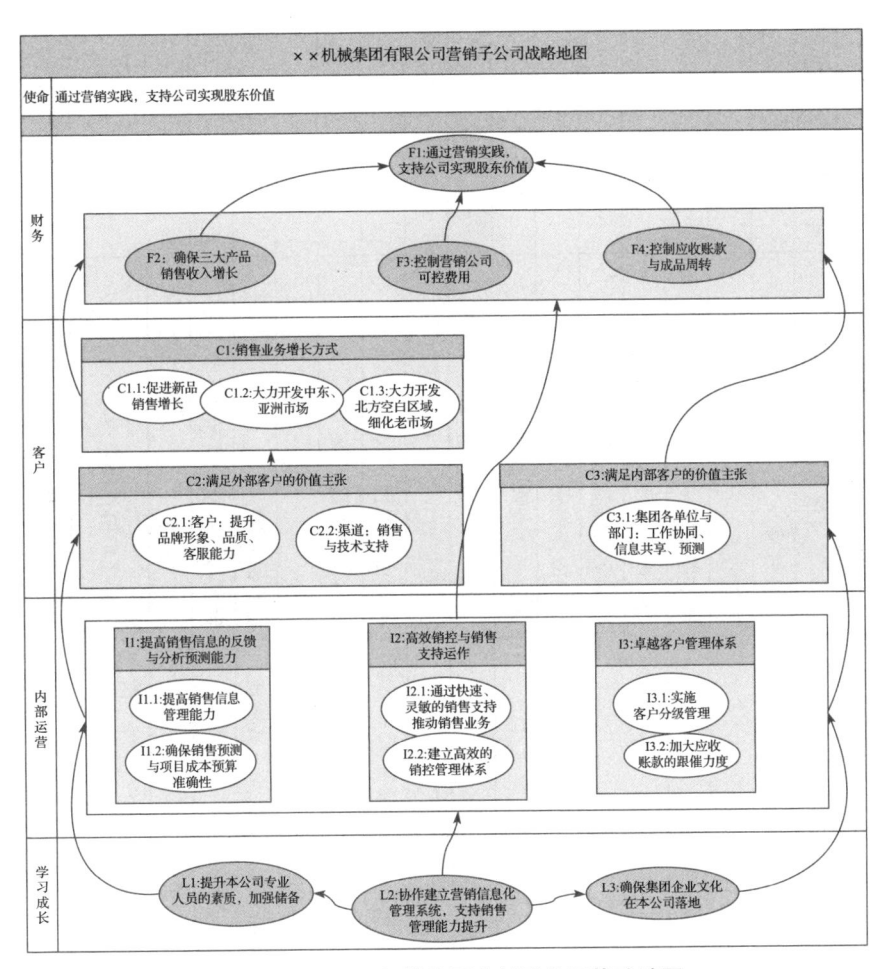

图 5-18 ××机械集团营销子公司战略地图

表 5-22 ××机械集团营销子公司平衡计分卡

维度	战略目标与主题	核心衡量指标	目标值	支持计划
财务	F1: 通过营销实践，支持公司实现股东价值	公司利润		
	F2: 确保三大产品销售收入增长	销售收入		
	F3: 控制营销公司可控费用	成本费用率		
	F4: 控制应收账款与成品周转	应收账款周转天数		
		期末应收账款余额		
		成品库存周转天数		
		期末成品库存余额		
顾客	C1: 销售业务增长方式			
	C1.1: 促进新品销售增长	LD销售收入		LD新品开发计划
	C1.2: 大力开发中东、亚洲市场	国际市场销售收入		国际市场营销计划
	C1.3: 大力开发北方空白区域，细化老市场	国内新市场销售收入		
	C2: 满足外部客户的价值主张			
	C2.1: 提升品牌形象、品质、客服能力	客户满意度		客情联谊计划
	C2.2: 渠道：销售与技术支持	销售与技术支持评价得分		
	C3: 满足内部客户的价值主张			
	C3.1: 集团各单位与部门：工作协同、信息共享、预测	内部客户协作满意度		

续表

维度	战略目标与主题	核心衡量指标	目标值	支持计划
内部运营	I1: 提高销售信息的反馈与分析预测能力			
	I1.1: 提高销售信息管理能力	产品开发与技术改进建议立项数量		
		销售档案信息管理抽检符合率		流程与制度优化计划——信息管理
	I1.2: 确保销售预测与项目成本预算准确性	销售预测准确率		流程与制度优化计划——销售预测
		项目成本预测偏差率		
	I2: 高效销控与销售支持运作			
	I2.1: 通过快速、灵敏的销售支持推动销售业务	销售支持平均响应周期		
	I2.2: 建立高效的销控管理体系	销控管理体系评价得分		流程与制度优化计划——销控管理
	I3: 卓越客户管理体系			
	I3.1: 实施客户分级管理			流程与制度优化计划——客户管理
	I3.2: 加大应收账款的跟催力度	期末不良应收账款余额		
学习成长	L1: 提升本公司专业人员的素质, 加强储备	关键人才任职资格达标率		部门年度培训计划 "金字塔"培训体系建设计划
	L2: 协作建立信息化管理系统, 支持销售管理能力提升			集团信息规划
	L3: 确保集团企业文化在本公司落地	企业文化认知度		

第六章

设计战略管理循环

除了编制各层级的战略地图、平衡计分卡、战略行动计划表，我们更强调战略管理循环的设计。战略管理循环实际是环境分析、战略规划、年度经营计划、财务预算、绩效评价、战略监控全过程的战略管理体系设计。例如，华为公司的 DSTE、华润集团的 6S 管理体系、长安汽车的 CS15333 等都是全过程的战略循环管理。实践证明，如果企业缺乏全过程的战略循环管理，战略解码文件也会被束之高阁。

战略管理循环体系文件一共分为三个方面的内容：战略管理循环流程、制度和表单。其中战略管理循环流程是三大内容的起点与核心，战略管理循环制度与表单均依附于战略管理流程。

本章将探讨如何设计战略管理循环。现实中有很多战略管理循环设计不完善导致战略规划文件最终被束之高阁的案例。许多企业在设计战略管理循环时，特别关注企业战略规划而忽视了战略管理循环的设计。事实上，战略管理循环的运行状态对战略执行效果影响巨大，它是企业战略能否有效实施的重要保证。

6.1 战略管理循环的设计内容

战略管理循环的设计实际上是对差距分析与战略环境扫描、战略规划、战略解码、执行监控、绩效评价等整个过程的规范。从设计内容上来看，它主要包括以下三个方面的内容：

1. 战略管理循环流程

差距分析与战略环境扫描、战略规划、战略解码、执行监控、绩效评价整个过程运行本质上需要按照一定的流程规则来开展，战略管理循环流程是其日常运作的规范与标准。因此设计运作体系的第一步就是对战略管理循环的流程进行设计，这也是运作系统设计最为核心的部分，下面提到的战略管理循环制度与表单都可以视为流程运行的支持性文件。

2. 战略管理循环制度

战略管理循环制度是对战略管理循环流程的规范性文字描述，是编定战略管理循环制度的最重要工作内容之一。

3. 战略管理循环表单

在完成战略管理循环流程设计后，还需要制作出流程表单。如果没有这些流程表单，企业将无法按照规范的战略管理循环流程来实现有效运作，也无法实现战略解码规范运作的落地。

不难看出，战略管理循环的上述三项内容是相互联系的：战略管理循环的日常运作表现为流程运作，因此它是运作系统设计的核心环节，流程设计可以帮助我们规范战略管理循环整个运作过程；战略管理循环制度与表单则是配合流程运作的支持性文件，对战略管理循环流程的有效实施起到十分关键的支持作用。

| 案　例 |

华为 DSTE 战略管理循环

明茨伯格在《战略手艺化》中讲道："手艺式战略与计划式战略非常不同，其区别就像手工与机械化之间的区别一样……就像陶艺人不得不掌握手艺一样，管理者们也必须把战略手艺化……作为一个手艺人，他是在感觉这些东西，而不是分析；他的知识是默示的。"

关于企业战略管理过程存在两种观点，一种是传统的自上而下的方法，另一种是自上而下和自下而上相结合。传统战略规划过程的根本缺陷是，战略规划与战略执行是两张皮，战略制定与实施是分离的，相互脱节，往往导致战略管理的失败。华为从战略到执行的管理流程（DSTE）是一个闭环管理，涵盖战略规划、年度业务计划与预算、管理执行与监控三个环节，将战略的制定与实施融为一体。

华为的战略规划的主要内容有市场洞察、集团层面的战略协同、战略审批等流程，输出战略计划（SP）；战略规划批准发布后，进入年度业务计划与预算循环，该环节的主要工作任务是制定年度业务计划（BP），并制定全面预算、KPI 目标值等；最后的环节是管理执行与监控循环全年例行开展，并根据监控结果反思战略管理系统存在的问题，进行反馈并修正。

华为战略管理例会分为战略研讨会、季度经营会、战略健康审视会。战略研讨会一个 SP 周期至少召开 3 次，主要内容包括：根据差距分析、市场洞察的输出，管理团队进行研讨，达成对战略机会的一致共识；其次对 SP 的研讨使管理团队达成对战略的一致共识，另外通过分解战略，导出中长期关键战略举措、年度重点工作任务、依赖关系和验收标准。

季度经营会每季度召开一次，主要汇报中长期关键举措的工作进度和状态，并确定下一步策略，对风险进行决策，确定应对方案，协调资源，并落实下一阶段的工作任务。

战略健康审视会按年度召开，审视战略执行中存在的问题或偏差，及时调整战略分析市场环境变化（宏观、行业、客户、竞争对手、关键技术等），及时调整战略，阶段性复盘，提炼经验和教训。

华为战略管理例会构成战略管理的最后一个环节，从战略规划、年度业务计划与预算，到管理执行与监控，是一个端到端动态闭环的过程，是一个不断动态循环迭代的体系。华为的 DSTE 有以下特点：

- 会议管理日历化，确保各级管理体系运作高效；
- 公司各部门进行战略规划时采用统一的方法和模型；
- 将 SP、BP、全面预算、人力预算、重点工作、KPI、PBC、述职等进行有效集成，明确各环节的开展节奏和评审程序；

- 通过战略解码将战略与重点工作、KPI、PBC 有效衔接，确保战略到执行的闭环；
- 沿着 DSTE 流程进行战略规划、预算等的决策授权。

6.2 集团战略管控模式设计

集团型企业战略管控与单体公司有着巨大不同，集团组织多层次的特点要求在设计集团战略管控运作体系前，澄清集团战略管控模式。集团战略管控模式本身也是集团整体管控模式的构成部分。

所谓模式是指解决问题的基本方法论。亚历山大给出的关于模式的经典定义是：每个模式都描述了一个在我们的环境中不断出现的问题与现象，然后描述了该问题与现象的解决方案的核心、基本准则。我们将集团管控模式定义为：集团管控的核心、基本准则，集团管控模式指导集团总部管控分子公司实际运作，也是集团管控运作体系（即集团管控流程制度、集团组织架构、集团人力资源与企业文化）设计与运行的指导思想。

从理论角度集团管控模式有很多类型划分，其中流传最为广泛的是集团管控三分法理论。三分法的雏形是 20 世纪 80 年代战略管理大师迈克尔·古尔德等人提出的。迈克尔·古尔德等最早在《战略与风格》中原创性地提出了适应不同类型公司战略的三种具有明显个性特征的基本母合风格：战略规划型、战略控制型、财务控制型。他们认为战略规划型母公司的特点是深度介入下属业务单位运营，通常母公司不仅提供明确指令，控制重大决策，同时也控制运营计划与预算实施过程，如 IEX、英国石油等；战略控制型母公司则主要热衷于对战略目标、战略行动计划里程碑的精确度量，如 ABB、3M、联合利华；财务控制型实际是分权机制，母公司把战略决策权赋予子公司，但是要求子公司的战略必须符合财务收益要求，它主要关注投资收益，如汉森等。他们提出的三种母合风格最终演变成集团管控三分法基础理论，即财务型、战略型、操作型。

集团管控模式是统帅集团总部构建集团管控实际运作体系的纲领，因此集团管控模式设计合理与否将会直接决定集团管控实际运作的效率与效果。基本准则界定出现偏差，后面的操作再完美也没有意义。在设计整体集团管控模式时，不能忽视以下六个主要因素的影响。

1. 产权关系

除非有正式的委托协议，一般情况下母公司所持有子公司的股份比例将会直接影响母公司所能够选择的控制权。将大部分管控权限与操作功能集成在集团总部（例如寻求集团专业一体化运作）的管控模式需要母公司至少要达到绝对控股，甚至是 100% 的全资控股，因为只有这样的股份比例才能保障母公司对子公司决策班子进行强有力控制，才能通过合法的程序去直接插手分子公司的运营决策，实现真正意义上的"集团运营一体化"；否则如果有其他更大股东同时持股且对子公司有足够影响与控制，"母公司"以自己的意志去选择"全面操作一体化"肯定是不现实的。

2. 集团战略

集团战略对管控基本准则设计有着十分深远的影响，它是最核心的影响要素之一。集团与业务单元的战略形态往往决定了集团管控模式：一个非相关多元化战略与单一经营战略的集团在管控模式的选择上肯定有很大差异。前者往往强调分权管控与分层运作风格，资源经营与控制往往由分子公司实施；后者往往强调集约化的专业一体化运作，资源经营与控制往往由集团总部实施。集团战略中有两个最为根本的影响管控模式设计的影响因子，那就是子公司业务相关性与业务战略地位。首先，集团各子公司的业务如果具有高度相关性（甚至是完全相同的业务），那么就会要求集团公司总部对运营实施专业化的深度管控；如果完全不具备相关性，集团总部协调各子公司业务的必要性就相对会减弱，管控力度就有可能减少。其次，如果分子公司涉及产业是集团重点产业，是未来业务组合规划中重点发展的业务，集团总部的关注度就会提高；而如果该产业是集团未来非重点发展（甚至属于剥离）的业务，在特定情况下集团总部有可能对其采取"放水养鱼"的管控方式，同时减少对该产业的资源配置。

3. 文化融合

集团与分子公司企业文化方面的融合程度（尤其是集团与分子公

司经营班子在经营理念、价值观、企业道德标准等方面的融合程度）会影响集团总部对委托－代理风险的判断，也会影响控股集团总部对分子公司授权与资源配置的信心，进而决定管控运作模式。集团与分子公司文化的融合程度越高，经营班子在价值理念方面具有共性，甚至有着共同的创业经历，在其他影响因素不变的情况下，集团总部的授权信心就越大，越敢于向该分子公司分配资源；反之如果集团与分子公司的文化融合程度越低，经营班子在价值理念方面不能产生共鸣，集团总部对分子公司的授权信心就会越小，总部就越不敢分散集团的资源。

4. 发展阶段

集团与分子公司的发展阶段也会影响集团总部对管控模式的设计。首先，如果集团总部成立时间不长，处于过渡阶段，在这特定时期内集团总部有可能面临总部经营班子磨合、能力培育等多方面的问题，同时由于历史原因一些分子公司在心态上比较强势，集团总部可能没有精力加强分子公司管控，在这种情况下就有可能不得不暂时采取相对分权的管控模式。随着集团总部的不断发展，其功能必然得到不断强化，管控的力度就可能越来越大。其次，在分子公司层面，如果分子公司处于组建初期，各方面的运作都没有实现程序化、标准化，则需要集团总部暂时给予更大的管理控制力度与支持；如果分子公司处于成熟期，各方面的运作实现了程序化、标准化，集团总部则可以为其设计相对分权的管控模式。

5. 管理能力

与发展阶段有着因果逻辑关系的管理能力也会影响集团总部的管控模式决策。首先，如果集团总部管理、驾驭产业的能力越强，就越有可能采取集中管控模式来管控分子公司；如果集团总部本身管理、驾驭产业的能力不足，则只能无奈地选择分散的管控模式，否则有可能极大地毁损价值创造。其次，在其他影响因素不变的情况下，如果分子公司自身管理能力较强，有丰富的独立运营经验与能力，则集团总部授权的信心就会越大，越有可能设计相对分权的管控模式，给子公司配置越多的管控资源；反之，如果分子公司本身管理能力与经验不足，就会影响集团总部对其授权的信心，选择将更多的资源集中在总部经营。

6. 集团规模

集团与分子公司的规模也会影响总部在管控模式上的决策。首先，如果集团整体实现规模化发展，面临跨地域、多层次、大规模的组织架构，则必须要对资源、权力实现分层次的配置，在这种情况下如果集团单一强调总部的集约化管控肯定是不现实的，其结果只能导致集团总部不堪重负、决策缓慢，最终出现管控真空地带而毁损价值创造；如果集团整体规模化不大，分子公司规模较小，没有出现跨地域、多层次、大规模的组织架构，则有可能对资源、权力实施集约化管控，这种情况下不会因为规模庞大而出现母公司管控真空地带，进而导致集团总部毁损价值创造。

除了上述六大影响要素，有人指出集团管控还受到领导人管理偏好的影响。但我们认为以上六个方面的要素是基本的、不可或缺的，管理偏好等因素虽然在实践中影响着管控模式的形成，但是不应当成为管控模式设计的决定性因素。因为领导人要想确保集团成长发展的良性循环，必须使自身的管理偏好适应战略发展的要求。

集团战略管控是集团管控的重要子功能之一，在不同的整体管控模式下，集团战略管控的内涵不仅仅是母子公司战略管控，因为它不仅包含母公司层面战略管控，还包含其下属所有子公司的战略管控。

如表6-1所示，在高度分权、资源分散配置的财务管控型模式下，集团总部只关注投资收益，因此在战略管控方面一般不参与权属子公司的战略规划，但是集团往往通过管理、审计等手段对子公司战略决策与执行进行审查；同时在战略管理的流程制度上集团总部不寻求统一，但是如果集团总部有资源则会为子公司的战略管理体系建设提供专业支持。

当集团管控模式属于战略管控型时，一般集团总部在战略管控上分工模式如下：集团公司总部组织集团、分子公司（各业务板块）跨层次战略管理体系建设，主导体系的运行；集团总部制定集团战略，子公司（各业务板块）在集团公司的框架下制定战略，上报集团统一审批；集团总部统一监控、分析、调整集团整体战略执行，审核战略执行过程中的重大战略决策等。

表6-1 三种不同的集团战略管控模式

财务管控型	战略管控型	运营管控型
①总部只关注投资收益，不参与战略规划，但对战略保留审查权 ②总部不统一战略管理政策，为体系建设提供专业服务	①总部组织集团公司、分子公司（各业务板块）跨层次战略管理体系建设，主导体系的运行 ②总部制定集团公司发展战略，子公司（各业务板块）在集团公司的框架下制定战略，集团统一审批 ③总部对集团整体战略执行进行监控、分析、调整 ④总部审核战略执行过程中的重大战略决策	①集团战略管理权限集中在总部行使，子公司不设战略管理部门 ②分子公司执行战略计划，对战略执行的结果负责

当集团管控属于运营管控型模式时，集团战略管理权限与重大运作几乎全部集中在集团总部，子公司一般不设战略管理部门；战略规划、监督、修正等操作皆由集团总部组织，分子公司参与；分子公司只是单纯地执行战略计划，对战略执行的结果负责。

上述三种不同的战略管控模式只是理论上的划分，在实际操作中不能也无法进行理论套用，因此需要通过对集团战略管控准则与边界进行划分来展现集团战略管控的模式设计要求，它是我们设计集团战略管控流程的基本准则。由于战略管控流程与业务计划、组织绩效评价流程直接关联，因此在进行集团战略管控流程体系设计时，往往需要对业务计划、组织绩效评价流程进行再设计。

设计集团战略管控模式并不是简单地选择何种类型的管控模式，更重要的是对集团战略管控的各项职能基本准则进行界定并划分管控边界。表6-2和表6-3展示了一个集团型企业（三层集团组织架构）进行集团战略与业务计划管控边界划分的例子。

表 6-2 战略管理循环管控边界划分表（1）

	控股集团		产业集团		子公司	
	边界	基本准则	边界	基本准则	边界	基本准则
战略规划	审批	组织审批控股集团、产业集团、子公司战略规划	建议	在控股集团组织下，提议产业集团战略规划方案	建议	参与并提议自身战略规划文本
战略监控	监控	组织开展控股集团层面季度战略检讨会召开年度战略检讨会议对战略实施监控	参与监控	参加控股及产业集团层面质询会及战略检讨会通过召开产业集团层面月度业务计划质询会对战略实施监控	参与	参加控股及产业集团层面业务计划质询会及控股年度战略检讨会通过内部月度业务计划监控内部战略实施
战略评价	组织	组织开展针对控股集团战略、产业集团战略、子公司战略执行状况的评价	参与	参与产业集团战略、子公司战略执行状况的评价	参与	参与子公司战略执行状况的评价
战略修正	审批审核执行	控股集团根据战略环境变化提出或审批战略修正建议	建议审核执行	提出战略修正建议审核子公司战略修正建议执行战略修正措施	执行	提出战略修正执行战略修正
战略投资管理	审批组织	战略投资决策权限组织实施战略投资项目管理	配合	配合战略投资项目的推进	配合	配合战略投资项目的推进

表 6-3　战略管理循环管控边界划分表（2）

	控股集团		产业集团		子公司	
	权限	行为描述	权限	行为描述	权限	行为描述
业务计划编制	指导权 审批权	下达经营目标 指导产业集团编制年度业务计划 审核批准产业集团的年度业务计划	提案权 执行权	根据控股集团要求组织编制产业集团年度业务计划并呈报控股集团审批 指导下属子公司编制年度业务计划	提案权 执行权	根据控股集团编制公司年度业务计划并呈报控股集团审批 执行控股集团批准后的年度业务计划
业务计划监控	监督权	对业务计划进行监控分析，确保年度业务计划不偏离控股集团总的年度业务计划 其他参考战略监督	监控权 参与权	组织对年度业务计划执行情况进行监控分析 参与控股集团业务计划监控 其他参考战略监督	执行权 参与权	对业务计划执行情况进行监控分析 参与控股集团和产业集团的业务计划监控 其他参考战略监督
业务计划调整	审批权	控股集团根据战略环境变化提出或审批战略调整建议	建议权 审核权 执行权	提出战略调整建议 审核子公司战略调整建议 执行战略调整措施	执行权	提出战略调整建议 执行战略调整
组织绩效评价	考核权 奖惩权	根据考核结果并提出奖惩建议 对产业集团下属子公司考核结果及奖惩方案进行审批	建议权 申诉权	对下考核并提出的经营业绩进行考核并提出奖惩建议 可以就考核结果向控股集团提出申诉	申诉权	可以就考核结果向控股集团提出申诉

6.3 战略管理循环流程与制度设计

完成战略管控模式设计后,我们就可以进行战略管理循环流程设计。流程设计活动中,需要掌握战略管理循环流程设计不能与管控边界划分相违背的规则,下面以集团公司为例介绍一般的战略管理循环流程。

1. 战略制定流程

在实际操作中战略制定流程的一般步骤如下。

第一步　战略制定准备

(1)董事会提出对本企业发展战略的要求。

(2)战略管理部根据董事会提出的发展要求,结合外部环境变化的驱动,有针对性地组建战略小组。(战略小组中包含战略管理部成员。)

(3)战略小组拟定战略制定的计划,并搜集战略资料。

(4)各子公司、部门根据战略小组的要求搜集资料,并将搜集到的资料反馈给战略小组。

第二步　内外部战略环境扫描

(1)战略管理部要向战略小组提供环境分析的研究成果。

(2)战略小组汇总所有信息和数据,组织内外部环境分析。

外部环境分析包括:

- 对公司所处的外部环境的影响因素如产业、原材料、人力资源、财务资源、市场、技术、经济环境、政府、社会文化和国际环境等进行综合分析；

- 对竞争对手的竞争战略、策略进行分析。

内部环境分析包括：对公司内部的技术、生产、营销、财务、人力、供应、公司文化等要素进行综合分析。

（3）各子公司、部门要提出对企业和行业关键成功因素的意见和想法，战略小组结合内外部环境的分析结果，确定集团关键成功因素。

第三步 拟定战略规划报告

（1）战略小组根据确定的关键成功因素，拟定相关战略措施，具体的工作包括确定公司产品和技术方向、中长期目标，制定战略标准，评估现状，确定与关键成功因素的差距。

（2）根据前面的分析，战略小组结合集团目前具有的资源与能力，具体提出弥补差距的策略，并提出战略发展框架。

（3）战略管理部根据战略发展框架拟定战略发展报告（含战略解码输出的战略地图、平衡计分卡、战略行动计划表），反馈给战略小组进行讨论和审核，反复修改，直至最后通过。

（4）战略小组审核完成后，将其上报给总裁审核，并根据总裁的意见反复修改，直至董事会最后确认和通过。

第四步 拟定业务战略和职能战略

（1）战略管理部要组织各子公司、部门制定自己的业务战略和相关职能战略。

（2）各子公司、部门拟定战略地图、平衡计分卡、行动计划表，上报给战略小组审核，战略小组反复与各子公司、部门修改和确认，直至无误。

（3）战略小组审核后，将公司、子公司、部门战略地图、平衡计分卡、行动计划表上报给总裁审核，并根据董事会的意见反复修改和确认，直至无误。

（4）审核完成后，转入战略执行流程。

2. 战略评估修正流程

第一步　执行和监督战略实施计划

（1）各子公司、部门根据战略实施计划的要求执行战略。

（2）战略管理部对各子公司、部门的执行过程进行监督，并对董事会提出的战略修改要求进行跟踪。

（3）各子公司、部门必须根据战略实施情况反馈表的要求定期向战略管理部反馈战略执行情况，并汇报半年、全年的战略总结报告（或经营统计分析报告）。

（4）战略管理部根据监督的情况，以及各子公司、部门反馈的信息，适时对企业运行环境进行研究、分析、统计，撰写企业运行环境分析报告，便于年终制定次年的业务计划或修改企业的战略目标。

（5）对于董事会认为需要对战略进行修改的意向，战略管理部在收到董事会提出的修改要求3个工作日内，对公司战略目标执行情况再次进行有针对性的监督、考察，并就存在的问题，于10个工作日内补充公司运行环境分析报告。

第二步　针对执行情况，进行战略评估和审计

（1）战略管理部组织战略小组，就以下两种情况，对战略执行情况进行评估：

- 一般于每年七月和次年一月，就公司战略实施的情况进行评估；
- 对战略修改要求及时进行评估。

（2）战略小组依据战略审计表对战略执行情况进行评估，并分组对重点单位的战略执行情况进行现场取证，就其结果进行讨论，确定审计报告框架，主要内容包括：战略审计的范围和重点内容；重点内容目前的操作策略；针对战略目标，目前存在的问题；与战略目标相对比，存在的差距；产生差距的原因；针对这些差距拟定的防范措施；重新划定责任范围和责任人的建议；需要修改战略目标或执行计划的建议；等等。

（3）战略管理部收到战略小组审计报告框架后，对审计报告框架进行确认和修订，在此基础上撰写公司战略审计报告，并上交给战略小组进行审核。

（4）战略小组在收到公司战略审计报告后完成讨论、审议工作，交各实体部门或职能部门确认、修改。

（5）各子公司、部门在收到审计报告后进行确认并提出修改意见，战略小组提出具体的修改建议，由战略管理部对其修改。

（6）上交董事会进行最终的确认与审核。

第三步　依据战略评估与审计，修正战略

（1）战略管理部根据战略执行分析对照表，对照公司的战略实施计划进行战略评估，确定战略实施计划的变革情况。

（2）战略小组审查并评估战略管理部战略变革分析，对公司战略变革情况进行审查和评估，并分析变动原因，确定战略管理过程中的责任范围，提出处理意见，制定战略变动分析报告，上交给总裁审核。战略变动分析报告的主要内容包括：战略目标的对照结果；目前的差距（正的和负的）；每项战略目标具体上升或下降的幅度；每项战略目标修改的原因以及具体措施；对战略的影响以及应对措施；对此引起的责任范围的变动建议。

（3）总裁对战略变动分析报告进行审核，确定是否需重新制定或修改战略，并进入年度业务计划管理流程。

3. 年度业务计划管理流程

第一步　制定工作计划

战略管理部根据公司战略要求，一般在每年12月份，于两周内拟定业务计划编制计划；战略管理部将形成的计划交总裁审核；总裁对计划提出意见，战略管理部据此意见对计划进行修改。

第二步　经营环境分析

（1）根据总裁对次年度经营目标的要求，战略管理部组建团队进行外部环境分析（或提前一至两个月准备外部环境分析），拟定企业运行环境分析报告。

（2）各子公司与部门根据战略管理部的要求，向战略管理部提供相关材料（也可以平时积累）。

（3）战略管理部根据反馈的内部数据，对各责任单位进行本年度的运营分析，主要工作是找出实际运行与当初确定的经营目标之间的差距，以报告的形式向各责任单位反馈。

（4）各责任单位对自己的差距进行确认，战略管理部根据责任单位提出的意见进行取证和修改，最后确定一致认可的差距和现实情况。

（5）各责任单位根据自己的工作范围和特色，确定这些差距是否要记入下年度的经营目标。

（6）针对差距，各责任单位制定差距弥补的策略，内容包括：产生差距的原因；差距对经营效益的影响；弥补差距的方法；以后出现这种差距的预警措施；弥补差距所需预算。

第三步　确定年度业务计划

（1）战略管理部根据企业运行环境分析报告、战略规划的次年度经营目标，以及各责任单位的差距弥补策略，初步预测下年度的经营任务和策略，并组织滚动调整公司、子公司、部门层面战略解码的战略地图、平衡计分卡、行动计划表。

（2）战略地图、平衡计分卡、行动计划表提交总裁审核，总裁提出修改意见，或者通过相关的讨论会论证。

（3）战略管理部根据提出的建议重新修改次年度的经营目标，经过总裁的反复审核，最终确认后，要求编制集团、子公司、部门年度经营目标卡。

（4）分解目标并确定预算。战略管理部根据公司、子公司、部门年度经营目标卡，组织拟定各责任单位的经营预算，循环讨论形成公司、子公司与职能部门年度经营目标卡与经营预算表，报总裁审核确认，并根据总裁的意见修改。

（5）全部确认后，战略管理部汇总所有责任单位的年度经营目标卡与经营预算表，汇总编制年度业务计划书文本。

（6）战略管理部向各责任单位发布年度业务计划书，并组织各责任单位签订经营责任书。

第四步　执行业务计划

（1）各责任单位依据年度业务计划书执行业务计划，并按照要求记录过程执行信息。

（2）在执行年度业务计划的过程中，战略管理部要根据业务计划进行监督（主要针对关键节点）。

（3）战略管理部汇总各责任单位反馈的执行信息和数据。

第五步　过程监控与统计

（1）各责任单位根据计划的要求对过程经营情况进行分析与总结，内部讨论分析存在的差距，并制定弥补措施。

（2）根据战略管理部或者总裁的要求，各责任单位向战略管理部反馈相关的信息（主要是影响战略要求、经营目标的信息，以及核心产品的信息）。

（3）战略管理部对照经营目标的要求，分别审核各责任单位的执行情况，拟定过程经营分析与总结（可以是季度，也可以是半年度），并送交总裁审核。

（4）战略管理部将过程经营分析与总结报告交总裁审核，并根据总裁的建议进行相关的节点监控和修改报告。

（5）根据过程总结，由总裁确定是否需要调整业务计划项目或修正经营目标，如果要调整，则转入下一步；如果无须调整，则继续执行业务计划。

第六步　修正业务计划

（1）战略管理部根据总裁修正后的经营目标，制定业务计划调整策略，形成报告，交各责任单位。

（2）各责任单位于两个工作日内修正本部门的执行策略和计划，形成报告报战略管理部审核。

（3）战略管理部汇编调整后的业务计划执行情况，及时报送总裁审核，并根据提出的建议修改相关策略和措施。

第七步　年终分析与总结

（1）根据计划要求，战略管理部在年终要制定业务计划年度执行总结计划，提交给各责任单位确认。

（2）各责任单位对自己的执行情况进行分析和总结，以形成本年度执行计划的总结报告，并在内部进行详细的讨论和分析，确定差距以及下年度如何去弥补，形成最终的业务计划年度执行总结，上报战略管理部。

（3）战略管理部汇总所有的总结，根据经营目标，系统分析和总结业务计划的执行情况，并提出差距以及弥补措施，形成年度业务计划执行分析报告，上报给总裁审核。

（4）战略管理部针对总裁提出的意见修改总结报告。

（5）审核通过后，战略管理部组织各责任单位负责人述职，由评估小组对其述职内容进行评估，并将相关结果纳入组织绩效评价流程。

| 案 例 |

M 科技股份有限公司年度业务计划管理流程

M 科技股份有限公司是国资委权属的国有大型企业集团，集团拥有三个产业板块（事业部）、数十家子公司，是典型的三层集团组织架构。2005 年前，该公司涉及特种纤维、玻璃钢材料、金属紧固件、建筑设计与承包非相关多元化的庞大业务群，企业核心资源优势得不到充分聚焦、产业急需在战略层面上梳理；同时集团公司对事业部与子公司缺乏有效管控手段，无法实现集团总部、事业部、子公司间的战略协同；集团战略绩效管理体系尚未建立，缺乏有效跟踪修正机制。因此，公司启动了涉及战略规划、集团管控模式设计、管控流程与组织架构、集团人力资源与企业文化管控等管控咨询项目。

在管理咨询顾问的帮助下，在战略管理循环设计环节中，公司将战略管控的重点流程规划为战略规划流程、战略评估与修正流程、年度业务计划管理流程、组织绩效评价流程。

咨询工作中年度业务计划管理流程设计文件的底稿如图 6-1 和图 6-2 所示。

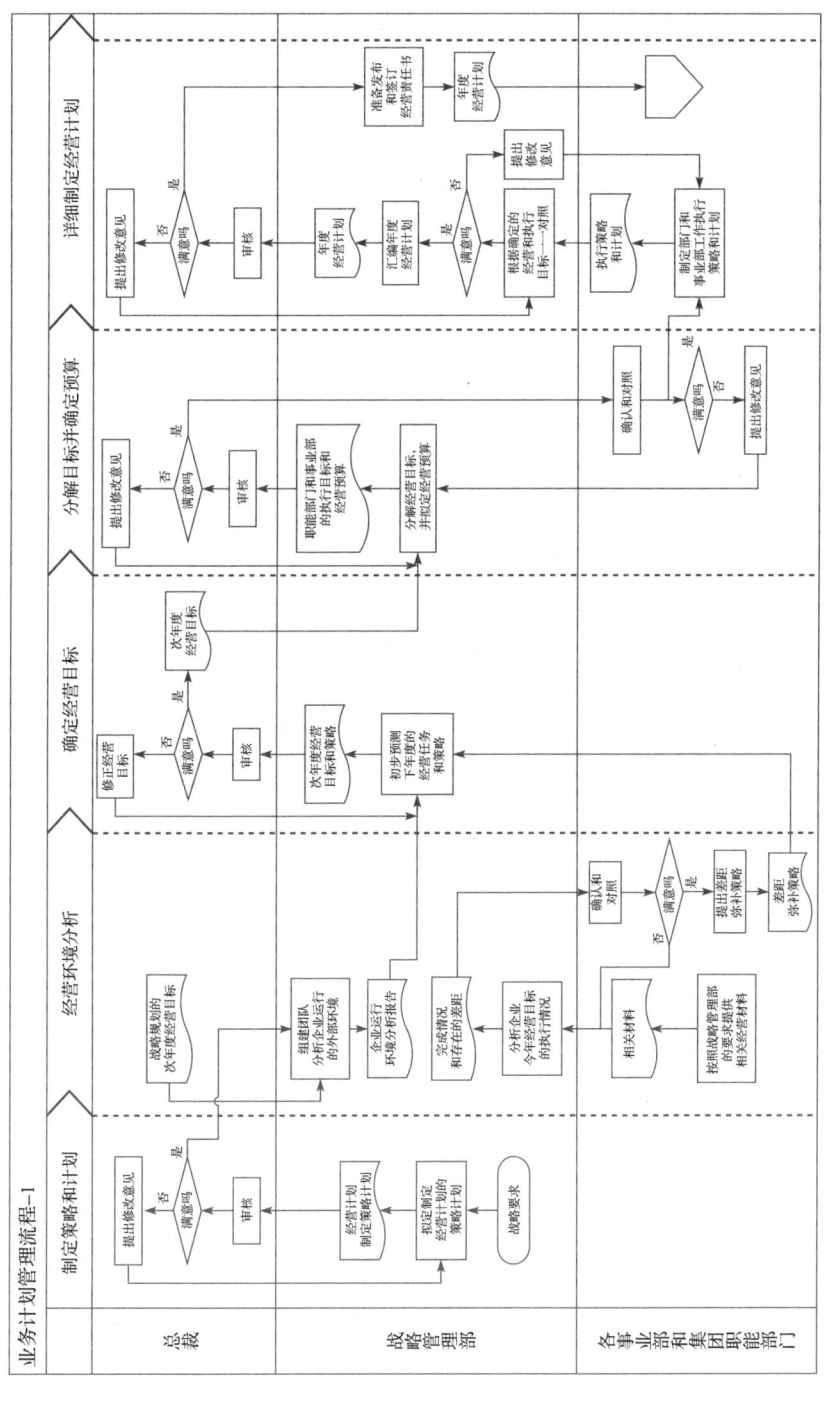

图 6-1 M 科技股份有限公司年度业务计划管理流程（1）

250 / 战略解码

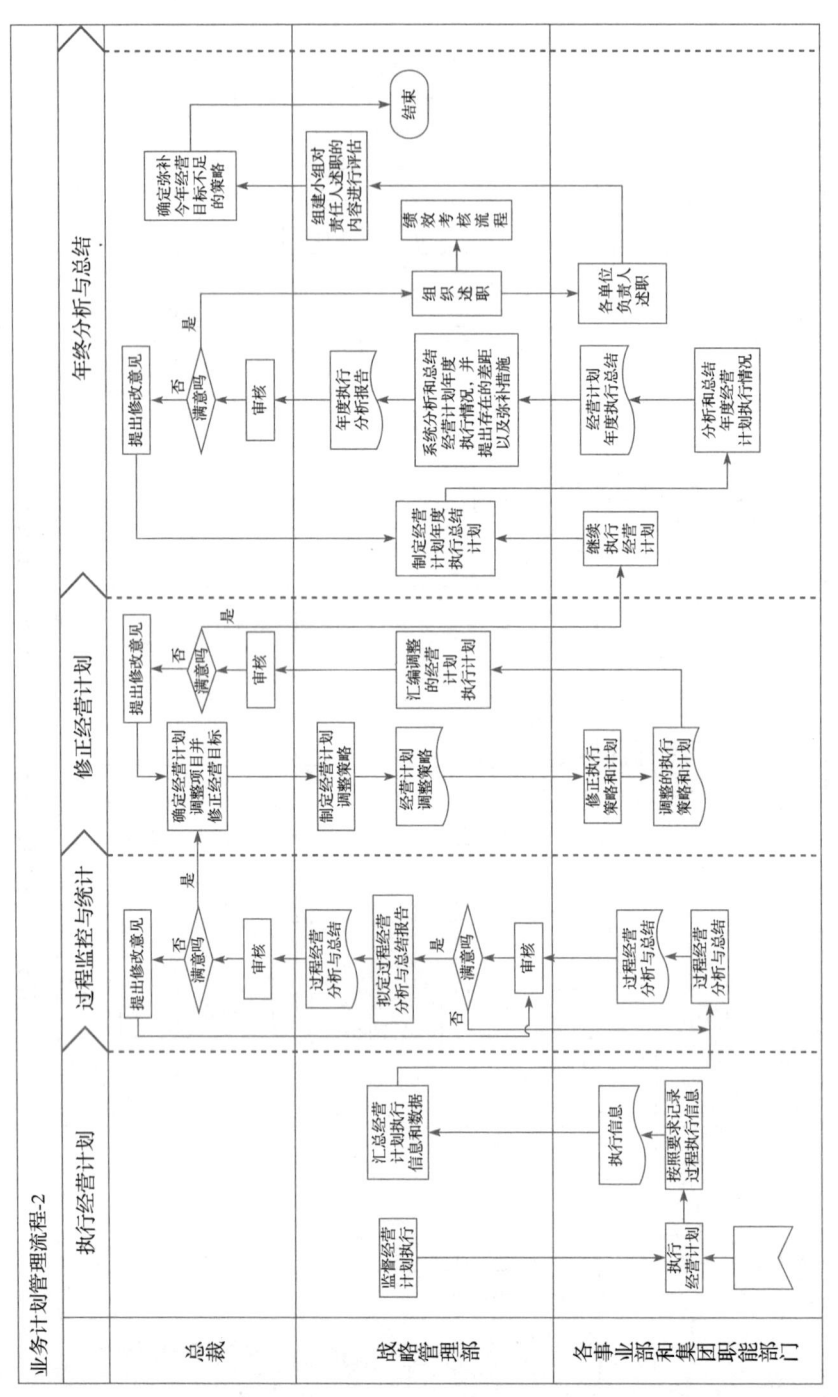

图 6-2　M 科技股份有限公司年度业务计划管理流程（2）

4. 组织绩效评价流程

第一步 绩效目标设定

（1）由战略管理委员会根据公司发展战略分析，对战略图、平衡计分卡、行动计划表进行回顾，并做必要的调整；根据战略地图要求，结合年度业务计划确定流程对应层面年度经营目标卡。

（2）公司根据子公司年度经营目标卡，设定、签订年度各子公司绩效合同。

（3）公司根据部门年度经营目标卡，设定、签订年度部门绩效合同。

（4）发约人和受约人在确定年度经营目标卡，签订绩效合同之前需就绩效标准进行沟通，设定组织绩效考核指标的考核值与计分方法。

（5）战略管理部负责推动组织实施绩效考核指标设定。

（6）子公司、部门绩效合同一式三份，发约人和受约人各一份，战略管理部备案一份。

（7）战略管理部根据备案的绩效合同中的指标，填写战略KPI绩效数据收集信息核对表反馈到各信息收集部门（含子公司的相关部门），全面负责KPI数据的收集。

第二步 绩效辅导与监控

绩效辅导与监控过程中数据的监督与管理十分重要，操作的好坏会直接影响战略管理循环的操作效果。

（1）各子公司战略管理部负责人一般是子公司KPI数据收集负责

人，子公司 KPI 数据来源于子公司内部的，一般由子公司战略管理部部长负责组织搜集，填写 KPI 数据收集表，并经子公司总经理签字审核后，提供给集团总部战略管理部审核。

（2）总部各职能部门内部设立兼职数据联络员，根据子公司战略管理部提供的 KPI 数据收集信息核对表的要求，收集绩效指标数据填写 KPI 数据收集表，并经部门负责人签字审核后，提供给战略管理部审核。

（3）战略管理部完成 KPI 数据收集表的审核（重点审核数据是否及时提供，计算公式是否正确，数据是否存在明显错误等），送报给相关发约人 / 受约人。

（4）对年度经营目标卡与 KPI 数据信息，战略管理委员会有权进行绩效稽查（或指派战略管理部稽查），稽查频率一般由战略管理委员会自己确定，但每次稽查后应当及时填写绩效稽核表。

（5）很多公司对子公司、部门战略绩效的监控采取定期日常工作指导、质询会议两种方式。

发约人在对受约人进行日常指导时应当视受约人的实际工作能力选择不同的指导方式，包括：

- 具体指示型：对于那些完成工作所需的知识及能力较缺乏的受约人，需要给予较具体的指导，将做事的方式分解，逐步骤传授，并跟踪完成情况。
- 方向引导型：对那些具有完成工作的相关知识及技能但偶尔遇到

特定情况不知所措的受约人给予适当的点拨及大方向指引。

- 鼓励型：对那些具有较完善的知识及专业化技能的受约人给予鼓励或建议。

发约人应及时自行组织召集受约人召开经营质询工作会议，根据 KPI 信息与受约人就目标完成情况进行分析、沟通，由受约人制定改进方案，发约人制定支持方案，填写会议纪要。

战略管理部应在战略管理委员会的指导下，执行召开由总部职能部门部长及分子公司高层包括财务总监参加的季度战略质询会议，对公司层面关注年度战略目标及战略计划进行动态监控；战略质询会议需事先准备被质询单位的年度经营目标卡、绩效合同、战略绩效述职报告、战略绩效质询记录、战略计划汇总表（部门系统自动生成的 KPI 数据，要求在战略绩效质询记录中事先填写）。

战略管理部应当收集公司层面年度经营目标卡的指标与计划完成信息，每月提交战略 KPI 及计划异动分析，提议改进措施和意见，为战略质询工作会议及领导班子决策提供支持。

（6）KPI 一经确定，原则上过程中不应调整，但若预期的公司经营内外部环境或者公司的战略目标发生重大变化，或公司出现重要的临时性工作任务，KPI 目标可随之相应调整。

（7）受约人考核事项如果在考核周期内，考核的前提依据没有发生，指标应当取消，根据指标权重同步放大原则，将取消指标的权重同步放大到其他考核指标。

第三步 绩效考核

（1）考核周期。一般来说，子公司及部门的组织考核周期为年度。

（2）考核流程。

- 发约人根据考核指标信息收集情况对受约人整个考核期内的绩效指标的完成情况评分并与受约人沟通，报间接上级审批后，受约人绩效合同交战略管理部审核。

- 绩效考核分数可以采取计算公式法，计算公式为：

$$组织绩效考核分数 = \sum 考核指标得分 \times 权重$$

- 组织绩效考核结果加减分调节。发约人可根据受约人在整个绩效考核周期内的加减分指标或其他工作任务的完成情况，对绩效指标的考核结果进行加减分调节（一般上下调节幅度不得超过5分）；分子公司高层、财务总监和总部职能部门的绩效加减分调节必须提交总裁审批。

- 战略管理部填写的组织绩效考核成绩汇总的报告，上报公司战略管理委员会审批。

第四步 考核回报

（1）一般来说所有受约人的考核结果应用范围如下：人力资源部将绩效考核等级结果应用于绩效奖金的分配（见薪资管理制度）；人力资源部将绩效考核等级结果作为年度调薪依据（见薪资管理制度）；公司领导根据任职者绩效考核结果及能力素质模型评估作为人事任免的依据（但不局限于上述方面）。

（2）受约人如考核周期考核等级为最低，须进行培训或岗位调整，若培训或调整后考核等级仍为最低，公司有权按照人事决策权限提议作降级处理，或根据国家《劳动法》，按劳动合同规定，予以解除劳动合同。

6.4 平衡计分卡报告与战略回顾会

战略管理循环的流程运作有两个非常重要的工具，一是平衡计分卡报告系统；二是战略回顾会。在实践中两大工具往往结合起来操作。例如在召开战略回顾会的同时，使用、展示平衡计分卡报告系统。

1. 平衡计分卡报告系统

在战略管理循环设计中，平衡计分卡报告系统主要分为各层级的战略地图分析、平衡计分卡分析、特别说明、KPI 指标分析、行动计划分析等五大追踪图表。它们相互联系，相互支持，为决策层监督战略执行提供仪表盘管理。

（1）战略地图分析。战略地图报告是指直接在战略地图的图文件上展现各个战略主题的执行情况。这种报告往往需要通过平衡计分卡软件来实现，当然手工操作的战略地图报告也可以实现追踪管理，但是手工编制追踪分析操作比较烦琐。

如表 6-4 所示，依据目标设置的计分方法，战略地图分析用绿、黄、红、白灯表示战略地图中各战略主题的执行状态。

表6-4 战略地图绿、黄、红、白灯状态说明

战略主题显示颜色	KPI 指标状态	战略行动计划状态	一般得分
绿灯	实现挑战值：业务达到最佳状态	实现挑战值：大大超出计划里程碑的时间、成本、质量、数量、风险控制要求	100分
黄灯	实现要求值：完成集团底线要求但低于挑战值，没有达到最佳状态	实现要求值：按照计划里程碑要求完成主体任务节点，基本在规定时间达成质量要求	60分
红灯	没有达到集团底线要求，指标应当引起集团警觉	未能达成计划里程碑节点要求，与设定的要求差距甚远	0分
白灯	没有数据支持显示KPI指标的完成结果与状态	没有信息支持显示计划里程碑完成的结果状态	—

中高层经理与战略管理部门可以运用战略地图分析及时了解公司与部门战略执行的进度情况。总部可以事先制定战略地图分析的开放权限，中高层经理可以根据权限调阅战略地图分析，对战略执行进行监督、管理。

| 案 例 |

某集团公司平衡计分卡报告

图6-3是某集团公司平衡计分卡报告系统中的战略地图分析（财务与客户维度片段）。

战略地图报告示例

使命	科技报效国家，产业服务社会
价值观	诚信、创新、高效、服务
愿景	成为国际一流的、中国××电气制造行业的领导者

财务
- F1:股东满意的资产回报（黄灯）
- F2:获取更多利润（黄灯）
- F3:销售收入增长（绿灯）
- F4:降低控制总成本（红灯）
- F4:加速流动资金周转（黄灯）

客户
- C1:提升战略客户及盈利新品的销售收入比重（绿灯）
  - C1.1:开发国际市场新二次配套客户（黄灯）
  - C1.2:全面占领华北市场战略客户（黄灯）
  - C1.3:提高战略性老客户的销售渗透（黄灯）
  - C1.4:A3产品线全面投入市场（绿灯）
- C2:保持与战略客户的良好关系——客户满意度（白灯）
  - 差异化优势价值主张：质量、开发能力、品牌
  - 需提升水平价值主张：交货期、开发能力
  - 一般水平价值主张：客情、售服

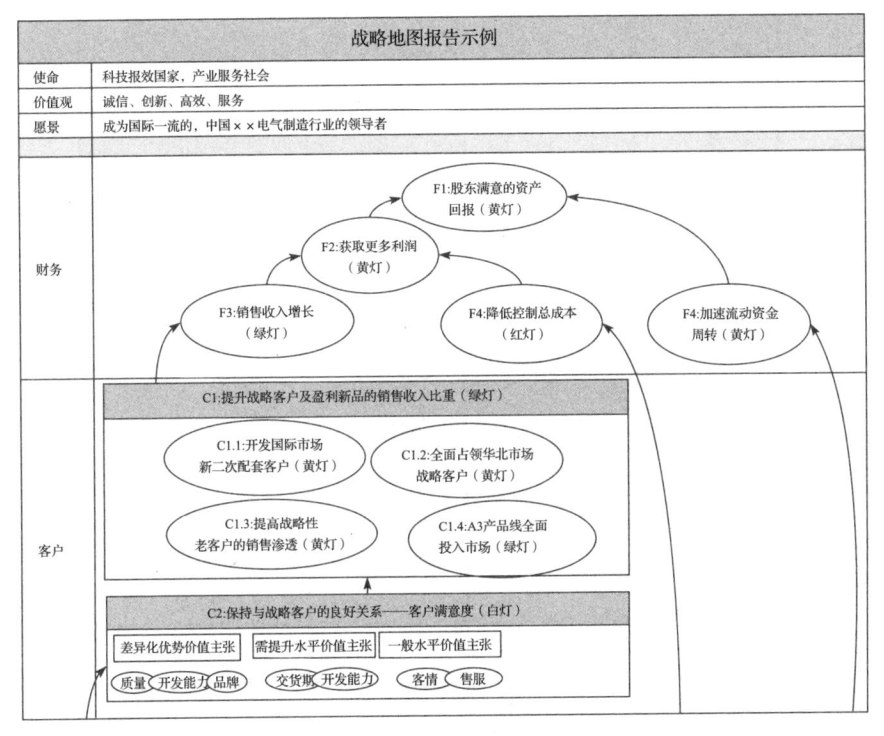

图 6-3 战略地图分析示例（片段）

（2）平衡计分卡分析。战略地图分析仅仅展现了各个战略主题的执行结果，公司中高层经理或战略管理部门还需要进一步掌握具体核心衡量指标、计划执行的更详细信息。平衡计分卡分析可以进一步满足管理者在该方面的要求，它实际是对战略地图分析的补充与延伸。

与战略地图分析一致，平衡计分卡分析也具有绿、黄、红、白灯的展现功能，进一步表明战略主题、指标、计划的完成结果与状态。

表 6-5 是某集团公司平衡计分卡报告系统中的平衡计分卡分析。

表 6-5 平衡计分卡分析示例

维度	战略目标与主题	战略目标与主题仪表盘	核心衡量指标	目标值	实际值	指标仪表盘	支持计划	计划仪表盘	主要责任人
财务	F1: 股东满意的投资回报	白	净资产收益率			白			
	F2: 获取更多利润	黄	税前利润			黄			
	F3: 销售收入增长	黄	销售收入			黄			
	F4: 降低控制总成本	黄	成本费用总额			黄			
	F5: 加速流动资金周转	黄	流动资金周转天数			黄			
客户	C1: 提升战略客户及盈利新品的销售收入比重	绿	战略客户销售收入比重			黄	市场营销计划	绿	
	C1.1: 开发国际市场新二次配套客户	黄	新产品销售收入比重			绿			
			国际战略客户新开发数量			黄			
	C1.2: 全面占领华北市场战略客户	黄	华北战略客户销售收入			黄			
	C1.3: 提高战略性老客户的销售渗透	黄	战略客户锁定数量			黄			
	C1.4: A3产品线全面投入市场	绿	新产品销售收入比重			绿			
	C2: 保持与战略客户的良好关系	白	战略客户满意度			白	客户联谊计划	绿	

从表 6-5 可以看出平衡计分卡分析延伸、细化了战略地图分析，但是公司的中高层经理与战略管理部门还需要获得更多的战略主题、指标、计划的执行结果与状态的信息，因此从平衡计分卡分析还可以继续延伸出特别说明（指平衡计分卡特别说明）、KPI 指标分析、行动计划分析。

（3）特别说明。特别说明是依附于平衡计分卡分析的，它进一步说明平衡计分卡中每一个战略目标与主题、核心衡量指标、行动计划的相互关系与整体完成情况，既包含定量也包含定性的特别说明，如战略目标与主题整体实现情况、核心衡量指标实现情况、支持计划（战略行动计划）达成情况、数据信息收集情况特别说明。

表 6-6 是某集团公司平衡计分卡报告系统中的特别说明。

表 6-6 特别说明示例

维度	战略目标与主题	仪表盘	核心衡量指标	目标值	实际值	支持计划	仪表盘	责任人
财务	F1: 股东满意的投资回报	白灯	净资产收益率	NA	NA	/	/	
	F2: 获取更多利润	黄灯	税前利润	5	4.86	/	/	
	F3: 销售收入增长	黄灯	销售收入	50	49	/	/	
	F4: 降低控制总成本	黄灯	成本费用总额	100%	99%	/	/	
	……	……	……	……	……	……	……	……

特别说明：
由于净资产收益率按年度统计，当期没有数据，所以为白灯
战略目标与主题要点特别说明：
1. 战略目标与主题整体实现情况：白灯 1 个、黄灯 3 个、绿灯 2 个、红灯 2 个
2. 核心衡量指标实现情况：白灯 1 个、黄灯 10 个、绿灯 2 个、红灯 4 个
3. 支持计划（战略行动计划）达成情况：I-001、YF-021 两个行动计划没有达成
4. 数据信息收集情况特别说明：NA

（4）KPI指标分析。KPI指标分析是针对平衡计分卡分析中定量化的核心衡量指标的分析。它包括当期数据的对比和累计数据的对比；既可以作数据同比分析，亦可以作数据环比分析。

同时KPI指标追踪报告还应当分析异动产生原因及下一步的改进措施，如成本费用超过预算标准的原因分析，及下一步成本费用控制措施分析等。

图6-4是某集团公司平衡计分卡报告系统中的KPI指标分析。

（5）行动计划分析。行动计划分析是针对平衡计分卡分析中的支持计划的完成情况进行追踪分析的表单。它依附于平衡计分卡分析，对平衡计分卡分析中支持计划的达成情况、异动原因进行进一步的分析。表6-7是某集团公司平衡计分卡报告系统中的行动计划分析。

2. 战略回顾会

企业可以组织多层次的战略回顾会，以实现战略解码后执行分层控制的目的。表6-8是某集团公司三层集团组织架构下的分层战略回顾会规划表。

集团层面战略回顾会议由集团高层、子公司总经理与财务总监、集团职能部门负责人共同参加，针对各子公司、职能部门平衡计分卡指标、计划执行情况进行质询并提出改进意见。一般而言，正式的集团战略回顾会每季度召开一次。集团战略回顾会的效果往往和组织情况有着直接关联，所以如何组织一场高效的战略回顾会非常重要，一般情况下遵循五个步骤进行（见图6-5）。

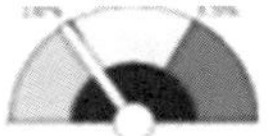

F1 － 财务指标值 | F1.1 指标值 | F1.2 指标值

F1: XX财务指标

受约人：		目标：	
考核者：		关键原始数据：	

日期	目标值	实际值	备注
Jan-03			无1月份数据
Feb-03	1.0	1.0	1、2月累计数据
Mar-03	2.0	2.0	1~3月累计数据
Apr-03	3.0	3.0	1~4月累计数据
May-03	4.0	4.0	1~5月累计数据
Jun-03	5.0	5.0	1~6月累计数据
Jul-03	6.0	6.0	1~7月累计数据
Aug-03	7.0	7.0	1~8月累计数据
Sep-03	8.0	8.0	1~9月累计数据
Oct-03	9.0	9.0	1~10月累计数据
Nov-03	10.0	10.0	
Dec-03	11.0	12.0	

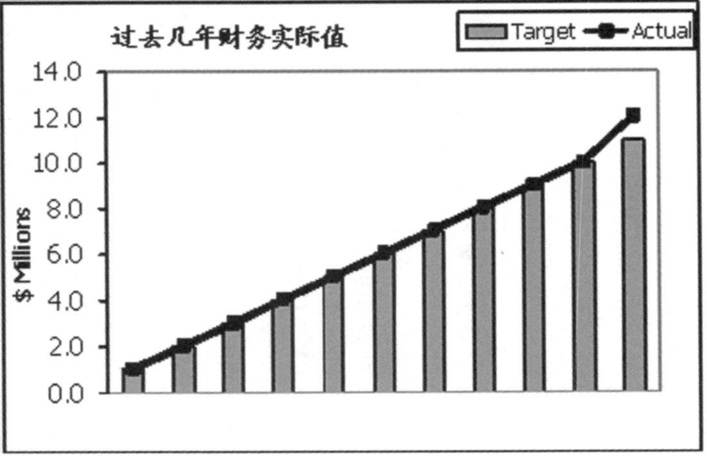

分析维度	指标值	异动情况与原因分析	改进措施
当期分析	目标值：95% 实际值：89.86%	1. 异动情况 2. 原因分析	
累计分析			

图 6－4　KPI 指标分析示例

表6-7 行动计划分析示例

××战略行动计划追踪报告					
支持计划名称	集团战略物资集中采购计划				
支持计划编号	ZGY G-2009-047				
总负责人					
支持战略目标与主题					
关键节点	时间	里程碑要求描述	负责单位	协同单位	责任人
国外战略供应商培养	2020年1月1日至6月30日	1. 目标陈述：将资金占用大的重要备件与同类型单位确定共储目录； 2. 成功标志：与×××、×××等同类型单位确定资金占用大的重要备件的种类、型号、品牌及数量进行确认，并报公司领导审批。	集团供销公司	电气子公司	
异动情况与原因分析				改进措施	
1. 异动情况 2. 原因分析					

表6-8 某集团公司战略回顾会议规划表

序号	战略回顾会议层级	发约人	受约人	组织者	会议频度
1	集团层	集团总裁班子	子集团总经理、财务总监；集团职能部门负责人	集团战略管理部	季/年
2	子集团层	子集团总经理班子	三级子公司总经理、财务总监；子集团部门负责人	子集团战略管理部	月/年
	集团职能部门层	集团职能部门负责人	子集团、三级子公司职能部门负责人	集团职能部门负责人	月/年
3	三级子公司层	子公司总经理班子	子公司部门负责人	子公司计划运营部	月/年

注：不同周期会议的主题内容有差异，短频度一般面向运营计划，长频度一般面向中长期战略滚动、质询等。

1	2	3	4	5
战略回顾会议准备	战略执行通报与子公司述职	集团对子公司质询	KPI与战略计划达成评分	整理、汇总质询会议纪要
战略图卡表	述职报告	战略执行质询记录表	评分表	会议纪要

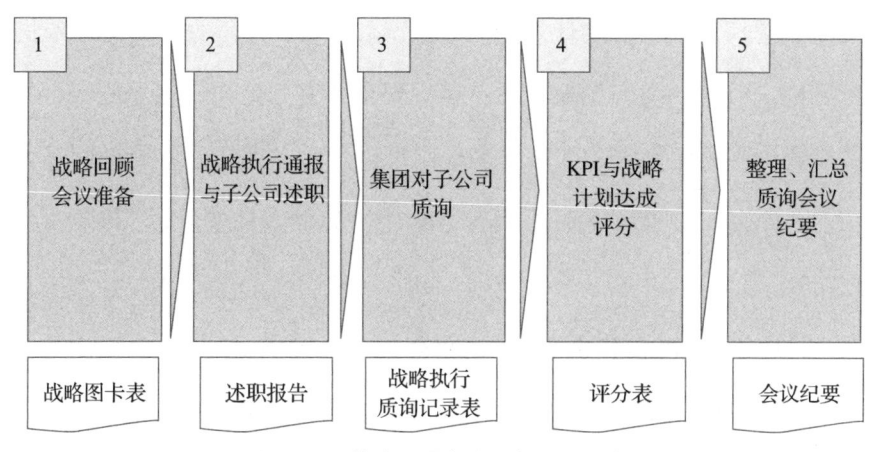

图6-5 战略回顾会议一般召开程序

第一步　战略回顾会准备

集团战略管理部门在进行会议准备时需要注意两个方面的重点工作：一是集团战略绩效质询会议程安排，包括会议的每一个程序要求都应当在议程中体现；二是通知相关单位准备会议资料，例如集团战略管理部事先准备子公司人力资源战略地图、平衡计分卡、行动计划表，要求子公司负责人填写战略绩效述职报告等。

第二步　战略执行通报与子公司述职

会议进程中一般在集团领导发言后，由战略管理部门负责人通报全集团的战略执行情况。通报的内容一般为集团平衡计分卡指标与计划达成情况。通报结束后由权属子公司总经理、财务总监进行当期的战略执行情况的述职，述职内容一般为子公司KPI与战略行动计划的实际偏差分析与改进措施。

第三步　集团对子公司进行质询

在子公司总经理与财务总监完成述职后，集团高层、战略管理部门开始就其 KPI 与行动计划的完成情况对子公司总经理与财务总监进行质询。质询的内容主要包括：差异现状、差异性质、差异原因、补救措施等，集团高层、战略管理部门可以按照上述思路不断地问子公司"为什么"，例如"为什么没有达成？""为什么是这个原因导致没有达成？"等。

第四步　KPI 与战略计划达成评分

在战略解码实施较好的集团型企业中，总部均会对子公司 KPI 与战略行动计划的执行情况进行考核评价，落实战略执行的责任机制，因此在战略回顾会上，高层、战略管理部门会根据质询情况对 KPI、行动计划进行考核评价，按照事先约定的评分规则进行评分。该评价分数将会成为未来子公司绩效考核分数的重要来源之一。

第五步　整理、汇总质询会议纪要

无论是出于经营管理信息参考的需要，还是后期业绩考核的需要，都要对战略回顾会进行记录。战略回顾会议进程、重点会议结论、KPI 与计划考核分数都应当记录在册并在会议结束时及时整理、归档。

除了平衡计分卡报告系统、战略回顾会等方式，总部还可以定期检查子公司相关报表或报告，开展战略执行专项实地调研等，这些都是有效监督、控制子公司战略执行的重要手段。

第七章

战略协同与战略解码

战略协同（strategic synergy）是战略解码活动中必须认真对待的一项管理课题。首先，企业在战略解码活动中必须关注两种现实存在的、相互联系的战略协同：一是纵向战略协同，即业务单元战略不能与公司战略相违背，同时业务单元还要通过自身努力确保公司战略意图的实现；二是横向战略协同，即各业务单元/部门之间的战略协作，它们必须犹如几支相互协作战斗的军队，能在公司战略的指挥下实现1+1＞2的协同效应。其次，公司在外部还存在着战略联盟企业集群之间的战略协同，现代企业的竞争已经不仅仅局限于单个企业，更重要的是已经延伸至外部的战略联盟与利益相关者，这种外部的战略协同已经毫无悬念地成为企业战略协同的重要构成部分。

在公司、业务单元与部门战略解码中，需要处理好纵向与横向的战略协同要求，在公司、业务单元、部门等组织的各个层面的战略地图中直观地演绎两种内部与外部战略协同的要求。

欢迎继续公司战略解码之旅，本章将探讨在战略解码活动中如何思考战略协同，阐述如何运用战略地图与平衡计分卡展示、演绎组织各层面的协同要求。

无论是内部还是外部的战略协同，公司总部都拥有业务单元不具有的看待协同的独特视角与组织优势，总部可以通过组织战略规划、监控战略执行来要求各业务单元与公司战略保持纵向协同，服从公司总体战略的安排；也可以通过管理干预来有效协调业务单元的行为，使它们在战略行动上相互配合、相互协作。因此如何在战略解码的活动中思考并演绎组织各层面的战略协同要求，是企业在战略解码时要重点考虑的要素之一。

7.1　战略协同与平衡计分卡

协同是一个值得公司经理关注的话题。协同公式 1+1 > 2 告诉我们公司整体价值一定大于业务单元／部门价值的总和。这种思想为公司业务组合的战略决策实践提供了依据，即业务组合规划时充分考虑战略协同的要求。不难发现，国际级集团型企业的产业组合似乎是一个可以实施立体打击与有效防守的航空母舰，其业务单元／部门就是一个互相配合的立体作战的航母编队。在全球化的企业战略纵深的对抗中谁胜谁负我们一目了然。

下面来看看这些企业航母编队如何把协同发挥到极致。

一些企业强调产业规模化效应，规模优势在全球被无限放大。集团总部犹如大脑，指挥着集团各分支机构不断进行全球产业扩张，采取兼并、收购、重组、投资兴建等手段，逐步形成了一个庞大的拥有完整产业链条的研发、制造、物流、销售的网络帝国。企业的边际成本因为其规模化效应得以降低，其产品价格往往降至竞争对手的成本底线，通过主动发起全球的价格战来消耗竞争对手实力乃至击败对手。

一些企业在业务组合的战略设计上强调业务之间相互支持，业务组合拳密不透风：有的实施产融结合，产业发展与金融投资业务互相支持以打造强大的产业与金融帝国；有的通过联动上下游产业的进入形成业务单元/部门之间的高效横向联合，其业务单元/部门互相支持产生协同效应，犹如立体作战的陆海空部队；更有甚者打造"端到端"的产业链，进行全产业链的延伸……

一些企业总部成功地将某子公司的核心能力在其他子公司复制，公司总部通过引导业务单元在专业技能或资源上共享或相互转让，使各业务单元在研发技术、生产制造、物流运输、市场营销或其他领域获得新的或更好的技术手段。例如，雀巢总部通过把集团在某产品或某市场取得的经验与技术向其分布在世界各地的子公司进行推广，使公司不断利用技术优势赢取利润。

一些企业甚至发起外部的战略联盟竞争，将企业的战略扩展为企业联盟集群的战争。在这种情况下协同已经不仅仅局限于单个企业集团内部的协同，协同的范畴已经远远超出单个公司，延伸至企业所有的战略合作伙伴与战略利益相关方。

由此可以看出，战略协同包含了公司内部纵向战略协同，即总部与分支机构之间的协同；也包含了公司内部横向战略协同，即各分支机构之间的协同；还包含了公司外部的利益相关方的战略协同。如果期望从协同效应中获取最大的收益，就必须真正理解协同的概念，掌握实现战略协同的有效手段。

在过去的几十年中，为了深入认识协同效应并不断检验和完善有关协同实践，公司经理、咨询顾问以及专家学者进行了很多艰苦的探索，有关协同的文章不计其数。但是人们似乎忽略了一个问题：在战略解码中如何运用一个简单有效的方法来演绎协同的要求，将公司内部与外部的战略协同用一个集成、有效的方式展现出来？这种战略解码的尴尬一直持续到平衡计分卡体系出现：我们急切地需要一个简单、有效的工具来演绎公司战略协同的要求。

对于战略地图与平衡计分卡来说协同无处不在：我们可以将业务组合、盈利模式在公司战略地图与平衡计分卡中有效地演绎出来并转化为实实在在的指标、目标、行动计划；还可以将公司战略地图与平衡计分卡元素分解到业务单元的战略地图与平衡计分卡上，确保公司战略意图以目标、指标、行动计划形式传递；在业务单元战略地图与平衡计分卡设计时可以进行内部横向战略协同分析，充分考虑业务单元/部门的战略协同要求；进行公司与业务单元战略地图设计时，还可以进行外部利益相关方的战略协同分析，并把外部战略联盟、利益相关方的协同诉求进一步转化为目标、指标、行动计划……

7.2　内部纵向战略协同

内部纵向协同即总部与分支机构之间的协同。总部在组织公司整体战略解码时，要擅长运用战略地图平台，对这种纵向协同进行有效演绎，处理好公司战略地图与业务单元／部门战略地图之间的协同关系。

一般在实际操作中要将公司战略地图（平衡计分卡）中的目标、指标与计划直接分解到业务单元／部门，并以此作为业务单元／部门战略地图开发的原始素材，以确保业务单元／部门能充分地领会集团战略意图，实现业务单元／部门战略地图与公司战略地图之间的协同性。

|案　例|

ABC 集团有限公司纵向战略协同

ABC 集团有限公司创建于 1959 年，是中国历史悠久、规模最大的尿素生产基地，也是中国第一个采用国际领先技术以天然气为原料生产合成氨、尿素的企业。1999 年由 ABC 集团有限公司独家发起，以其合成氨、尿素等生产性资产投入，采取社会募集方式设立股份有限公司，并于同年在深圳证券交易所上市。ABC 集团有限公司 ABC 股份公司拥有五个控股子公司。

为明确集团未来发展方向，ABC 集团制定了企业发展战略规划，即用三年时间、六大规划打造行业一流、卓越运营的化工基地。强化主业，发展天然气化工和煤化工，努力开创油脂化工新局面。集团战略规划出台了，但更多的是方向性和指导性纲领，缺乏详细的计划和节点控制，集团各部门、控股子公司都存在各自为政的倾向，战略执行的行动计划模糊，实际工作的重心与战略方向之间出现了难以跨越的鸿沟，战略解码工作没有得到有效实施。ABC 集团决定引入战略地图与平衡计分卡，以其为核心工具开展战略解码，以期促进公司、业务单元、各部门的战略协同。

在咨询顾问帮助下，ABC 集团高层成立了平衡计分卡体系的推进小组，并首先召开为期一周的集团战略地图研讨会，开发出集团层面的战略地图，如图 7-1 所示。

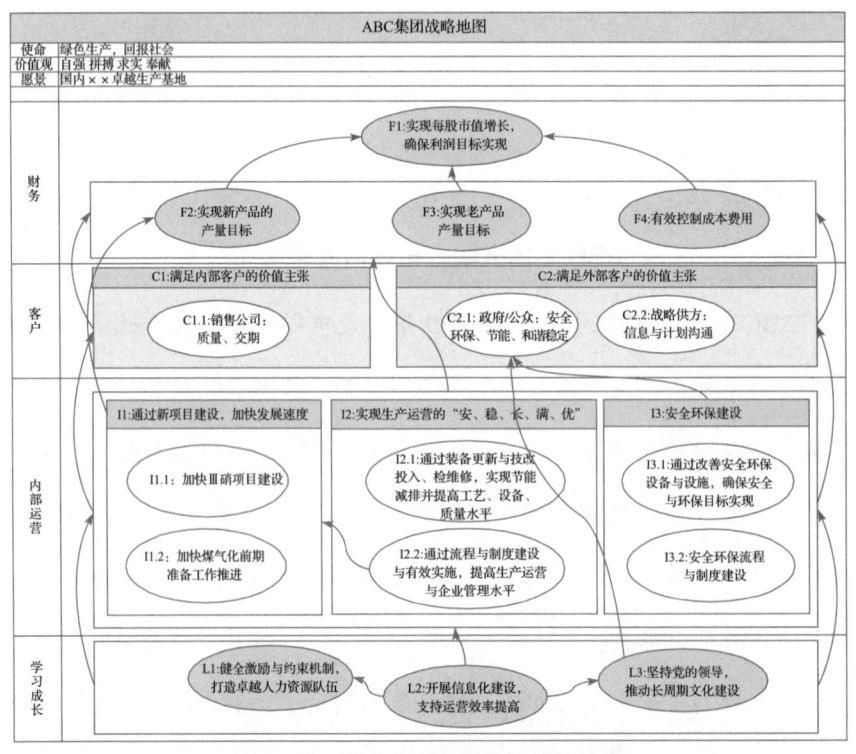

图 7-1 ABC 集团有限公司战略地图

为确保公司、业务单元、部门的战略地图能充分展现战略协同的要求，ABC 集团高层组织开展了纵向战略协同分析，对公司层面战略地图的目标、指标、计划进行纵向分解。ABC 高层开展纵向战略协同分析的根本目的，是确保公司战略意图能通过简单、易于理解的战略地图形式在业务单元、部门之间传递。

表 7-1 是 ABC 集团高层进行公司战略目标与计划分解的矩阵表。

完成公司战略地图目标与计划的纵向分解后，ABC 集团高层开始组织职能部门战略地图与五个控股子公司战略地图的开发，要求 ABC 集团平衡计分卡小组整理各部门、各子公司分解到的财务与非财务类战略主题、目标与计划，开展第二轮战略研讨，即集团职能部门与控股子公司战略地图研讨。

在研讨集团职能部门与控股子公司战略地图过程中，平衡计分卡小组发现集团与各部门、各子公司的战略地图存在高度的依存关系：集团财务目标分解到各部门、各子公司作为其战略分析的源头，一些在集团战略地图中属于内部运营和学习成长维度的战略主题、目标与计划，在部门、子公司层面变成了它们所要追求的终极战略目标，集团纵向战略协同要求被演绎得淋漓尽致。

图 7-2 和图 7-3 是 ABC 集团两个子公司战略地图的案例演示。

表 7-1　ABC 集团有限公司战略地图目标与计划分解表

维度	战略目标与主题	核心衡量指标	A 子公司	B 子公司	C 子公司	D 子公司	E 子公司	职能部门 1	职能部门 2	职能部门 3	职能部门 4
财务	F1:实现每股市值增长，确保利润目标实现	每股市值	⊙								
		净利润		⊙	⊙	⊙					
	F2:实现新产品的产量目标	新产品不变价产值	√	√	√	√					
	F3:实现老产品产量目标	老产品不变价产值	√	√	√	√					
	F4:有效控制成本费用	成本费用预算达成率	√	√	√	√	√	√	√	√	√
客户	C1:满足内部客户的价值主张										
	C1.1:销售公司:质量、交期	外部质量损失金额	√	√	√	√	√				
		生产计划完成率	√	√	√	√	√				
	C2:满足外部客户的价值主张										
	C2.1:政府/公众:安全、环保、节能、和谐稳定	一般（及以上）安全、环保事故	√	√	√	√		√	√	√	√
		节能量	√	√	√	√					
		严重社会影响事件	√	√	√	√	√		√	√	√
	C2.2:战略供方:信息与计划沟通	年供气、供电目标达成率	√								
		战略供方发展计划实施评价						√			
		即时煤库存量						√			

续表

维度	战略目标与主题	核心衡量指标	A子公司	B子公司	C子公司	D子公司	E子公司	职能部门1	职能部门2	职能部门3	职能部门4
内部运营	I1:通过新项目建设,加快发展速度										
	I1.1:加快Ⅲ硝项目建设	Ⅲ硝投资项目实施评价		⊙					√		
	I1.2:加快煤气化前期准备工作推进	煤气化投资准备工作实施评价	⊙						√		
	I2:实现生产运营的"安、稳、长、满、优"										
	I2.1:通过装备更新与技改投入、检维修,实现节能减排并提高工艺、设备、质量水平	装置长周期完成率	√	√	√	√					
		非计划停车与减产损失	√	√	√	√	√				√
	I2.2:通过流程与制度建设与有效实施,提高生产运营与企业管理水平	流程与制度优化计划	⊙	⊙	⊙	⊙	⊙	⊙	⊙		
	I3:安全环保建设										
	I3.1:通过改善安全环保设施与设备,确保安全与环保目标实现	一般(及以上)安全、环保事故	√	√	√	√	√		√	√	⊙

276 / 战略解码

续表

维度	战略目标与主题	核心衡量指标	A子公司	B子公司	C子公司	D子公司	E子公司	职能部门1	职能部门2	职能部门3	职能部门4
	I3.2: 安环流程与制度建设	安环流程制度优化计划	√							⊙	
学习成长	L1: 健全激励与约束机制,打造卓越人力资源队伍	超员率		√	√	√	√	√	√	√	√
		重要岗位任职条件达标率	√	√	√	√	√	√	√	√	√
		多通道职业发展体系计划实施评价							⊙		
	L2: 开展信息化建设,支持运营效率提高	信息化建设计划实施评价								⊙	
	L3: 坚持党的领导,推动长周期文化建设	长周期文化认同度	√	√	√	√	√	√	√	⊙	√

注: √表示结果责任(100%责任分解); ⊙表示驱动责任(部分责任)。

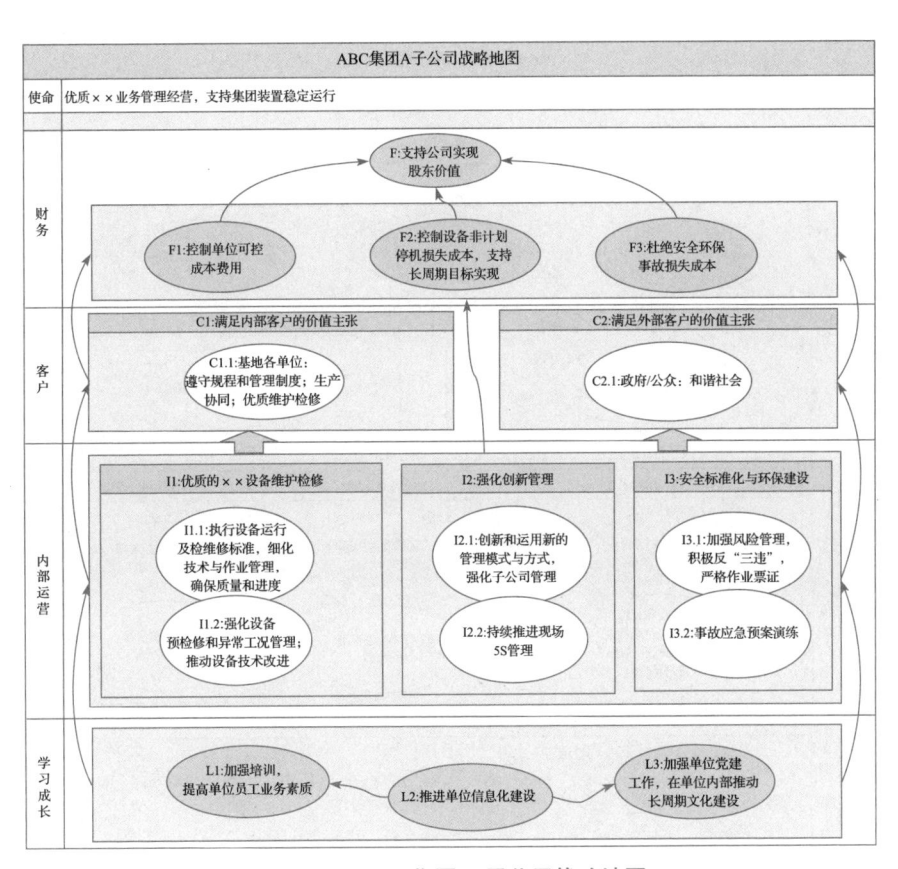

图 7-2 ABC 集团 A 子公司战略地图

/ 战略解码

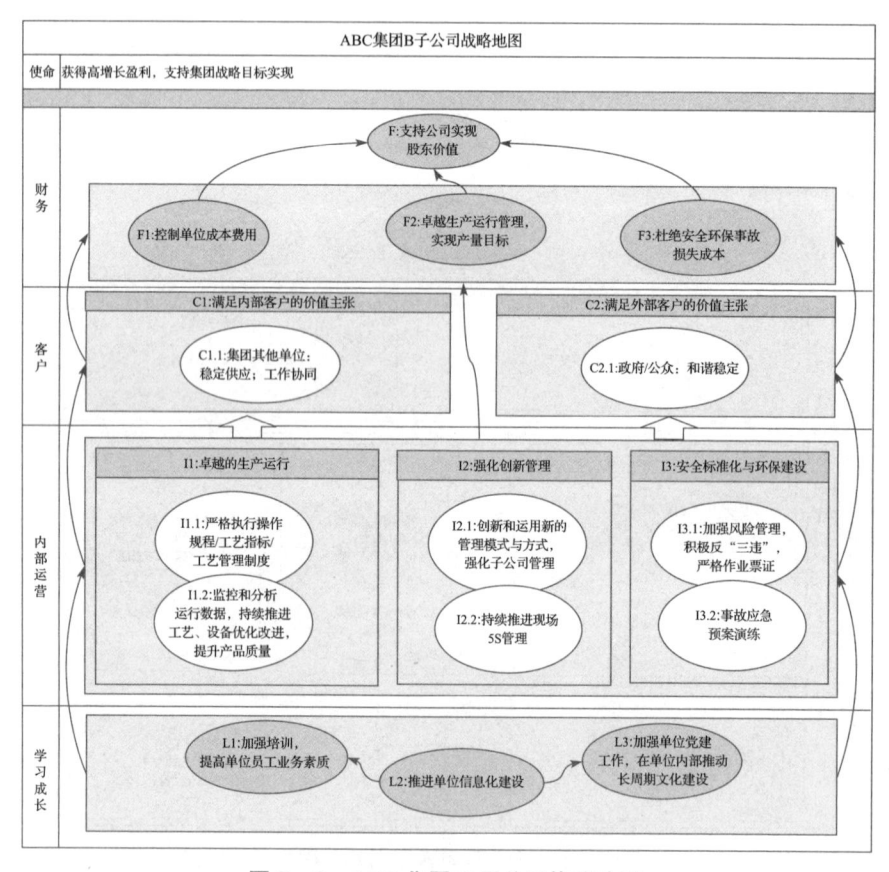

图 7-3 ABC 集团 B 子公司战略地图

7.3　内部横向战略协同

内部横向战略协同即分支机构（业务单元、部门等）之间的协同。总部在组织公司整体战略解码时要擅长运用战略地图平台，同样对这种横向协同进行有效演绎，处理好业务单元、部门战略地图之间的协同关系。在实际操作中要进行业务单元、部门的横向战略协同分析，识别出公司、业务单元、部门的横向协同依存关系。

|案　例|

ABC 集团有限公司内部横向战略协同

公司内部的组织战略协同不仅包含总部与业务单元、部门的纵向协同，还包含各业务单元、部门的横向战略协同。因此 ABC 集团高层在组织战略地图研讨时，还组织了 ABC 集团有限公司内部横向战略协同分析，以识别出集团内部各子公司、部门之间的协同需求。

内部横向战略协同分析首先体现在客户维度中对内部客户（即内部战略利益相关方）战略协同需求的分析与相关战略主题界定，ABC 集团高层采取以下几个操作步骤：

第一步，界定内部战略利益相关方价值主张（即协同需求分析）；

第二步，识别战略性价值主张；

第三步，依据战略性价值主张，确定战略主题。

ABC 集团高层发现内部横向协同需求矩阵分析表（见表 7-2）可以有效帮助企业把握集团内部各子公司、部门的价值主张。

表 7-2 ABC 集团内部横向战略协同需求矩阵分析表

	A子公司	B子公司	C子公司	D子公司	E子公司	职能部门1	职能部门2	职能部门3	职能部门4	……	职能部门N
A子公司											
B子公司											
C子公司											
D子公司											
E子公司											
职能部门1											
职能部门2											
职能部门3											
职能部门4											
…											
职能部门N											

如图 7-4 所示，客户维度（内部客户）战略主题将集团内部横向战略协同要求演绎得淋漓尽致。

ABC集团安全环保监督部战略地图

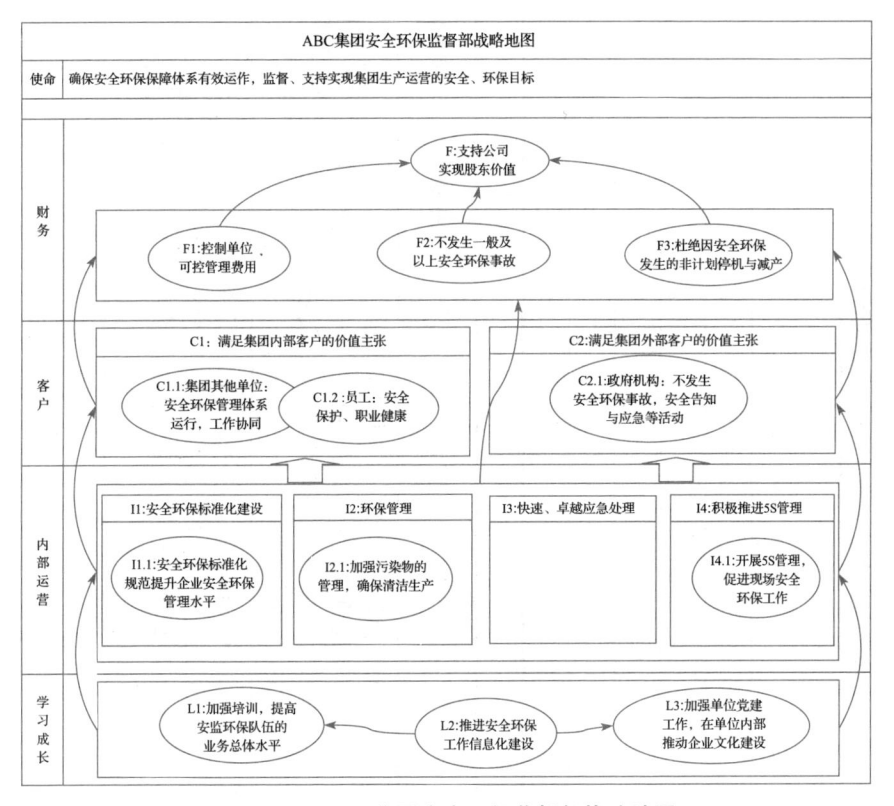

使命	确保安全环保保障体系有效运作，监督、支持实现集团生产运营的安全、环保目标

财务：
- F：支持公司实现股东价值
- F1：控制单位可控管理费用
- F2：不发生一般及以上安全环保事故
- F3：杜绝因安全环保发生的非计划停机与减产

客户：
- C1：满足集团内部客户的价值主张
  - C1.1：集团其他单位：安全环保管理体系运行，工作协同
  - C1.2：员工：安全保护、职业健康
- C2：满足集团外部客户的价值主张
  - C2.1：政府机构：不发生安全环保事故，安全告知与应急等活动

内部运营：
- I1：安全环保标准化建设
  - I1.1：安全环保标准化规范提升企业安全环保管理水平
- I2：环保管理
  - I2.1：加强污染物的管理，确保清洁生产
- I3：快速、卓越应急处理
- I4：积极推进5S管理
  - I4.1：开展5S管理，促进现场安全环保工作

学习成长：
- L1：加强培训，提高安监环保队伍的业务总体水平
- L2：推进安全环保工作信息化建设
- L3：加强单位党建工作，在单位内部推动企业文化建设

图 7-4　ABC 集团安全环保监督部战略地图

以战略地图为平台演绎横向战略协同要求，不仅体现在战略地图与平衡计分卡上，还体现在行动计划表上。ABC 集团高层要求平衡计分卡小组在编制行动计划表（见表 7-3）时要充分考虑集团内部各子公司、职能部门的横向协同要求。

表 7-3 ABC 集团行动计划表——企业文化建设计划

计划名称	集团企业文化建设计划
计划编号	
总负责人	第一负责人：彭伟；第二负责人：马智
制定	党群工作部
制定日期	2020 年 5 月 8 日
审批	张经传
审批日期	

编号	关键节点	时间	计划要求	负责单位	协同单位	责任人
1	成立领导小组	2020 年 4 月 1 日至 5 月 1 日	1. 目标陈述：在 2020 年 5 月 1 日以前，成立集团企业文化建设领导小组； 2. 成功标志：经过党政领导认可，集团正式行文下发。	集团党群工作部	集团工会、安监部、企管部、各子公司	马智
2	制定工作计划	2020 年 5 月 1—31 日	1. 目标陈述：在 2020 年 5 月 31 日以前，制定出集团企业文化建设具体工作计划； 2. 成功标志：计划经集团文化建设领导小组通过。	集团党群工作部	集团工会、安监部、企管部、各子公司	马智

	阶段	时间	目标陈述及成功标志	责任部门	配合部门	负责人
3	提炼理念	调研阶段	2020年6月1—30日	1. 目标陈述：通过走访、座谈、征集等方式，在2020年6月30日以前，形成集团企业文化理念的初步内涵； 2. 成功标志：集团企业文化建设领导小组通过。	集团党群工作部	集团工会、安监部、企管部、各子公司	马智
		形成阶段	2020年7月1—31日	1. 目标陈述：酝酿、讨论，形成通俗易懂的理念； 2. 成功标志：集团正式行文下发。	集团党群工作部	集团工会、安监部、企管部、各子公司	马智
4	宣贯教育	一般性宣传	2020年8月1日至12月31日	1. 目标陈述：利用广播、电视、报纸、黑板报、标语、橱窗等宣传工具做好集团文化理念的宣传； 2. 成功标志：员工认知度大于80%。	集团党群工作部	集团工会、安监部、企管部、各子公司	马智
		开展征文活动	2020年8月1日至12月31日	1. 目标陈述：在2020年12月31日以前，在公司报刊上开展以集团文化为主题的征文活动； 2. 成功标志：征文总数不少于50篇。	集团党群工作部	集团工会、安监部、企管部、各子公司	马智
		开辟电视专栏	2020年8月1日至12月31日	1. 目标陈述：在2020年12月31日以前，在集团电视台开辟以集团文化为主题的专栏； 2. 成功标志：系列报道总数不少于20条。	集团党群工作部	集团工会、安监部、企管部、各子公司	马智
		企业文化安全教育	2020年6月1—30日	1. 目标陈述：在"安全生产月"期间，开展以企业文化为主题的安全教育，增强集团安全文化的观念； 2. 成功标志：接受教育人员覆盖面大于80%。	集团安监部	集团工会、企管部、各子公司	余伟

5	企业文化主题文体活动	2020年4月1日至7月31日	1. 目标陈述：在第三届职工运动会期间，开展以集团文化为主题的文体活动； 2. 成功标志：参加单位不少于80%。	集团工会	集团安监部、企管部；各子公司	梅勇华
6	企业文化"大轮班"劳动竞赛	2020年、2021年、2022年3月31日、6月30日、9月30日、12月31日	1. 目标陈述：以集团企业文化为主题，在2020年、2021年和2022年每个季度对化工"大轮班"进行劳动竞赛评比； 2. 成功标志：让广大员工能够规范操作行为，提高工作责任心，确保装置长周期稳定生产。	集团工会	集团安监部、企管部；各子公司	马智
7	建立和完善激励机制	2020年1月1日至2022年12月31日	1. 目标陈述：在2022年12月31日以前，通过集团战略规划的实施，逐步建立完善企业文化激励机制； 2. 成功标志：形成人人关心企业文化建设，人人为企业战略目标作贡献的机制。	集团党群工作部	集团人力资源部、企管部、总调室	马智
8	企业文化达成评价考核	2020年、2021年、2022年12月15—31日	1. 目标陈述：根据计划组织进行年度检查考核； 2. 成功标志：形成年度企业文化达成评价书，使员工认同度2020年达到90%，2021达到93%，2022达到95%。	集团党群工作部	工会、安监部、企管部	马智

7.4 外部横向战略协同

战略协同不仅包含内部纵向与横向战略协同，还包含集团、各子公司、职能部门与外部客户即外部团体组织（如供应商、销售客户、政府等）之间的战略协同。因此在进行集团不同层级的战略地图开发时，ABC集团高层还组织了外部横向战略协同分析，以识别出集团、各子公司、部门不同层面所面对的"外部客户"的战略协同要求。

运用战略地图演绎集团层面的外部横向战略协同要求，要求在客户维度中对外部战略利益相关方的协同需求进行识别，并有效分析、确定相关战略主题，ABC集团高层采取以下几个操作步骤：

第一步，界定外部的战略利益相关方；

第二步，界定外部战略利益相关方价值主张（即协同需求分析）；

第三步，识别战略性价值主张；

第四步，依据战略性价值主张，确定客户与内部运营的战略主题。

ABC集团高层认为，集团层面战略利益相关方即客户主要包括内部客户——销售公司及外部客户——政府机构、天然气战略供方。图7-1中C2战略主题将其价值主张通过战略地图演绎出来。

外部横向战略协同演绎还需要体现在集团子公司、职能部门等层面的战略地图上，要求ABC集团高层在子公司、职能部门战略地图开发时，对客户维度中外部战略利益相关方的协同需求进行识别，并有效分析、确定相关战略主题。图7-4 C2战略主题演绎了外部横向战略协同需求。

第八章

单体公司战略解码

单体公司是与集团型企业相对应的企业形态，是一个独立法人的单厂型企业，它既不隶属于任何集团，也没有权属的子公司。从表面上看，单体公司战略类似于多元化集团下业务单元战略，但事实上两者之间既相似也有很大的不同。

一般而言单体公司战略属于成长型竞争战略，无论其战略形态如何变化，其基本路径无外乎通过不同战略获取业务增长与利润获得发展。但是业务单元战略是在公司战略的指导之下作出的，有些业务单元战略并不是为了获取业务增长与利润，公司可能要求其配合主业甚至是品牌形象的需要，只有在公司整体的大战略下才能理解业务单元战略，这是单体公司战略与业务单元战略的重要区别之一。

因此不同业务单元战略地图中的财务战略目标有很大差异：有的是获取现金流，有的则是实现短期利润获取……而单体公司的财务战略目标必然是获取业务增长与利润，进而实现企业发展。

本章将探讨如何在单体公司中运用战略地图与平衡计分卡体系来开展战略解码。

8.1 单体公司战略解码概述

单体公司的战略解码从战略层级上来看，一般涉及至少两个层级：公司战略解码和部门战略解码。

与专业化集团类似，单体公司的战略重点关注公司在现有的产业中如何获取竞争优势，以获得生存与发展。但是与专业化集团不同的是，由于不存在多层次的总分或母子法人的组织架构，单体公司并不需要考虑如何处理其与分子公司的关系，以及分子公司之间的关系并创造战略协同效应。从这一点上说，专业化集团对于战略协同思考的难度远远大于单体公司，但是单体公司战略仍然需要关注其公司内部各部门与员工的战略协同问题。

迈克尔·波特的三种基本战略理论同样适合单体公司，单体公司也需要考虑如何克服外部环境中相互组合的五种力量获得竞争优势，谋求生存与发展。可供选择的三种基本战略是：总成本领先战略，这是以低成本为竞争基础的战略，公司必须擅长控制价值链上各种活动成本；差异化战略，要求公司开发出具有独特价值的产品／服务，这种独特价值是客户愿意为之支付的溢价的"非价格"特点；聚焦战略，即公司将自己的主要精力集中、聚焦于特定的产品线、顾客群或目标市场，获得竞争优势。

从公司战略规划内容结构来看，单体公司的竞争战略主要包括三个方面的内容：

（1）企业战略任务系统确定。战略任务系统是指公司使命、价值观与愿景。公司使命即企业存在的价值、意义是什么；公司价值观即企业应当遵循的整体核心价值理念是什么；公司愿景即在业务领域内，企业未来要成为什么样子。

（2）企业总体目标与发展阶段划分。企业总体目标包括财务与非财务目标，并要求能落实到各个发展阶段的子目标。

（3）企业关键战略举措、计划与预算。该部分是指界定公司核心能力培育相关的关键战略措施与计划、资源配置的预算等。

单体公司也需要职能战略规划，需要关注生产、营销、人力资源、财务等管理职能如何落实公司竞争战略意图，其职能战略也注重企业内部主要职能短期战略计划、预算。

单体公司两个层级的战略解码也可以运用战略图卡表工具，进行定义和描述，其对应关系如表8-1所示。

表8-1 单体公司战略解码与战略图卡表对应关系对照表

序号	战略与组织层级	图卡表开发
1	公司战略	1. 公司战略地图 2. 公司平衡计分卡 3. 战略行动计划表
2	职能战略	1. 部门战略地图 2. 部门平衡计分卡 3. 战略行动计划表

8.2 单体公司战略解码七步法

单体公司战略解码需要进行差距分析并提出年度战略滚动修订的要

点，这些要点包括单体公司战略任务检讨、基本战略目标滚动建议、增长路径与客户价值再检讨、关键战略举措调整等；随后进入正式战略解码环节、开发公司与部门战略图卡表、编制年度业务计划以链接财务预算、分解公司中高层管理者的 KPI 并签订 PBC 等工作。一般来说单体公司战略解码主要包含七大步骤。

1. 差距分析与战略环境扫描

该步骤首先进行经营差距分析，单体公司的差距分析同样包括业绩差距分析与机会差距分析，在差距分析基础上展开企业内部价值链扫描，总结优劣势；其次，可以运用 PEST 分析法对宏观环境因素进行扫描，这些因素包括政治、经济、社会、技术等；再次，相关行业环境扫描也是该步骤的重要内容之一，包括行业边界划分、行业结构分析（五力模型）、战略组群分析等内容，无论宏观环境还是行业环境分析都要总结出机遇与威胁；最后可以运用 SWOT 分析工具对企业内外部战略环境进行综合评估，以寻找战略外部环境的机遇与威胁、内部环境的优势与劣势。

2. 检讨单体公司战略任务

- 使命：单体公司存在的价值与意义是什么？
- 价值观：员工应当遵守的核心价值理念是什么？
- 愿景：未来单体公司要成为什么样的企业？
- 战略定位：从愿景延伸出来的业务定位是怎样的？

- 指导思想：战略实施需要遵循的基本理念是什么？

3. 滚动修订基本战略目标

单体公司基本战略目标实际上是对公司使命与愿景的细化与分解，它的特点是更加细化、具体，要求能落实到各个发展阶段的子目标。

4. 增长路径与客户价值再检讨

该部分主要包括市场细分、产品与市场定位、客户价值主张界定、核心能力培育，它的主要目的是解决如何利用好自身拥有的资源，培育核心能力，满足目标客户需求，实现客户价值主张，以获取在该业务范围内的竞争优势。

5. 关键战略举措调整

该部分是指围绕实现单体公司战略目标、增长路径目标，满足客户价值主张，制定关键战略举措与推进计划，关键战略措施与推进计划的主要目的是将培育核心能力、满足目标客户需求、实现客户价值主张等策略转化为实际可操作的举措与计划。

6. 开发战略图卡表，链接年度业务计划与财务预算

开发单体公司战略地图、平衡计分卡与行动计划表，是单体公司战略解码最重要的环节。前面四个部分都是着眼于单体公司中长期的战略

修订内容，而该部分则主要运用战略图卡表工具将中长期战略解码为单体公司的年度业务计划并将其与预算相链接。

7. 分解公司中高管 KPI 并签订 PBC

根据单体公司战略地图、平衡计分卡与行动计划表及中高管人员的分工职责，分解中高管的 KPI 并签订公司中高管的 PBC。

8.3　单体公司战略解码基础理论

平衡计分卡创始人罗伯特·卡普兰与戴维·诺顿曾经指出"一图胜千言"，同时他们在其合著的《战略地图》一书中提出了战略地图分析模板，即以平衡计分卡的四个维度（财务、客户、内部运营、学习成长）目标为核心，通过分析这四个维度目标的相互关系绘制成企业战略因果关系图。

卡普兰和诺顿指出，把公司价值创造的战略意图体现在一张图上就形成了公司的战略地图（见图 8-1），战略地图既明确了公司的战略目标，同时也明确战略目标实现的关键路径。在日常战略管理中，战略地图是公司内部沟通的战略语言。

罗伯特·卡普兰与戴维·诺顿的战略地图模板体现了平衡计分卡财务、客户、内部运营和学习成长四个维度的逻辑关系，阐述了战略地图是如何统帅平衡计分卡与行动计划表的（见图 8-2）。

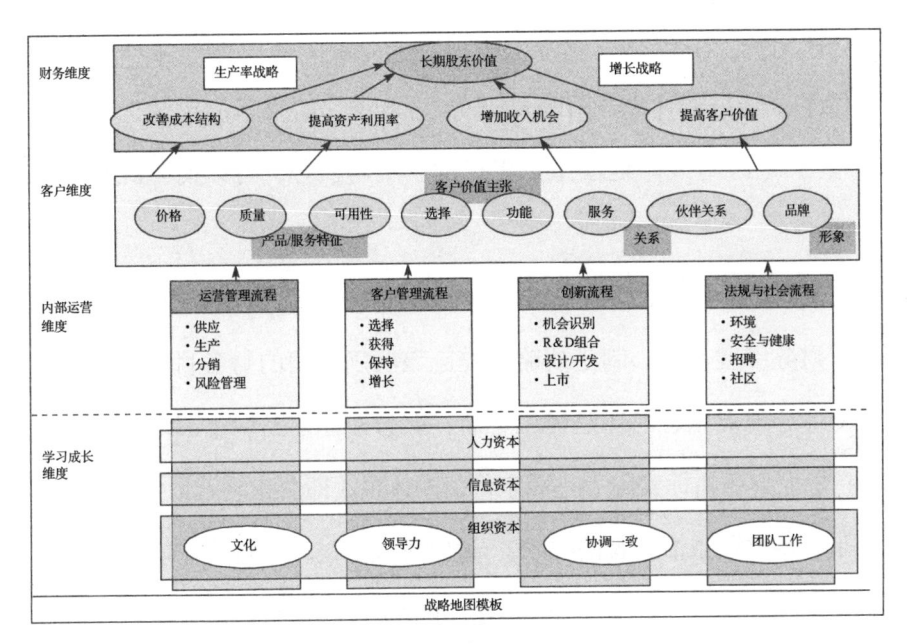

图 8-1 单体公司战略地图标准模板

图 8-2 战略地图、平衡计分卡与行动计划表链接关系

罗伯特·卡普兰与戴维·诺顿的战略图卡表也为衡量战略执行提供了监督报告体系（见图8-3），正所谓"如果不能描述，就不能衡量"。通过对战略地图重点指标的回顾与监控，可以衡量战略实施效果。

他们在《战略地图》中进一步阐述了战略地图绘制的第一层次——确认财务维度目标。制定战略首先应该明确公司的财务目标。无论在平衡计分卡诞生之前还是诞生之后，财务指标都是衡量战略实施的重要指标。财务指标实际上是股东价值的体现，即股东利益最大化（当然并非不考虑利益相关者的要求），通常可以通过两个途径来实现，一个是生产率战略，即提高生产效率，包括改善成本结构和提高资产利用率，从而提高单位产品的盈利能力和资产的使用效率。这样，在销量不变的情况下公司的盈利能力增加了，或者在资产不变的情况下公司的生产效率提高了。另一个是增长战略，即通过销售收入的增加提高公司的盈利能力。如图8-4所示，财务目标的设定可从以下几个方面考虑：

- 长期股东价值怎样实现？通过生产率战略还是增长战略？
- 如果采取生产率战略，是改善成本结构还是提高资产利用率？
- 如果采取增长战略，是增加收入机会还是提高现有客户价值？
- 如果同时采取生产率战略和增长战略，组合策略有哪些？

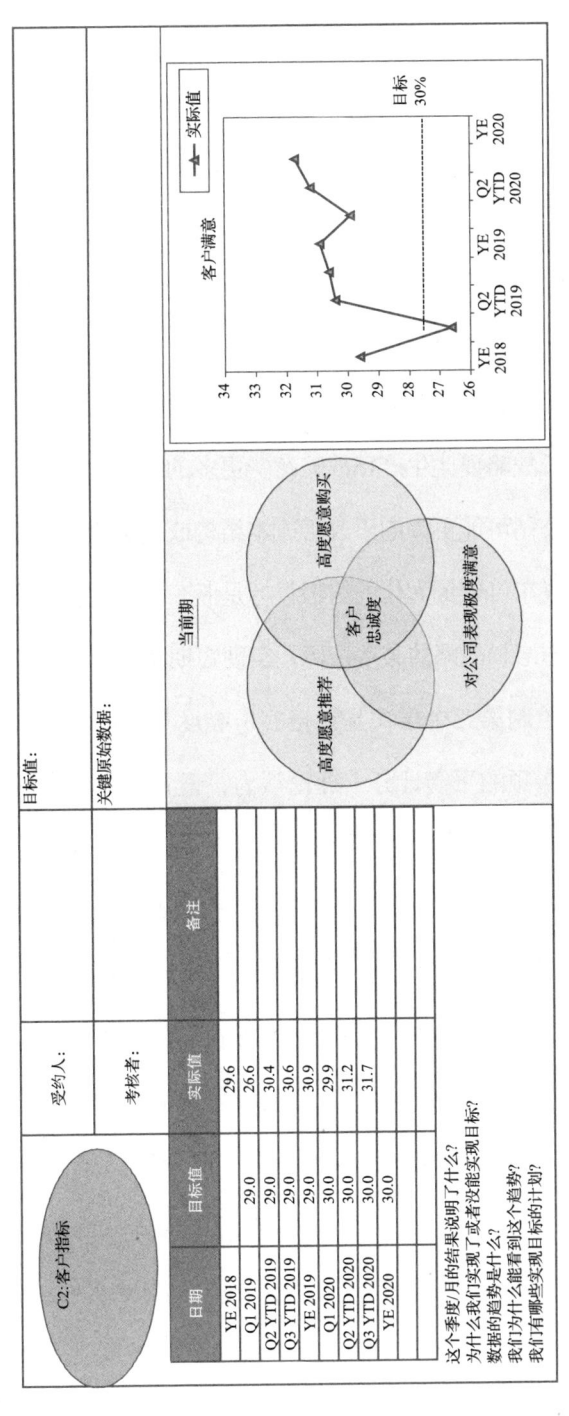

C2: 客户指标		受约人:	目标值:
		考核者:	关键原始数据:

日期	目标值	实际值	备注
YE 2018		29.6	
Q1 2019	29.0	26.6	
Q2 YTD 2019	29.0	30.4	
Q3 YTD 2019	29.0	30.6	
YE 2019	30.0	30.9	
Q1 2020	30.0	29.9	
Q2 YTD 2020	30.0	31.2	
Q3 YTD 2020	30.0	31.7	
YE 2020	30.0		

这个季度/月的结果说明了什么？
为什么我们实现了或者没能实现目标？
数据的趋势是什么？
我们为什么能看到这个趋势？
我们有哪些能实现目标的计划？

图 8 - 3 平衡计分卡报告系统——KPI 指标追踪报告

图 8-4　财务维度战略主题

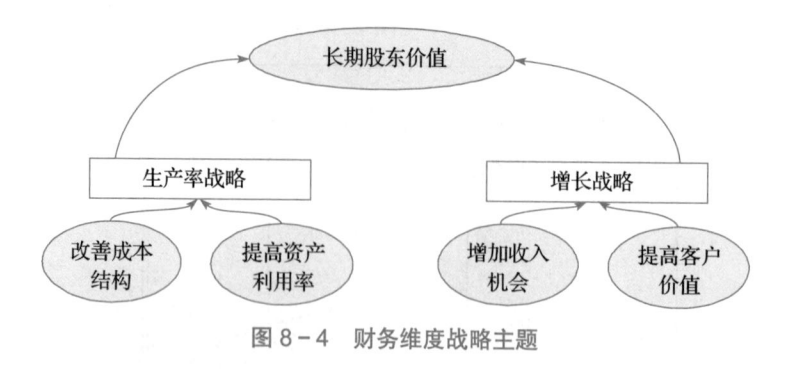

在设置／确认财务目标时，需要注意生产率战略和增长战略的平衡。一般来说，增长战略要比生产率战略花费更多的时间和资源，当面临财务压力的时候，公司可能更倾向于改善成本结构或提高资产利用率这样的短期行动。然而股东价值最大化的终极目标是股东价值的持续增长，这就要求公司必须考虑增长战略的某些指标，实现短期和长期财务目标的平衡。

战略地图绘制第二个层次是链接客户维度与财务维度。罗伯特·卡普兰与戴维·诺顿的平衡计分卡理论认为，设置完财务指标之后，并非万事大吉。如果没有其他的指标来支持财务指标的实现，等拿到公司的财务报表看到糟糕的数据时，一切已经晚了。从某种意义上讲财务指标只是过去公司运营成果的体现，在衡量战略执行上本身具有滞后性，当糟糕的财务数据出现的时候，状况已是既成事实。即使非常漂亮的财务报表、良好的利润和每股收益，背后也未必一定是健康的公司运作。过多的应收账款和存货、客户和人才流失、现金流隐患……所有这些均会侵蚀公司的"肌体"。美国安然公司在丑闻曝光之前财务信息披露一片大好，2000年第三季度到2001年第三季度的税前利润高达15亿美元，然而在2001年第四季度安然就申请破产。正是因为财务指标存在缺陷，才需要有一些非财务指标来补充对公司业绩的衡量，平衡计分卡因而登上历史的舞台。因此无论是在设计平衡计分卡还是绘制战略地图的时候，都要考虑财务指标是如何实现的，并重点关注实现过程，选择一些非财务指标作为财务指标的补充。实际上，财务目标的实现源于公司对客户价值主张的满足，通俗地讲就是客户为什么选择你的产品或者服务而不是竞争对手的。如图8-5所示，客户价值主张概括来讲包括以下三类：

- 产品/服务的特征：价格、质量、可用性、选择、功能；
- 关系：服务、伙伴关系；
- 形象：品牌。

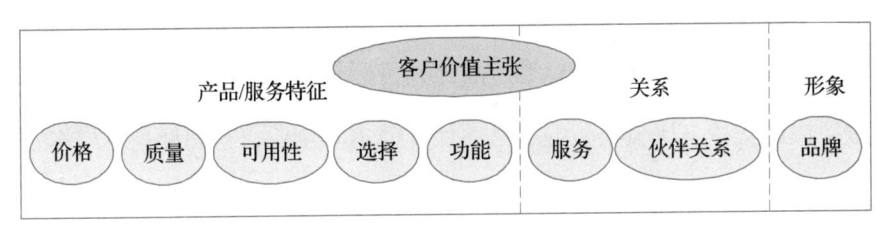

图 8-5 客户层面战略主题——客户价值主张

需要注意的是，客户价值主张根据客户的细分不同而不同。这很好理解，比如汽车零部件行业的 A 类客户（通用、大众），它们最关注的是产品的质量、品牌、技术能力，而非产品价格；相反 D 类客户（小的汽车制造厂）可能更关注产品价格而不是品牌和技术能力。因此，在做客户价值分析的时候首先要回到两个问题：（1）你的客户是谁，它们是怎样划分的？（2）未来你的销售目标是怎样实现的？第一个问题的答案有赖于市场细分，第二个问题可参照产品/市场组合矩阵来回答。

不同的客户有不同的价值主张，企业不可能满足所有客户的需求，实现客户的价值主张取决于对目标客户的选择。确定市场细分之后，需要回答另外一个问题：这些客户为什么要购买你的产品？或者说他们在购买你的产品时关注什么？这些关注要点就是客户的价值主张。通常可以采用客户调查和专家会议法来分析。在进行客户价值主张调查的时候，将客户价值主张罗列出来，让客户对他们的关注点进行优先排序，再对这些数据进行分析，就可以得出客户最关注的3～5个价值主张。

罗伯特·卡普兰与戴维·诺顿提出了四种战略模式，是对战略管理学家波特提出的三种基本竞争战略的改良。这四种战略模式分别是：

（1）总成本领先战略：实施该战略的公司为行业内的低成本生产者，强调生产规模，提供标准产品。其目标是价格优势、一致的产品质量、快速交货。比较典型的是格兰仕、戴尔等企业，它们都是总成本领先策略执行得比较好的代表。

（2）产品领先战略：实施该战略的公司为行业内的产品创新者和领导者，强调产品性能和特征的领先。其目标是用高性能的产品，获取高于行业平均水平的价格，从而获得超额利润。产品领先主要体现在速度、尺寸、准确性、功率、外观或者超出其竞争产品被客户看重的性能特征，而这些产品往往领先于竞争对手上市，成为行业的领导者。比较典型的是海尔、奔驰等企业，它们是产品领先策略的代表。

（3）全面客户解决方案战略：实施该战略的公司为目标客户提供全面的解决方案。其目标是用个性化的服务和产品满足目标客户的需求。

全面客户解决方案的前提是对客户需求的理解和满足，其客户价值主张主要体现在产品或服务的全面性，良好的售前、售中和售后服务以及客户关系管理上。比较典型的是 IBM，它根据客户的需求，量身定制包括硬件、软件、安装、现场服务、教育培训和咨询的全面信息服务解决方案。某非金属矿设计研究院也是全面客户解决方案的提供者，为非金属矿加工提供分析、设计、设备选型、安装、调试等一系列服务，最后交付的是完全可以生产的非金属加工生产线。

（4）系统锁定战略：实施该战略的公司通过制造高昂的客户转换成本来锁定客户。其目标是客户选择了其产品或服务后，一旦选择竞争对手的产品或服务，必须支付高昂的转换成本，最好的方式是将自己的产品或者服务制定成行业标准。其典型代表是微软，用户一旦选择 Windows 操作系统，在转换其他操作系统时会面临巨大的转换成本，包括更换配套软件、重新教育培训等的费用。这种系统锁定客户能带来持续的利润和竞争优势。

如图 8-6 所示，罗伯特·卡普兰与戴维·诺顿在《战略地图》中给出了四种竞争战略模式下，企业满足客户价值主张的不同方式。

战略地图绘制第三个层次是选择内部运营维度战略主题。罗伯特·卡普兰与戴维·诺顿认为无论是财务目标还是客户价值主张的实现，都需要靠卓越的内部运营来实现。在完成战略地图财务和客户维度的分析之后，需要进一步将财务和客户指标与内部运营相链接。做内部运营分析就是要确定公司内部哪些流程对财务目标和客户价值主张的实现意义重大，或者公司在哪些内部运营流程上需要改善，所有这些实际

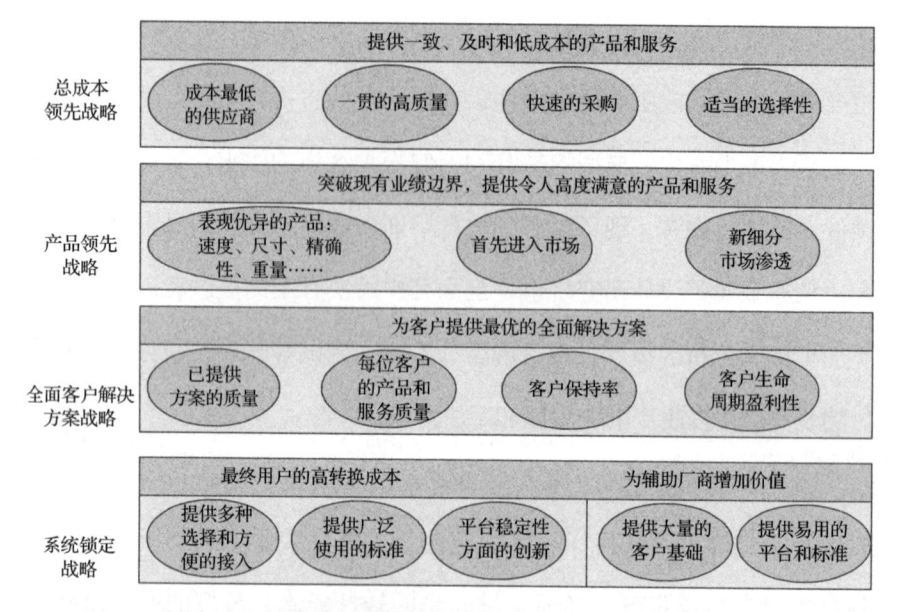

图 8-6 四种竞争战略模式下满足客户价值主张的方式

总成本领先战略：提供一致、及时和低成本的产品和服务
- 成本最低的供应商
- 一贯的高质量
- 快速的采购
- 适当的选择性

产品领先战略：突破现有业绩边界，提供令人高度满意的产品和服务
- 表现优异的产品：速度、尺寸、精确性、重量……
- 首先进入市场
- 新细分市场渗透

全面客户解决方案战略：为客户提供最优的全面解决方案
- 已提供方案的质量
- 每位客户的产品和服务质量
- 客户保持率
- 客户生命周期盈利性

系统锁定战略：最终用户的高转换成本 / 为辅助厂商增加价值
- 提供多种选择和方便的接入
- 提供广泛使用的标准
- 平台稳定性方面的创新
- 提供大量的客户基础
- 提供易用的平台和标准

上就是为公司的战略执行选择合适的主题。

公司需要从内部运营的角度思考如何实现财务目标、满足客户价值主张。比如客户的价值主张之一是价格，就需要思考从研发、采购到分销和售后服务整个流程上，哪些内部流程与成本控制（价格）关系密切，这些流程应该如何改进以满足客户对价格的价值主张。同样的道理，可以分析质量、服务等价值主张，找出需重点关注和改进的流程，并将其与流程的责任部门相链接，这样就将客户的价值主张与内部运营链接起来了。

罗伯特·卡普兰和戴维·诺顿在《战略地图》中还给出了内部流程模板，他们将公司运营流程分为以下四组进行重点分析和考虑。

- 运营管理流程：从采购原材料到产品交付的一系列活动；

- 客户管理流程：从选择客户到营销、客户服务的一系列活动；
- 创新流程：产品/服务的研发流程；
- 法规与社会流程：处理利益相关者的流程。

战略地图绘制第四个层次是链接学习成长维度，支持内部运营。经过财务和客户目标设定、战略主题分析之后，应在公司内部为这些目标和措施的实现做好支持和保障的准备，组织学习成长维度的描述是战略地图绘制的第四步。支持财务和客户目标实现的内部运营各流程最终无不需要公司的每一个员工执行。因此战略地图所描述的内部运营关键举措（关键流程），必须与组织发展相链接。

罗伯特·卡普兰和戴维·诺顿在《战略地图》中指出，在组织学习成长维度必须关注以下三个方面的内容：

（1）人力资本准备度。人力资本用来衡量组织支持战略所需的知识、能力的可用性。企业的宏伟目标、内部运营最终还是需要训练有素的员工来实现，设置人力资本准备度的意义在于衡量公司目前所具备的实现战略所需的知识技能与理想状况的差距，通过制定相关的行动计划，逐步缩小这种差距，从而实现公司的战略。因此，衡量人力资本准备度的时候，首先要确定的是公司实现战略所需的能力、知识的集合，也就是能力素质模型建模，然后对照这种能力标杆测评现有差距，最后根据这些差距制定学习发展计划。

当在公司内部进行任职资格管理之后，人力资本准备度实际上可以理解为任职资格达标率，也就是把公司现有的任职者与其任职所需的能力素质标杆进行对比，看看有多少人能达到任职的要求，没有达到要求的那部分任职者就是需要重点改进的，可以通过人才招聘、培训和职业发展计划来弥补差距。

（2）信息资本准备度。信息资本用来衡量组织支持战略所需的信息系统、网络等基础设施的可用性。20世纪90年代以来，信息技术一直是推动企业快速增长、提高效率的有效工具。因此，任何公司都不能忽视信息技术对于战略实施的帮助。例如，在一些企业，物流配送、库存管理、销售计划与预测等都需要信息系统的支持。如果不重视信息化建设，信息资本很可能成为实施公司战略的"短板"。

罗伯特·卡普兰和戴维·诺顿认为企业应将信息化建设分为变革型、分析型、交易处理型、技术基础设施四个类别。变革型应用程序用来变革公司主流业务模式的系统和网络；分析型应用程序用来促进信息/知识分析、解释和共享的系统和网络；交易处理型应用程序是使公司基本的重复交易自动化的系统；技术基础设施用来促使有效传递和使用信息资本应用程序所要求的共享技术和管理专长。无论进行哪一类信息化建设，计划的确定应当与公司的内部运营流程紧密结合起来，根据需求编制信息化建设的计划与预算（见表8-2）。衡量信息资本准备度实际就是衡量这些信息化建设计划的完成情况。

表8-2 信息化建设四种类别计划表

序号	类别	项目名称	计划	资金预算
1	变革型应用程序			
2	分析型应用程序			
3	交易处理型应用程序			
4	技术基础设施			

（3）组织资本准备度。组织资本用来衡量组织执行战略、发动变革的组织能力。我们通常讲的能力具体到一个组织实际上可以分为个体能力和组织能力。个体能力是指组织内某一成员具有的知识和技能，而组织能力则是组织具有的知识和技能的合力，组织可以是一个集团、一个公司、一个事业部、一个部门、一个项目小组。组织追求的是1+1>2的协同效应，如果个体能力很强而组织能力不强，就可能"三个诸葛亮顶不上一个臭皮匠"。对于组织来讲，最关注的组织能力有三个方面：一是文化；二是目标协同；三是组织氛围。罗伯特·卡普兰和戴维·诺顿在《战略地图》中将领导力作为组织资本的组成部分，如果我们在能力素质模型建模时将其纳入，则可以在人力资本准备度中衡量。

企业文化建设的目的是在组织内部对组织的使命、愿景和核心价值观达成共识。只有员工认同，企业文化才能凝聚人心产生协同效应，才能使他们处处为如何实现公司战略进行思考和努力。企业文化认知度和认同度都是衡量组织资本的很好指标，可通过员工调查获取企业文化认知度和认同度。

上述四个层次是战略地图模板的四个层次的基本内容。罗伯特·卡普兰和戴维·诺顿在《战略地图》中还给出了总成本领先、产品领先、全面客户解决方案和系统锁定四种战略的战略地图模板（见图8-7至图8-10）。

306 / 战略解码

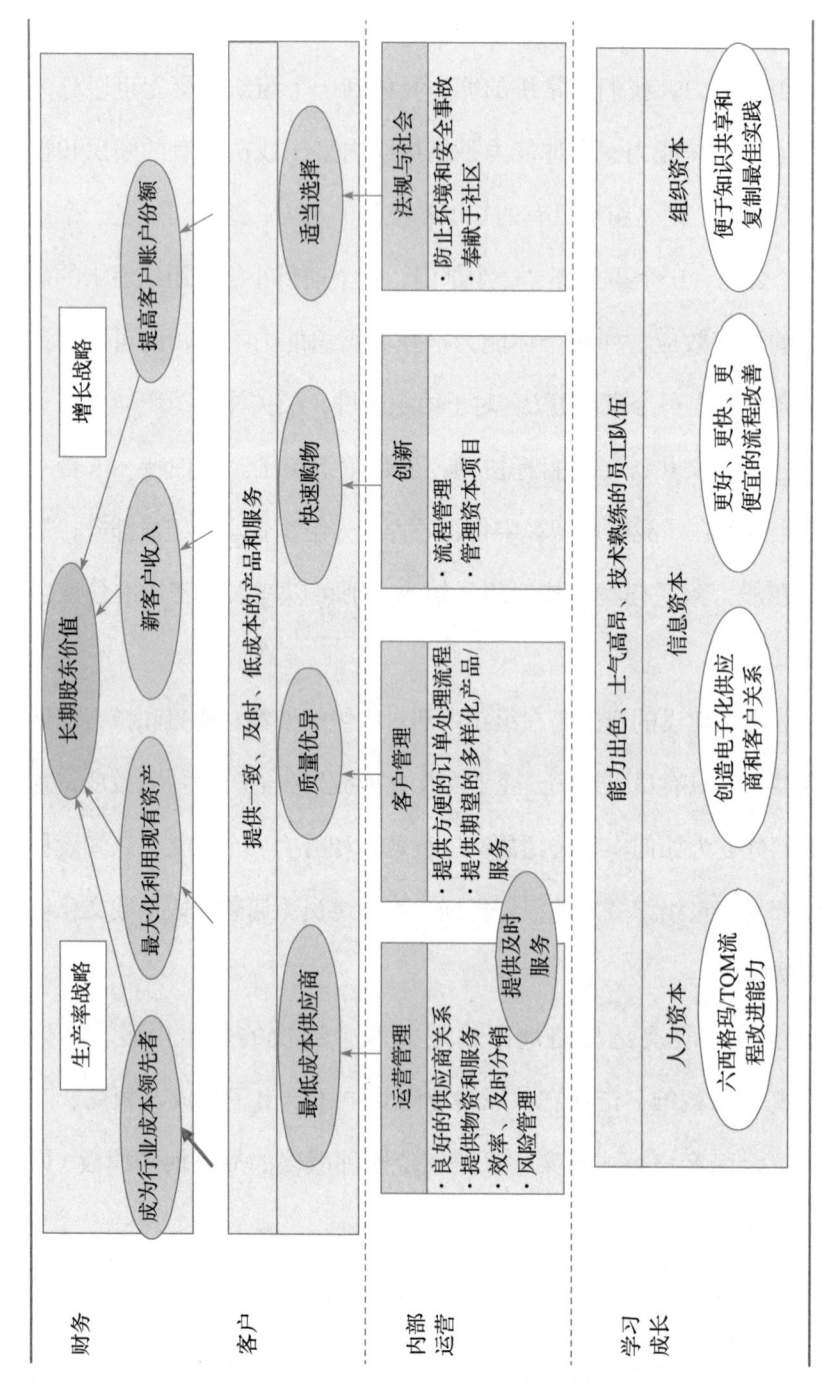

图 8-7 总成本领先战略地图模版

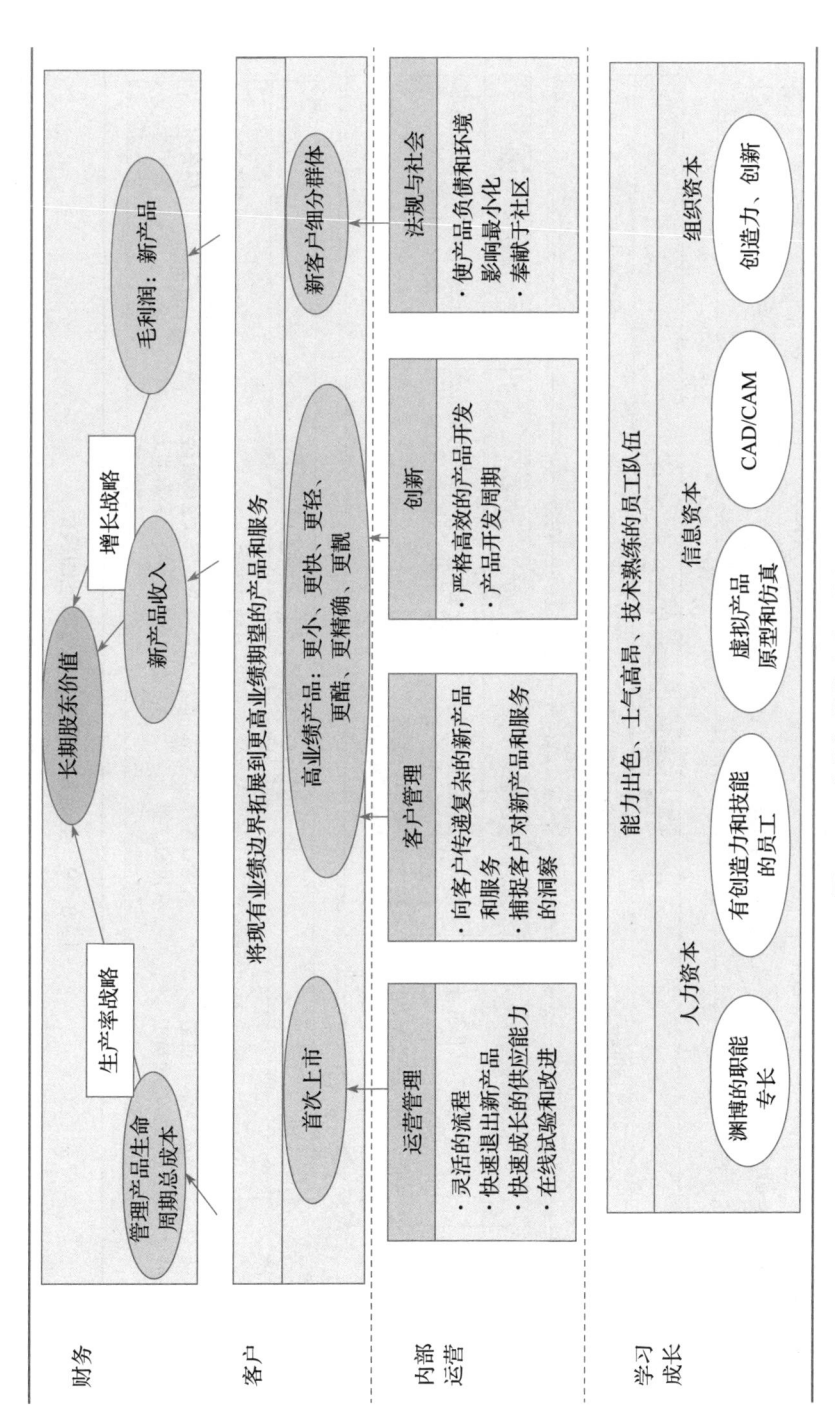

图 8-8 产品领先战略地图模板

308 / 战略解码

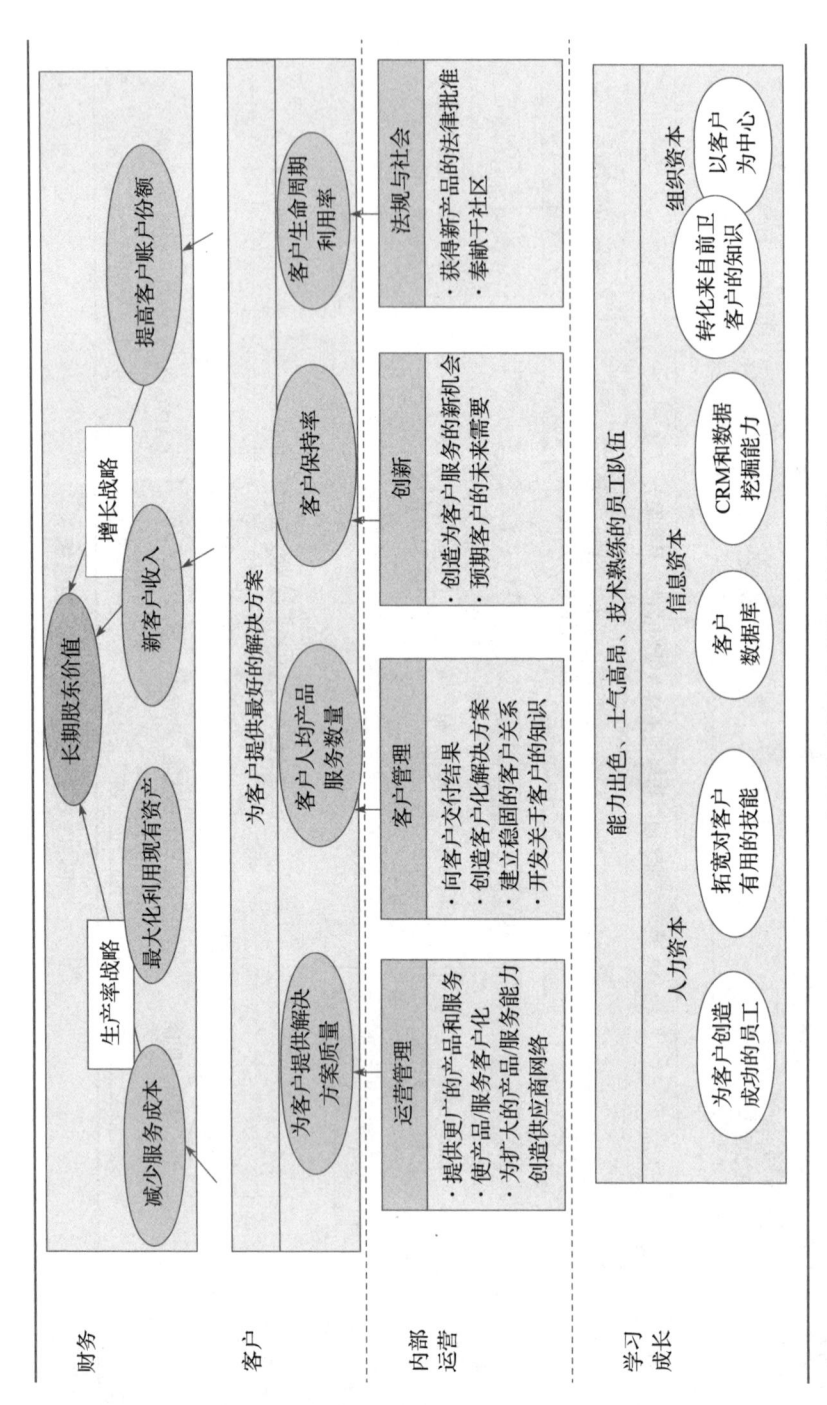

财务

- 减少服务成本
- 最大化利用现有资产
- 长期股东价值
- 新客户收入
- 提高客户账户份额

生产率战略 → 增长战略

客户

为客户提供最好的解决方案

- 为客户提供解决方案质量
- 客户人均产品服务数量
- 客户保持率
- 客户生命周期利用率

内部运营

运营管理
- 提供更广的产品和服务
- 使产品/服务客户化
- 为扩大的产品/服务能力创造供应商网络

客户管理
- 向客户交付结果
- 创造客户化解决方案
- 建立稳固的客户关系
- 开发关于客户的知识

创新
- 创造为客户服务的新机会
- 预期客户的未来需要

法规与社会
- 获得新产品的法律批准
- 奉献于社区

学习成长

能力出色、士气高昂、技术熟练的员工队伍

人力资本
- 为客户创造成功的员工
- 拓宽对客户有用的技能

信息资本
- 客户数据库
- CRM和数据挖掘能力

组织资本
- 转化来自前卫客户的知识
- 以客户为中心

图 8-9 全面客户解决方案战略地图模板

第八章 单体公司战略解码 / 309

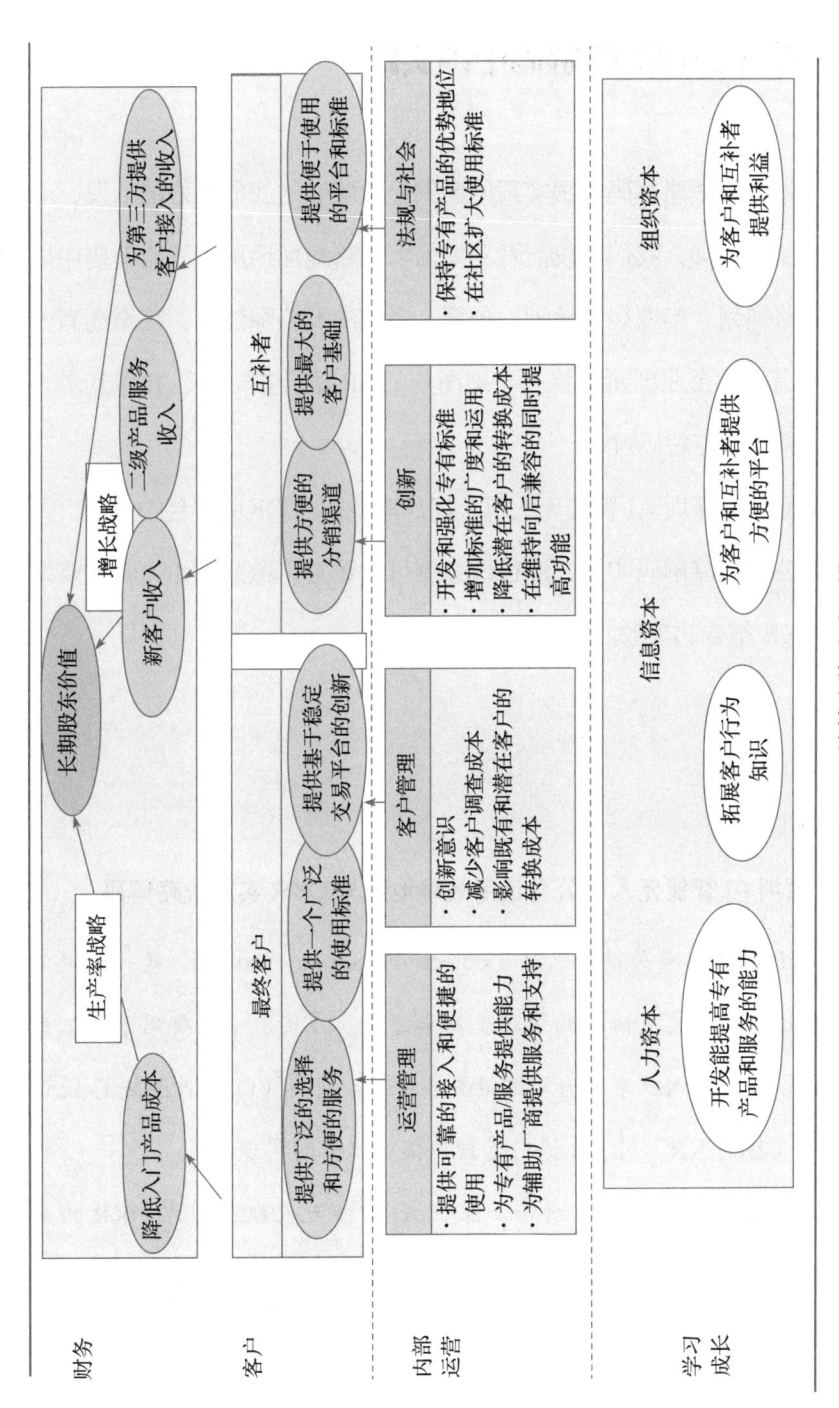

图 8-10 系统锁定战略地图模板

8.4　单体公司战略解码中国实践

单体公司战略解码中国实践的案例经验能够给我们很好的启发，通过对案例的解读，我们不仅能看到如何将战略地图运用在战略解码中以实现战略规划、年度经营计划、预算、考核的无缝隙链接，甚至还有一些中国高科技企业创新地将战略地图与 OKR 结合在一起，并将其融入企业的整个战略解码过程。

下面展示深圳 AI 智能无人机公司战略地图与 OKR 结合的案例，探讨单体公司战略解码实践，通过该案例可以看到该企业是如何将战略地图与 OKR 结合起来的。

|案　例|

深圳 AI 智能无人机公司运用战略地图与 OKR 实施战略解码

OKR 即目标与关键成果法（objectives and key results），是一套定义和跟踪目标及其完成情况的管理工具和方法。在实践中主要用于员工目标自我管理，强调以季度为周期设置 4～5 个目标（O），再围绕 O 设计支持 O 实现的 KR，对 KR 进行管理以促进目标的实现。

如图 8-11 和表 8-3 所示，深圳 AI 智能无人机公司在 OKR 的应用中首先将战略地图（见图 8-12）、平衡计分卡与年度 OKR 链接，然后与季度 OKR 链接。

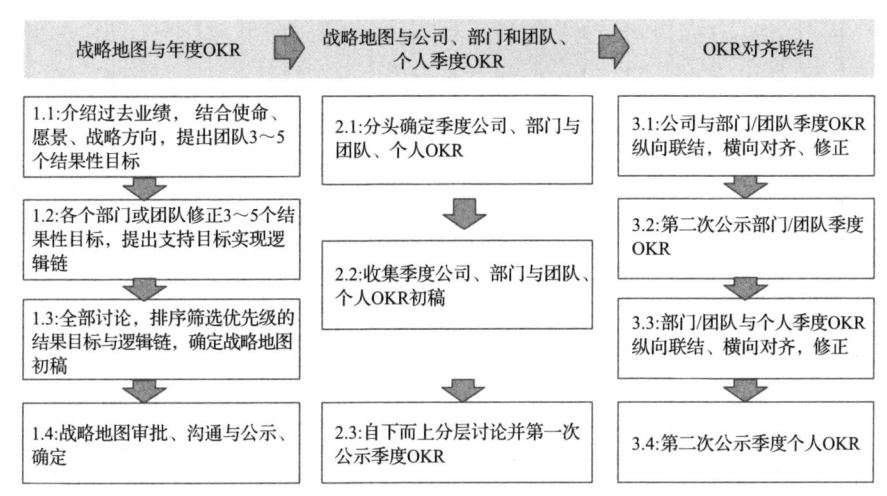

战略地图与年度OKR	战略地图与公司、部门和团队、个人季度OKR	OKR对齐联结
1.1:介绍过去业绩，结合使命、愿景、战略方向，提出团队3～5个结果性目标	2.1:分头确定季度公司、部门与团队、个人OKR	3.1:公司与部门/团队季度OKR纵向联结，横向对齐、修正
1.2:各个部门或团队修正3～5个结果性目标，提出支持目标实现逻辑链	2.2:收集季度公司、部门与团队、个人OKR初稿	3.2:第二次公示部门/团队季度OKR
1.3:全部讨论，排序筛选优先级的结果目标与逻辑链，确定战略地图初稿	2.3:自下而上分层讨论并第一次公示季度OKR	3.3:部门/团队与个人季度OKR纵向联结，横向对齐、修正
1.4:战略地图审批、沟通与公示、确定		3.4:第二次公示季度个人OKR

图 8-11　AI 智能机器人公司战略地图与 OKR 结合过程

AI 智能无人机公司的公司、部门和团队、个人季度 OKR 是同步推进的，即公司战略地图与年度 OKR 输出后，在公司、部门和团队、个人层面同步推进，遵循 OKR 自下而上的设定要求。

选择出不超过 5 个公司年度 OKR 后，将其分解到季度，O 一般不会变化，KR 在每个季度应当是不同的、变化的，但相互关联支持。由于 OKR 一般匹配外部环境与战略目标相对 VUCA 的企业，因此每季度应当不断地刷新、迭代 KR，在刷新、迭代 KR 时要有空杯心态、清零心态。KR 数量没有严格限制，但是 OKR 强调聚焦，因此一般实践经验是：衡量每个 O 在本季度进展状态实现的 KR 数量最多不超过 4 个。

OKR 制定出来后要在组织内部联结，实现垂直联结与水平联结，即保持纵向与横向的 OKR 的组织协同（见图 8-13）。

表 8-3 AI 智能无人机公司平衡计分卡与 OKR

维度	战略主题	核心目标（O）	关键工作成果（KR）	2019 年目标值	认领人
财务	收入增长战略	F1: 实现超出投资人期望的回报	投资回报率		
	生产力战略	F2: 确保史上最激动人心的增长	主营业务收入增长率		
		F3: 让资金周转速度更快	流动资金周转天数		
客户	卓越产品与市场组合	C1: 拓展无人机应用领域	A-001 应用领域产品上线		
			B-016 应用市场增长率		
		C2: 开拓国际市场业务	国际市场业务增长率		
		C3: 推进会员制快速发展	会员增长率		
			A 级会员增长率		
		C4: 提高客户满意度	客户综合满意度		
内部运营	敏捷研发管理	I1: 研发让客户尖叫的产品	研发新品客户评价得分		
			平均续航里程		
	卓越售服体验	I2: 建立最完美的售服体验平台	售服问题妥善解决率		
			客户质量投诉率		
	精细供应链管控	I3: 优化供应链运营管控	三包索赔损失		
			产品配套成本率		
学习成长	人力资本准备度	L1: 培养国际视野创新队伍	人才培养目标		
	信息资本准备度	L2: 建立 DATA 数据平台	DATA 平台计划		
	组织资本准备度	L3: 实现员工敬业度最优	员工敬业度		

第八章 单体公司战略解码 / 313

使命：让世界更加智慧；价值观：专业、开放、创新；愿景：成为世界第一的智能无人机企业

财务

收入增长战略

F2:确保史上最激动人心的增长

F1:实现超出投资人期望的回报

生产力战略

F3:让资金周转速度更快

客户

卓越产品与市场组合

C1:拓展无人机应用领域

C2:开拓国际市场业务

C3:推进会员制快速发展

C4:提高客户满意度

卓越售服体验

I2:建立最完美的售服体验平台

内部运营

敏捷研发管理

I1:研发让客户尖叫的产品

精细供应链管控

I3:优化供应链运营管控

学习成长

人力资本准备度

L1:培养国际视野创新队伍

信息资本准备度

L2:建立DATA数据平台

组织资本准备度

L3:实现员工敬业度最优

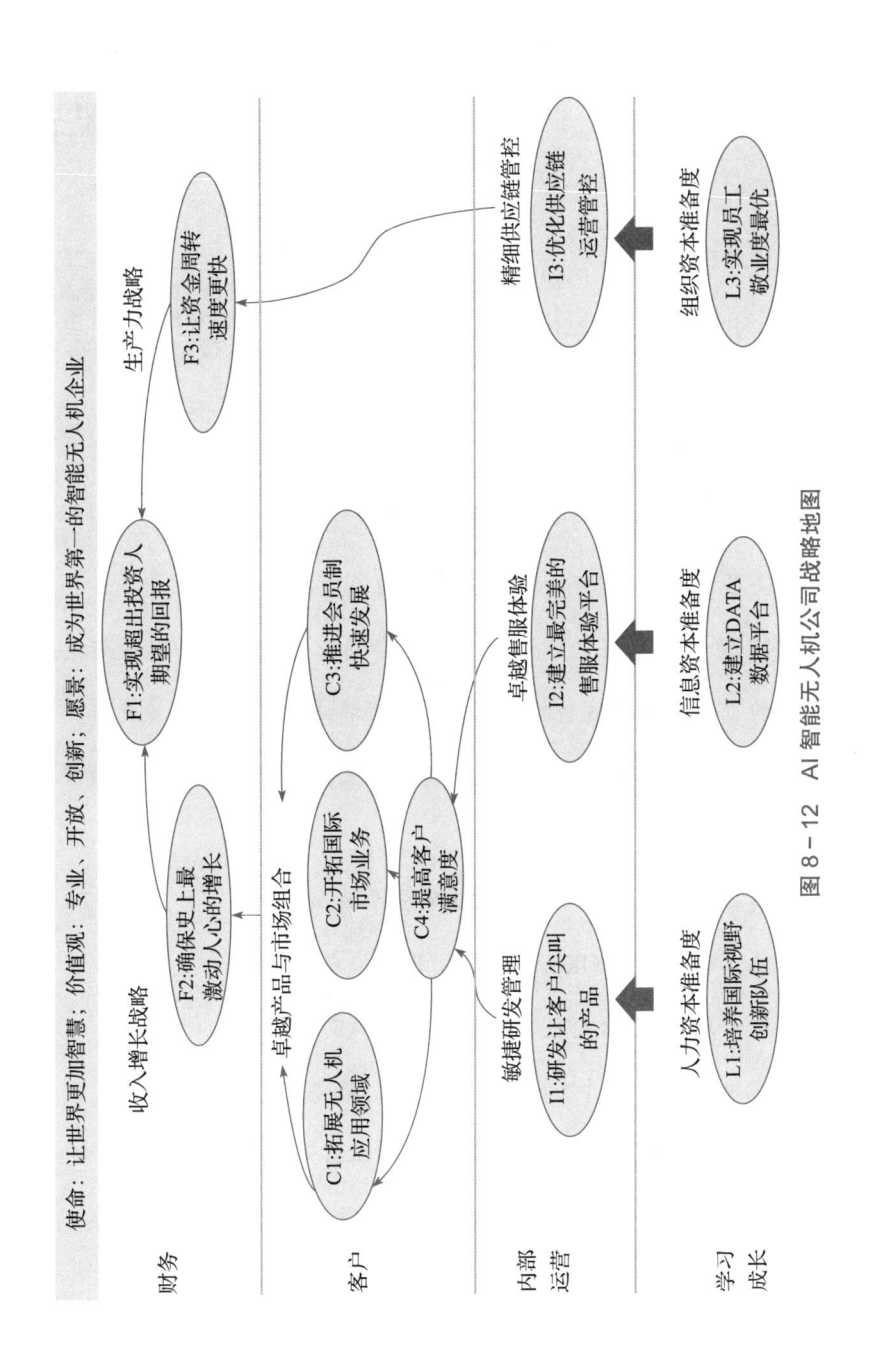

图 8-12 AI 智能无人机公司战略地图

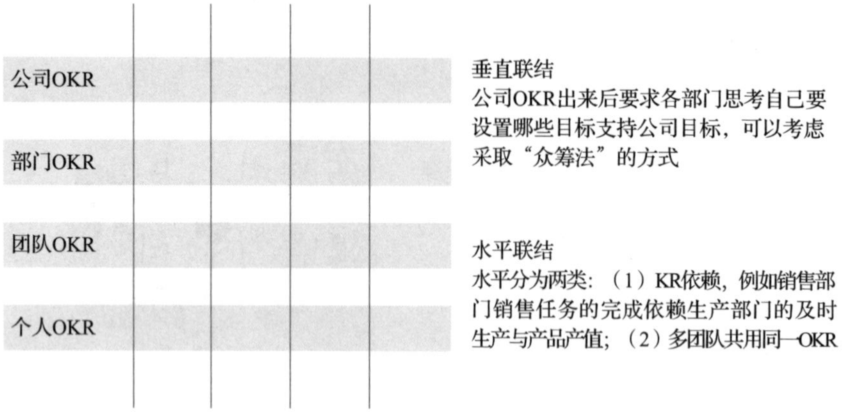

公司OKR		垂直联结
部门OKR		公司OKR出来后要求各部门思考自己要设置哪些目标支持公司目标,可以考虑采取"众筹法"的方式
团队OKR		水平联结
个人OKR		水平分为两类:(1)KR依赖,例如销售部门销售任务的完成依赖生产部门的及时生产与产品产值;(2)多团队共用同一OKR

图 8-13 OKR 垂直与水平联结

OKR 联结可以用四种组织形式:小型团队甚至动态二人组、问卷收集、高层访谈、代表研讨会(贴纸研讨)。

OKR 适用于互联网创新型公司或者创业型公司,并且最好是知识型公司的员工管理,这种类型公司的最大特点就是外部环境充满不确定性、员工属于知识型并强调底层创新。OKR 对传统绩效管理颠覆与创新主要体现在以下几个方面:

● 有效地实现战略导向与敏捷响应平衡;

● 自下而上设定 OKR 有利于增强员工内在动机;

● 较好地适应 AI 智能时代环境的不确定性;

● 考核解耦鼓励员工挑战、冒险、创新;

● 联结、对齐、透明的 OKR 促进组织协同;

● 开放、平等的沟通氛围促进绩效沟通。

深圳 AI 智能无人机公司的案例是单体公司战略解码的一个缩影，而华为、华润等优秀中国企业的战略解码实践也给大型企业有很好的借鉴意义。这些实践案例都告诉我们：每个成功的企业都有一个好的战略解码过程。在今天全球化的竞争环境中，中国企业必须时时刻刻关注竞争对手，关注市场变化，使自己的战略目标能够符合自身状况和经营环境，但是再好的战略目标必须依靠战略执行来实现。

和众多国外企业失败的原因一样，众多中国企业战略失败的根本原因不是战略目标制定错误，而在于糟糕的战略解码导致战略执行出现偏差，因而能否正确地将战略规划、年度经营计划、财务预算、绩效评价有效地链接并持续地进行管理是战略解码的重心，战略地图则是战略解码的利器。

我们认为战略解码已经成为当今众多中国企业能否在国际化市场上获得成功的关键，我们也坚信中国企业会越来越重视战略解码。

图书在版编目（CIP）数据

战略解码：华为等公司战略落地的利器 / 秦杨勇著. -- 北京：中国人民大学出版社，2021.7
ISBN 978-7-300-29389-9

Ⅰ. ①战… Ⅱ. ①秦… Ⅲ. 企业管理－战略管理 Ⅳ. ① F272.1

中国版本图书馆 CIP 数据核字（2021）第 092023 号

战略解码
——华为等公司战略落地的利器
秦杨勇　著
Zhanlüe Jiema

出版发行	中国人民大学出版社		
社　　址	北京中关村大街 31 号	邮政编码	100080
电　　话	010－62511242（总编室）	010－62511770（质管部）	
	010－82501766（邮购部）	010－62514148（门市部）	
	010－62515195（发行公司）	010－62515275（盗版举报）	
网　　址	http://www.crup.com.cn		
经　　销	新华书店		
印　　刷	北京联兴盛业印刷股份有限公司		
规　　格	160 mm×230 mm　16 开本	版　次	2021 年 7 月第 1 版
印　　张	20.5 插页 2	印　次	2025 年 5 月第 4 次印刷
字　　数	208 000	定　价	75.00 元

版权所有　侵权必究　　印装差错　负责调换